中国历史文化名人传

寒江独钓

柳宗元传

任林举 著

作家出版社

中国历史文化名人传

组委会名单

主任：李　冰
委员：何建明　葛笑政

编委会名单

主任：何建明
委员：郑欣淼　李炳银　何西来　张　陵　张水舟　黄宾堂　张亚丽

文史组专家成员（按姓氏笔划为序）

王春瑜　王曾瑜　孙　郁　刘彦君　李　浩　何西来　郑欣淼
陶文鹏　党圣元　袁行霈　郭启宏　黄留珠　董乃斌

文学组专家成员（按姓氏笔划为序）

王必胜　白　烨　田珍颖　刘　茵　张　陵　张水舟　张亚丽
李炳银　贺绍俊　黄宾堂　程步涛

出版说明

　　中华民族五千年文明史中，涌现了一大批杰出的文化巨匠，他们如璀璨的群星，闪耀着思想和智慧的光芒。系统和本正地记录他们的人生轨迹与文化成就，无疑是一件十分有必要的事。为此，中国作家协会于2012年初作出决定，用五年左右时间，集中文学界和文化界的精兵强将，创作出版《中国历史文化名人传》大型丛书。这是一项重大的国家文化出版工程，它对形象化地诠释和反映中华民族文化的基本精神，继承发扬传统文化的精髓，对公民的历史文化普及和建设社会主义文化强国都具有重要而深远的意义。

　　这项原创的纪实体文学工程，预计出版120部左右。编委会与各方专家反复会商，遴选出在中国文化发展史上产生过重大影响的120余位历史文化名人。在作者选择上，我们采取专家推荐、主动约请及社会选拔的方式，选择有文史功底、有创作实绩并有较大社会影响，能胜任繁重的实地采访、文献查阅及长篇创作任务，擅长传记文学创作的作家。创作的总体要求是，必须在尊重史实基础上进行文学艺术创作，力求生动传神，追求本质的真实，塑造出饱满的人物形象，具有引人入胜的故事性和可读性；反对戏说、颠覆和凭空捏造，严禁抄袭；作家对传主要有客观的价值判断和对人物精神概括与提升的独到心得，要有新颖的艺术表现形式；新传水平应当高于已有同一人物的传记作品。

为了保证丛书的高品质，我们聘请了学有专长、卓有成就的史学和文学专家，对书稿的文史真伪、价值取向、人物刻画和文学表现等方面总体把关，并建立了严格的论证机制，从传主的选择、作者的认定、写作大纲论证、书稿专项审定直至编辑、出版等，层层论证把关，力图使丛书经得起时间的检验，从而达到传承中华文明和弘扬杰出文化人物精神之目的。丛书的封面设计，以中国历史长河为概念，取层层历史文化积淀与源远流长的宏大意象，采用各个历史时期最具代表性的文化符号与雅致温润的色条进行表达，意蕴深厚，庄重大气。内文的版式设计也尽可能做到精致、别具美感。

中华民族文化博大精深，这百位文化名人就是杰出代表。他们的灿烂人生就是中华文明历史的缩影；他们的思想智慧、精神气脉深深融入我们民族的血液中，成为代代相袭的中华魂魄。在实现"中国梦"的历史进程中，必定成为我们再出发的精神动力。

感谢关心、支持我们工作的中央有关部门和各级领导及专家们，更要感谢作者们呕心沥血的创作。由于该丛书工程浩大，人数众多，时间绵延较长，疏漏在所难免，期待各界有识之士提出宝贵的建设性意见，我们会努力做得更好。

《中国历史文化名人传》丛书编委会

2013 年 11 月

柳宗元

目录

题记

永州万石亭

（宋）欧阳修

天于生子厚，禀予独艰哉。

超凌骤拔擢，过盛辄伤摧。

苦其危虑心，常使鸣声哀。

投以空旷地，纵横放天才。

山穷与水险，下上极沿洄。

故其于文章，出语多崔嵬。

人迹所罕到，遗踪久荒颓。

王君好奇士，后二百年来。

蒙茸发幽荟，搜寻得琼瑰。

威物不自贵，因人乃为材。

惟知古可慕，岂免今所咍。

我亦奇子厚，开编每徘徊。

作诗示同好，为我铭山隈。

第一章 暗夜星辰

一

贞元末年（805）的大唐王朝，如中秋时节站立于长安街头的一棵盛年之树。从旧时代的废墟上拔地而起，依然保持着生长的速度和惯性，向天空，向云端，展开它粗莽的躯干和巨大的伞盖。

这是一棵带着所有先天基因优势和原生病害的大树。值此之时，在它的机体之上，以往季节尚未脱落的枯枝败叶是有的，旁枝冗杈是有的，筑巢的飞鸟、漫舞的蜂蝶、觅食的虫蚁，树下依附、栖身的狐鼠之类也是有的，甚至去冬的残雪与寒凉，甚至未来的雷电与风雨，都是有的。但这一切都无法掩抑、消解它表象上的勃勃生机。

大唐一百八十多年基业，虽然积下了种种的残病流弊，却也攒下了浑厚的中元之气。清风徐来，艳阳初照，每一个枝丫都在摇摆中保持着伸展的姿态，每一片绿叶都在抖动中显露出生长的渴望。

刚刚被朝廷从监察御史里行擢拔为礼部员外郎的柳宗元，走在行人稀疏的街头。

天色尚早，虽然东方的曙色在微明的天际线上渗出一抹暗紫，但那弯如画的淡淡残月还没有完全隐去身形。

空旷的街道上，已有赶早朝的官员们断续骑马或乘车离开了自己的府门。如流萤般快速移动的灯笼和叩在石板路上急急的马蹄声，是向昨夜梦境的告别，也是这座都城新一天的序曲。接下来便是彻底的苏醒和愈演愈烈的躁动，直至最终的喧嚣。

随着车马之声的响起，临街的店铺陆续打开了窗板和店门；而一夜笙歌的娱乐场所却开始客散灯熄；昨夜留宿馆驿的远客也要赶在官员们上朝前后开始一天的活动；做小吃生意的摊贩则惺忪着睡眼早早把摊子摆在街边……

柳宗元还不需要和那些早起的官员一同赶往大明宫去上早朝。中唐时期的朝廷一直保持着早朝制度。当时的早朝，很严格地限制在五品以上官员，而柳宗元的礼部员外郎品级刚刚到了从六品上，距上早朝还有数步之遥。

尽管如此，近些年他还是养成了早起的习惯，与那些高官为伍必须要在某些生活方式上保持同步，否则就会处处感觉到格格不入。特别是参与朝廷新政以来，王叔文、王伾等主导者随时要召集手下得力官员一起议事，每次早朝后一定会有一些要事商讨，而每次有了动议或决策都需要柳宗元动手拟成公文。

三月的长安已然风和日暖，到处洋溢着春天的气息。街边的杏花差不多已落尽残红。晓雾轻薄，掩不住远处鲜红的或水粉色的桃花，但那些枝头上的颜色已渐渐疏淡，鲜艳的花瓣散落一地。眼看就到了柳絮飘飞的四月，街头一些心急的青年男女已经早早换上了单薄的衣衫。

三十三岁的柳宗元当然也属于这些春心萌动的年轻一族。虽然他的学养和身份不允许他与其他同龄人一样恣肆张扬、放浪形骸，但他内心仍然烧着一团炽烈的火，对季节、对时事还有着高度的敏感和热情。更何况从少年起，他就随父亲宦游在外，摔打出一副好体魄，不仅仪表堂堂，而且身强体壮、寒暑不惧。

柳宗元并不急着赶路，他只要在早朝散去后赶到王叔文的官署就可以了。从善和坊家中出门不远，便进入长安最热闹的街区，距离也就不足五里，即可到达他所要去的皇宫区。平时他骑马上朝要走从启夏门到大明宫之间的大道。今天他不想骑马，也不想走已经走得腻烦的老路，他要另辟蹊径穿越更有市井气息的小街，向前再过两条街就到了著名的东市，东市对面是长安最有名的娱乐场集中地——平康坊。可以说，在那条街上，聚集着长安百姓的一切苦乐、悲喜和现实的诉求。

今天的路可能比平常稍稍绕了一点，他特意早些起身，就是为了给自己留出充足的时间。他要顺路查看、熟悉一下长安的市井生活，看看最近市井、民间发生的一些变化。一个时期以来，夜以继日地奔忙，让他无暇顾及长安街头的风景。现在，仕途上的事情已经基本告一段落，大的走向已尘埃落定，他要借着这个清凉的早晨梳理一下纷杂的思绪，接一接来自民间的地气。这是他从少年起就养成的习惯，他知道自己文章的灵感和政治上的抱负来自何处，对他来说，对现实的关注、观察和感知，犹如一株植物通过根系去触摸泥土之下的世界。

他一边闲看街市的风景，一边体验着生命随季节令人欣喜的律动。清晨的风挟裹着落花的馨香，挟裹着昨夜的凉爽和明媚的阳光迎面而来，轻拂过他意气风发的面庞和轻盈飘飞的衣袂。衣袂飘飞如因风舞动的翅羽，让他生出了飞翔的感觉。

由监察御史里行到礼部员外郎，从官阶上讲，就是从正八品上直升至从六品上，相当于现代的正厅级干部。连升两品，对他的人生来说，自是一份意外的惊喜，同时也暗藏莫大的风险。峣峣者易折，少年得志，要么从此飞黄腾达、一鸣惊人，在历史上留下浓墨重彩的一笔；要么在飞扬一时之后，折翅铩羽，销声匿迹。这一点，他心里不是不清楚，他在后来写给岳父杨凭的信中也有所表露："及为御史郎官，自以登朝廷，利害益大，愈恐惧。"

自从升迁礼部员外郎，他就成了满朝文武眼中的"速进者"，当万千关注的目光，艳羡的、嫉恨的……纷纷集于自身时，他敏感地发现，自己的命运已经和一个国家的命运紧紧捆绑到了同一架战车之上。路走到今天，虽合了自己的心愿，也出现了无法掌控的因素。也许，这正是上天的成全和美意，一个正在日趋坠落的王朝或将通过他和他的同道而获得新生。

刚刚搭上这架裹着风声的时代战车，虽然有一点儿眩晕，但柳宗元的内心是充满激情和亢奋的。此时，他还来不及细想这个国家未来的样子和他自己未来的结局，满脑子都是现实和理想之间一个个有待实施的计划和眼前成堆、成山的事务。治国新政即将出台，随时、随处都可能出现的意外情况以及前方清晰可见的障碍就摆在那里，这让他和他的同道们一刻也不敢松懈。当此紧要关头，哪管得了个人得失安危！只能齐心协力、心无旁骛地做事，控制好这架狂奔的战车，让它躲过一个个机关和陷阱，越过一道道沟沟坎坎，一路攻坚克难，顺利地进入平安、祥和之境。

昨夜，他遵照起居舍人、翰林学士王叔文委托，连夜撰写了一份向皇帝推荐人才的奏表。本来，这件事情可以从朝中随便抓一个人去完成，但王叔文偏偏看中了柳宗元的思维缜密、文笔畅达，明确提出关键的文章或奏表必须由他亲自执笔。眼下，革新派正是用人、缺人之际，眼看着满朝文武多为因循守旧之人或在旧时代既得利益者，能够发现、起用理解革新、支持革新，又品德、能力超群之人是第一要务。柳宗元深知手中这份看似平常的公文实际上有着异常的重要性。

从华灯初上到二更钟鼓，柳宗元一边翻阅闲书，一边断续思考朝廷里前前后后的事情，深深感慨于朝野上下形势的复杂，也领会了王叔文求贤若渴的心情。柳宗元的写作习惯是主旨在前，并不急于动笔，思前想后、酝酿成熟之后，一旦动笔便如水流、泉涌，一气贯通。与以往不同的是，写完荐表他并没有马上收工，而是对着文稿提笔凝思，反复吟咏、推敲，唯恐哪里在措辞或义理上出现破绽。

这时，有丫鬟过来催促柳宗元早些安寝。自从妻子杨氏于六年前过世后，柳宗元便把全部心思都用于朝中政务之上，日常起居全由丫鬟代行女主人的职能。丫鬟的提醒让他注意到了夜色已深，也意识到了最近一个时期精神的紧张和身体的疲乏，是应该早些休息啦！明天，也许还有更加紧迫、更加重要的事情在等着自己付出更多的精力。

二

清晨的风吹过街边的丁香花丛，将淡淡的幽香扬散于空中。断续的花香扑面而来，微苦而略带哀愁的气息搅扰了柳宗元，让他的心绪好一阵凌乱。行至务本坊东一个巷口，柳宗元突然停下脚步。眼前的一幕让他吃惊不小，一时，神情竟有些恍惚。就在离他不足五十步的地方，一对青年夫妇搀扶着一位老妇人，出了巷子沿着他前行的方向走去。那年轻的女子头打椎髻，身着绿衫，走路时显出异于常人的迟缓，从背影上看很像杨氏。而那个老妇人的身材和服饰也如自己的老母一般。他没有看过自己的背影，不知道自己的背影是什么样子，但走在老妇人右侧那个青年的身高、官帽和服饰的颜色却是那样眼熟。这场景，看起来是那么似曾相识，仿佛某年某处就发生在自己身上。是在自家的厅堂还是那年的清明节一起去祭奠亡父？却为何在此时重现于自己眼前？有那么一刻，他以为自己眼前出现了幻觉或在梦中。但来来往往的人、真实的景物和清晰的感觉又告诉他，眼前的景象既不是幻觉，也不是梦境，而是一种错觉。那些温馨的时光早已成为如烟的往事，永远不会重来了。

这时，杨氏那张姣好、明媚的脸又浮现在柳宗元的脑海之中。她的音容笑貌、亲切温柔的态度以及她在病痛中那令人怜惜的样子，无一不让他感觉到内心的疼痛。转眼，杨氏已经离去快六年了，但共处的甜蜜和情义在柳宗元心中始终没有淡去。这期间也有刘禹锡和陆质等人提及他的婚姻问题，不过大家都只是在口头上那么一说，柳宗元本人也没有放在心上，忽来忽往的一个话题，总如风一般一掠而过。

偶尔，也有同僚或一些年轻的风雅之士约他去一些文人们经常出入的歌舞、娱乐场所，他更是不屑为之。他不去那些地方，并不是囿于某种道德的约束。当时的唐朝是一个十分开放的社会，除了不允许士族男人娶社会地位低微的女子为正妻外，至于蓄妓、纳妾等男女性爱之事并无严格限制。《新唐书》曾记载崔颖娶妻专门挑相貌出众的，稍有不称心、不如意就立马换人，反反复复没有节制。也有因为家里经济条件好而无休止纳妾或不把贫贱女子当人看待甚至残害生命的。对柳宗元来说，这种事情不仅牵涉道德与善恶，在情感上也难以接受。

贞元元年（785），在柳宗元记忆中是一个特殊的时间节点，因为有一连串难忘的事情发生，已经成为一个美好记忆的源头。二十年来，不断召唤着他一次次在现实中反身，进入那段不肯模糊的往事。那年，柳宗元十三岁，父亲柳镇在洪州刺史、江西观察使李兼的手下当幕僚，柳宗元也随父宦游江西。李兼虽为封疆大吏，却也满腹经纶，也是一个很有才气的文人，身边聚集了不少文人雅士。每有闲暇，他便召集柳镇、权德舆、杨凭等一班文人交游、雅聚，或泛舟鄱阳湖，或赏景滕王阁，每一聚必有诗酒相和，也为娱乐，也为炫技，唱和应答之间才华与格调尽显。

在这个著名文人集聚的圈子中，唯一可以参与进来的少年人只有柳宗元。小小年纪，稚气未消，总要等大人们轮流吟唱一番，才有人突发奇想要试试这孩童是否堪用。没想到他随口而出的唱和，常常让这些人生经验和文学积淀丰厚的成人大感惊奇，一时广受青睐，文名远播。后来，刘禹锡在《河东先生集序》里也提及此事："子厚始以童子有奇名于贞元初。"

在这个既有社会地位又是文朋诗友的群体里，有江西观察使杨凭，他是李兼女婿。杨凭为虢州弘农人，进士出身，有才干，工文辞，表面上风雅不俗，性情中却又有放任不羁之简傲。他的傲不是一般人到不了他身边，而是一般人都不入他的法眼。据说，他在江西任职期间，李夷简作为朝廷派出的御史出巡江西，按理按制，他都应当予以热情接待，但他平日里十分看不上李夷简的为人和做派，因此始终不肯出面接待。提及此事，李夷简常常恨之切齿，待日后当上了朝廷高官，自是饶不了本身并不检点的杨凭。这是后话。杨凭虽狂傲，却十分青睐和喜爱柳宗元，每每相遇，总是眉开眼笑，百般笼络，恨不得以亲子相待。

杨凭膝下刚好有一小女，年方九岁，比柳宗元小四岁，夫人去世后一直寄养在外公李兼家中。某日，杨凭突然心血来潮生出一个想法，于是便和朋友权德舆商量，干脆把女儿许配给柳宗元做妻算了，待女儿成人即可成亲。不料，这突然间的一个念头，却成了一个绝妙的提议。一来，柳杨两家都是士族出身，两家长又同衙为官，既知根底又是标准的门当户对；二来，柳宗元与杨氏小女平时也多有见面和交往，眉来眼去之间已有柔情传递，可算作两小无猜。一宗婚事高兴了三家，李兼、柳镇和杨凭三家都乐见其成，再加上权德舆在旁边撮合，事情就顺风顺水地成了。当下柳镇就给杨家下了聘礼，举行了订婚仪式。

贞元十二年（796），柳宗元二十四岁，杨氏女二十岁，两人完婚。婚后夫妻俩缠绵缱绻，情投意合。杨氏女由于幼年丧母，寄居在外祖父家里，养成了凡事小心、与人方便的处事习惯，完全没有贵族小姐的骄纵和任性。嫁到柳家后，又感念柳母的宽厚、慈祥和夫君柳宗元的尊重、体贴，终于找到了身心的归宿，就愈加通情达理、温柔备至。特别对婆母，宛如亲生女儿一样体贴入微，恪尽敬养之道，以至柳母逢人便讲："自吾得新妇，增一孝女。"柳宗元本是一个胸有大义之人，对妻子杨氏的情感尤以孝、义为坚实基础。尽管杨氏女素有脚疾，跛脚而"不能良行"，但柳宗元并不因此而慢待杨氏。只可惜，人间好事难长久，结婚第二年，杨氏早产一男婴，只存活了一天即告夭折。杨氏的病情也随之加重，贞元十五年（799），刚刚二十三岁的杨氏就早早离开这个被温暖和爱笼罩的家庭。从此，这个家庭也像一块有了一个豁口的玉璧，再也没有恢复完整。杨氏的病亡，让柳宗元一度陷入亡妻的悲痛之中，深切追念之中，曾撰文盛赞杨氏"柔顺淑茂""端明惠和""生知孝爱之本"。

就在妻子亡故的前一年，柳宗元考取了博学宏词科，授集贤殿书院正字。成功入仕，意味着一个有志青年的政治生涯刚刚开始，人生的前景无限广阔，总不该一味沉湎于个人情感而贻误前程。经过一段时间的调整，柳宗元开始把注意力和精力集中于朝仕之间的交往、从政经验的学习和知识学养的积淀。

授集贤殿正字后，柳宗元有一段清静时光。"凤池西畔图书府，玉树玲珑景气闲。"正是对他集贤殿工作环境的生动描写，每日里他除了干一些编辑出版经籍、搜集整理散佚的图书文献资料外，并无太多的政务需要处理。闲则闲矣，却不寂寞无聊，偌大一座国家图书馆里装满了各色珍本图书，每一本都堪称不说话的先生。柳宗元把这里作为自己干一番大事积攒后劲和能量的绝佳平台，沉潜其间，博览群书，与一个个不见面的智者对话，如饥似渴地汲取前人的智慧和思想精髓。

埋头读书、潜心思索之余，他也不失时机地与一班文朋诗友聚会、研讨、辨析圣贤之书、古今文章。由于他的博闻强记、宏阔渊深，再加上才思敏捷、口才超群，"凡谈者无出其左，论者无出其右"。长安学子鲜有人不为其折服，就连同是文名极盛的韩愈也不得不对他大加赞赏："俊杰廉悍，议论证据今古，出入经史百子，踔厉风发，率常屈其座人。名声大振，一时皆慕与之交。诸公要人，争欲令出我门下，交口荐誉之。"当时的很多公卿贵人都看出这个年轻人潜力巨大，是一个可用、可期之才，将来一定前途远大，如果不出什么意外，或位至公卿也未可知，所以争着抢着想让他成为自己的门生，异口同声推荐赞誉他。

朝中一些大臣贵要看重柳宗元的文采，也纷纷慕名而来，邀柳宗元为自己代作表状。那时的朝官并不是谁都有机会把自己的建议或需要奏明之事当面禀报皇帝，大多还是要通过奏表向上传达。别看这一篇短文不起眼，它可是承载了上奏人的全部信息。所谓见字如面，一个人的文采、态度、心怀、智商、情商、思维、格局等综合素质和修养，都会在这有限的文字中体现出来。话说好了，事情办得顺利，会给皇帝留下良好的印象；话说得不好，不但事情办不成，或许会惹得一身麻烦，更糟糕的还可能因为一句话不慎获罪受罚。敢张口相求的都是位高权重的大官，无非想借助柳宗元的才华和思想把自己要说的话说得入情入理、圆润华美。作为一个新入官场的毛头小子，不管你名气多大，在这些权贵眼里也不过是"卒伍"之流，求你，实在就是瞧得起你或看重你。

转至与金光门相对的大路上，柳宗元又远远地望见了街口那棵巨大的梓树。此树形貌、粗细几乎和京兆府院中的那棵一模一样，每每相遇，都会让他想起在京兆府的那段"借用"时光。

贞元十七年（801），柳宗元调任京畿蓝田县尉，这是一个八品小官，按职责管追捕盗贼等司法刑事。但这两年的蓝田县尉，他并没有实际到任，而是一直被京兆尹韦夏卿借用在身边做文书。在高官大吏云集的京兆府，他看的是高官们冠冕堂皇而入，"更说买卖，商算赢缩"而出；写的则尽是表、奏、祭文等官样文章。这期间，他写了《为京兆尹作祭崔太常文》《为韦侍郎贺布衣窦群除右拾遗表》《为京兆府请复尊号第一表》《为京兆府请复尊号第二表》《为京兆府请复尊号第三表》等等。这种小吏"卒伍"的日子、这样没有色彩的文字，对柳宗元的天赋和才华来说无疑是一种浪费。尽管有时他自己也会感到很矛盾、很无奈，最后还是认识到，一个人要想在社会上有所作为，就必须积极地接受社会所给予的一切。主动的历练也好，被动的考验也好，都要用一种积极的心态予以应对、化解。针对此类事情，他的基本原则和态度就是"和其光，同其尘"。吹尽狂沙始到金，将自己锻造成一个"致大康于民"的"大有为者"。

三

太阳越过长安的城墙，以升腾的姿态点燃了这个城市的情绪。街道突然就热闹起来，街头的行人和喧闹之声仿佛从天而降，而不是从每个院子或每一扇房门中流淌到街上的。彻底苏醒的长安街头，人潮汹涌，如同车水马龙的集市。

这是一个国家的首都，是一个时代的政治、经济、文化、艺术中心，是一切货物的集散地，是一切人才的聚集地，也是一切光明或黑暗事物的滋生地。街道两旁集中了那个时代最漂亮，也最高大、最雄伟的建筑。街渠如河，闪烁着各种迷离的色彩，汹涌着此起彼伏的声浪。天南地北、五行八作、有着明显标志或难以辨别出身份的人流、车马看似无序，实际上都在按照某种看不见的秩序流动着。在街道和两侧建筑之间有限的空间内，挤满了各种各样的店铺、馆舍和货摊。有卖布匹的，有卖杂货的，有卖各种小吃的，有卖柴、卖炭的，也有测字算卦的。

一个卖胡饼的摊子，传来了烤肉的香气，这是柳宗元的最爱，也是父亲柳镇在世时的最爱。可惜父亲去世后，家里很少吃这种东西了。父亲那时喜欢吃的胡饼有两种：一种类似今天的芝麻烧饼，就叫胡麻饼。还有一种胡饼就是那种叫作"古楼子"的食物。"时豪家食次，起羊肉一斤。层布于巨胡饼，隔中以椒豉，润以酥入炉。迫之，候肉半熟，食之，呼为'古楼子'。"

胡饼的香气不仅勾起了柳宗元对父亲的回忆，同时也勾起了他的食欲。如果不是要在散朝后赶到王叔文处议事，他一定会找个安静的地方坐下来，好好品尝一下往昔的味道。他甚至动了一下买一张拿在手里边走边吃的念头，却迅即打消了那个想法，他可不想在这个时候因为一口吃食被朝廷的监察人员弹劾。也许一个普通百姓可以把饼买来边走边吃，可朝廷的官员却不可以，这是朝廷的规矩。天朝不允许他的官员如下等人一样，将自己的吃相展示在街市之上，这不仅有损官员自身的形象，也有损大唐朝廷的威严。

突然，一阵嘈杂和喧嚷打乱了柳宗元的思绪。远远地，他看到几个黄衣白衫的人在和一个摊主争执、撕扯。说是争执，其实是那个摊主一边抵挡几个黄衣人的推搡，一边大声申辩、抗议："我的绫是长安市上最好的绫，何止这几个钱！你们哪里是买，这是在抢……"

"少废话，这钱你若不收就不给了，先欠着……"那几个人不由分说，将摊主搡到一边，抱着一匹绫扬长而去，其中一人反身往摊子上扔几个铜钱了事。围观者或窃窃私语、小声发发牢骚或大声起哄，并没有谁敢上前制止或说一句公道话。没等柳宗元走到近前，这场小小的骚乱就已经结束。这就是臭名昭著的"宫市"。那几个黄衣人，一眼就可以辨认出是宫里出来买东西的宦官。

所谓的"宫市"，就是当年大唐皇宫的"政府采购"。贞元末年（805），皇帝开始任用身边的宦官负责宫廷采买。宫廷中有被指定负责采买任务的宦官，他们手持皇宫的公文向摆摊的老百姓购买宫中所需物品，因为没有制约，行事随心所欲。有些宦官买东西时，不但不再出示公文，还依仗权势强取豪夺。这些人就是被称之为"白望"的势力群体，有几百人之众。这些人游弋于京城的东西两市和繁华的闹市区，一旦相中某件货品，就会启动强买程序。基本不会跟卖家讨价还价，货物价格由他们说了算，价值几千文的东西，只给百文就强行拿走。更过分的是，还要向卖家索要进宫门的钱和运费。老百姓来集市上卖点东西，如果遇到他们就得自认倒霉，幸运的毫无所获，不幸的就要赔本而归。

除了"宫市"，还有另一个长期滋长的毒瘤——五坊小儿。皇宫中还设有雕坊、鹘坊、鹰坊、鹞坊、狗坊，合称"五坊"，豢养这些猛禽及猎犬以备皇帝打猎所用，各坊供职者即称五坊小儿。这些人也多为宦官，他们常年穿梭乡里，张网捕鸟，借机搜刮民财，耍无赖的手法更是五花八门、令人发指。比如，某鹰坊或鹞坊的宦官看中了百姓家的财物，就把罗网张在人家门前不许进出；有的罗网张在人家井上不让打水，谁若接近就会遭到恐吓并施以谩骂和拳脚，痛打人家一顿，直到拿出财物来"顶罪",才肯罢休。有些五坊小儿聚集在酒店、饭馆里大吃大喝,酒足饭饱之后,抬腿就走,根本不付钱结账。店家因不知道他们的身份,前去索要酒饭钱,多半被打被骂。有时,虽然不打不骂,但会使出更让人无可奈何的阴招。他们会借口自己没有带钱,给店家留下一袋蛇作抵押,并以要挟的口气交代一番:"这些蛇是皇宫里用来捕捉鸟雀的,每一条都值你一个饭馆,现在留下来给你作抵押,你就好好养着吧,不要让它们饿着了,饿死了饿瘦了你要按价赔偿……"遇到这样的主儿,店家哪里敢得罪,不但不敢要钱,反而要跪下来请求赖账者的饶恕。

大街上上演的这一幕,柳宗元并不陌生,朝里的大小官员们也心知肚明。对此,长安百姓和朝里的正义之士,早已恨之切齿,怎奈事关朝廷和背后的利益集团,这种不公平的现象,并不能因为某一人或某几人所改变。以往每提及此事,柳宗元都只恨自己人微言轻、力量单薄,否则一定让这些令人不悦的影子从街市上消失。但现在不一样了,现在是春天。春天是一个慈悲的季节,也是一个无常的季节,一切都可能会因为春天的到来而随之改变。

一场春天的风暴过后,一切有生命力的,一切与季节保持同向的,一切与春天的风有着深切感应和互动的,都要在这个季节里萌动、滋长和发展、壮大。枝头的残叶、地上的枯草、沟渠边上的污泥等等一切腐朽的、没落的和必然衰败的,都要被汹涌如潮的绿色所覆盖。也许用不了多久,这些横行于市、万民切齿的阉人就会彻底消失于长安街市。

关于"宫市"和"五坊小儿"的问题,早就是压在皇帝心头的一块石头,虽然并不算多么沉重,但由来已久。现在,太子变成了皇帝,就不用再小心谨慎地禀报谁,也不用担心被误解为太子干政了,可以直接颁布新政予以革除。

四

永贞元年（805）的大唐，皇权虽已归属于皇帝李诵的新朝，但一切秩序仍在原有的轨道上保持着前行的惯性。所谓的"天下"，依旧掌握在旧势力手中。尾大难掉，一切都需要通过正常的手段重新安排或通过斗争的方法实现洗牌。新秩序、新状态的建立，也许还需要一个艰难的过程和漫长的时间。长安地面之所以还是旧日的气象，正是因为它的主宰者还是前朝皇帝的"幸臣"李实。

长期的藩镇割据，持续、严重地消减着大唐王朝的生命力，危及着社会的稳定和发展。各据一方的藩镇，表面上归属朝廷调遣，实际上已成为独霸一方的诸侯。他们拥兵自重，对抗朝廷，彼此间为了扩大势力范围还要相互征战、兼并。由于时时处于战争或战争的准备状态，为了增加自己的经济和军事实力，他们必须在其统治区域内实施"暴征暴赋"，迫使"老弱事耕稼，丁壮从征役"。如此一来，四方平民只能在水深火热的苦难中挣扎苟活，平日里被榨干血汗，动乱时还要遭受流离失所、生灵涂炭之灾。

从唐代宗李豫初年到唐德宗李适末年，也就是永贞之初，大唐的藩镇割据形势逐步严峻。安史之乱过后，很多安史党羽为暂时求得生存，保全实力，纷纷投降唐朝。由于朝廷资源、实力消耗过大，无力彻底消灭这些势力，便以赏功为名，授以节度使称号，由其分统原所占之地。时有李怀仙为幽州节度使，统治今河北东北部；李宝臣为成德节度使，统治今河北中部；田承嗣为魏博节度使，统治今河北南部、山东北部；薛嵩为相卫节度使，统治今河北西南部及山西、河南四镇。各路强藩你方唱罢我登场，竞相表演，反叛的反叛，称王的称王，兼并的兼并，旷日持久地与朝廷分庭抗礼，也旷日持久地对属地平民进行着盘剥和奴役。

严格地说，李实并不属于强藩之列，可是官一旦做到了京兆尹，其地位及势力范围便胜过任何一方封疆大吏。凭借皇族的好出身和善于察言观色、阿谀献媚博得德宗信任的李实，爬到了京兆尹位置后，便开始大肆作威作福、欺上瞒下、独断专行。什么纲常、法纪、规矩、民心，到他这里都如同空气。朝中除皇帝一人，其余官员全不放在眼里，可以随心所欲欺凌，随心所欲参奏、污蔑、排挤、降罪。朝野上下对他又恨又怕。某日，李实在路上遇见了御史王播，按照当朝礼制，京兆尹与御史在路上相遇，京兆尹应该站在路边让御史的车先通过，但李实并不避让。愤怒的王播责骂了李实导骑的人，激起了李实的愤怒，到皇帝那里奏了王播一本，皇帝立即下旨，将王播贬为"三原令"。此事一出，更让文武百官感到愤慨，但愤慨归愤慨，也都是敢怒不敢言。

贞元二十年（804），长安地区春夏连旱，滴雨未下，方圆几百里禾谷无收，饥民遍地。李实对民间疾苦不闻不问、不管不顾，照样征发民力、聚敛财物，用以巴结朝廷官员和上位者。李实探听、揣摩了朝廷的真实意图，为了讨好皇帝，大胆谎报灾情："今年虽然大旱了，但是粮食收成很好。"按以往惯例，京城附近受了这么重的灾，朝廷应该下旨免除百姓的税赋，甚至组织救灾。经李实这么一渲染，朝廷也乐得不负责任，不仅不出钱赈灾，竟连地租、杂税也一分未减。平民百姓为了交租、纳税不得不倾尽所有积蓄，有的甚至被迫拆毁房屋出卖瓦片、木材，抵押麦苗向官府交差。当时，京都有一个叫成辅端的戏子，作民谣讽刺李实："秦地城池二百年，何其如此贱田园？一顷麦苗五斗米，三间堂屋二千钱。"李实得知此事，上报朝廷，将成辅端以污蔑朝廷罪活活杖死。

同年秋，与柳宗元既是同僚又是挚友的监察御史韩愈，经过实地调查，如实向朝廷禀报了这场自然灾害情况，描述了灾区百姓的实际生存状态，并为民请命，恳请皇帝下诏免除灾区百姓的赋税。结果皇帝不但没有接受韩愈的谏言，还罔顾事实，将韩愈、张曙、李方叔几个一同上书的谏官全都贬为南方小县的县令。想到这里，柳宗元不免心中暗恨，他觉得这样的诬罔之流实在罪该万死，迟早要接受历史的审判。

就在柳宗元的心绪随着长安街头风景的变化而翻滚起伏时，一群当时最有雄心壮志的新贵在翰林学士王叔文的官署里聚齐，他们一边喝茶一边议论着当前的国事，同时也在等待着还在赶路的柳宗元。

今天，王叔文下朝比较早，与他一同下朝的王伾、韦执谊以眼神为号，心领神会地先后来到官署，刘禹锡等另外十几个年轻人已经等候在那里了。

在这些革新派人物中，柳宗元担负的任务很重要。很多重要议题形成结论或需要贯彻落实时要写成奏章；很多政策出台前后要配合舆论引导或做理论文章；很多制度、律条的颁发需要形成书面材料……这些都需要柳宗元执笔。以往逢会，柳宗元基本都提前抵达，今天，却因为众人不约而同地早早到来而成例外。王叔文环顾四周，稍显出焦急之色，但并没有说什么。在这个团体里，除了"二王"和刘禹锡，最重要的角色就是柳宗元了，故人们习惯于把革新集团简称为"二王刘柳"。王叔文没说什么，其他人自然也不会说什么。趁柳宗元还没到，大家借机就自己感兴趣的话题，闲聊了一会儿。

与其他人反应不同，此时的刘禹锡显得心不在焉，目光散淡、恍惚，似无心与众人热烈交谈，时不时抬头望一眼帷幕之外的大门。坐在刘禹锡旁边的韩泰，看着他烦躁不安的样子，似乎猜出了他的心思，小声嘀咕了一句："梦得无需担忧，子厚不会有什么麻烦。"刘禹锡点头以示会意。看来，有些事情大家尽管没有说在嘴上，也都心照不宣。朝廷针对强藩、宦官等弊政的革新已经进入了深水区，陆续推进的各项方略和重大人事变动触及了方方面面的利益。朝廷中，以李诵的长子李淳和李诵的弟弟舒王李谊为首的两大皇家山头、以俱文珍为首的宦官集团、一些保守派元老和以剑南节度使韦皋为代表的强藩，个个虎视眈眈盯着革新派的一举一动，恨不得伺机将他们生吞活剥。特别是那些心狠手黑的宦官和信仰暴力的强藩，说不准会干出什么极端和毒辣的事情来。

一个时期以来，刘禹锡敏锐地注意到了革新派主要成员无一不被各种各样复杂的目光所追逐，其中有羡慕的，有敬畏的，有赞许的，有敌视的，也有躲躲闪闪辨不清性质的。除了复杂的目光，还有各种各样的身影围绕着他们，有行在光明中的，也有躲在黑暗里的。有一些虽然仅仅一闪而过，却让人感到心胆俱寒。

在这群人中，最了解也最在意柳宗元的非刘禹锡莫属。自从贞元九年（793）二人同榜及第相识之后，再也没有断过彼此间的联系、相惜与牵挂。虽然柳宗元小他一岁，但品貌、才华却绝不在他之下。虽然说文人常相轻，刘禹锡和柳宗元之间却从来没有过那样的感觉，反而因为爱慕对方的才学和珍惜彼此的相知而渐渐生发出兄弟般的深情厚谊，这就是所谓的莫逆之交吧！刘禹锡少怀济世之志，"少年负志气，信道不从时"，思想开阔，学识渊博；柳宗元则少年老成、才华横溢，很早就提出了"佐世致用""文以明道""辅时及物"的积极主张，胸怀"致大康于民，垂不灭之声"的政治理想。历史的机缘或命运，将两颗巨星安置在同一个运行轨道上，让他们并肩而行、休戚与共，彼此温暖又相互辉映。

在贞元九年的进士榜上，同登者共三十二人，唯有刘禹锡当年就考取了博学宏词科，先进一步。柳宗元因为父亲柳镇去世居家丁忧三年。三年后的贞元十二年（796），柳宗元考取博学宏词科时，刘禹锡一年前已在朝中谋得了太子校书之职。这样算下来，刘禹锡比柳宗元在仕途上先走了三年。

早在贞元十一年（795）为太子侍读时，刘禹锡就结识了任太子侍读的王叔文。由于王叔文深得皇太子李诵的信任和器重，常与太子谈论当朝弊端和治国方略。在与李诵议论那些当朝新锐时常常直言："某人可任宰相，某人可任将军，希望今后任用他们。"显然，他正在帮助太子将来登基、治国做人才上的准备。对于一个有才华、有抱负的年轻人来说，王叔文和太子不正是通向自己人生理想的一座桥梁吗？不仅是刘禹锡，很多年轻的朝官都愿意靠近王叔文。经过几年的接触，刘禹锡首先得到了王叔文的赏识和器重，被认为："禹锡尤为叔文知奖，以宰相器待之。"

彼时，柳宗元还是个刚入职的新官，虽有才名却没什么作为。柳宗元一入职，刘禹锡就向王叔文进行强力推荐，使他这座积攒了多年能量的小火山终于找到了喷发口。一时，他将自己对人生的夙愿、学养的积淀、政治上的抱负和热情都不遗余力地释放出来。没过多久，王叔文也如同信任刘禹锡一样信任、器重柳宗元。于是，一个以年轻人为主体的革新派集团逐渐形成，王叔文、王伾、韦执谊、柳宗元、刘禹锡、吕温、李景俭、韩晔、韩泰、陈谏、凌准、程异等十几人，结为政治同盟和生死之交。

五

就在刘禹锡思绪纷乱、忧心忡忡之时，突然有门人来报，柳宗元已经到了。顿时，室内的气氛活跃起来。因为众人音量的提高，室内甚至出现了一阵小小的骚动。看来，刚才感到情绪压抑的，不仅刘禹锡一人，就连一直没怎么说话的王叔文，脸上也浮现出一丝笑容。

从户外进来的柳宗元，脸上带着春天和阳光的印记。躬身施礼的一瞬，微红的面庞与他身上白色的绸衫互相映衬，虽然已三十出头，看起来仍是风流倜傥的翩翩少年。柳宗元环顾四周，发现应该到场的人员都已就位，唯独自己来得稍晚，一边向众人道歉，一边走向那个预留的空位。

柳宗元紧挨着凌准坐了下来，他的正对面就是王伾。王伾刚刚由太子侍读升为左散骑常侍，虽然在宫廷里的活儿还是原来的活儿，以服侍皇帝为主，但级别却比原来高了两级。在王叔文主持下，一众新锐马上开始商讨正题。今天的主要议题是要贬惩李实和继续招募贤臣。首先研究的是如何向朝廷如实禀报京兆尹李实之恶行，争取一次成功将其扳倒，为平民、百官除掉这个横行多时的祸患，同时也为革新派树立威信。大家议论纷纷各抒己见时，柳宗元有那么一小段时间的走神。

他想起了韩愈。要不是恶霸李实，韩愈很可能就坐在这里和他们共同商量朝廷大事了。想起自己与韩愈和刘禹锡在御史台共事的那些日子，多么令人留恋。几个人都刚过而立之年，风华正茂，意气风发，都有心怀天下、造福万民之恢弘志向，也都有满腹经纶，能著锦绣文章。韩愈先刘禹锡和柳宗元到御史台，任监察御史；刘禹锡稍晚，也出任监察御史；最晚是柳宗元，任监察御史里行，属于见习监察御史。短短几年时间，中国文学史上三颗耀眼的巨星，就在一个狭小的时空里聚到一起。相逢即成善缘，相交即成知己。三个人很快就成了无话不说的挚友，人生理想、政治见解、宗教、文学……他们像比翼飞翔在长安上空的三只雄鹰，常常在交流、交锋、交融中抵达常人难及的精神境界。

去年三人那场难忘的交谈，再一次浮现在柳宗元眼前。

那是个深秋的夜晚，三个好友在一次看似轻松、随意的小聚中，商讨了一件大事。那天，刘禹锡特意预备了香茗、糕点，请韩愈和柳宗元到家里一聚。他的意图很明确，就是要和柳宗元一起说服韩愈参加朝廷的革新。遗憾的是，尽管刘、柳费了很多口舌极力劝说，让韩愈打消对王叔文的成见，韩愈却始终没有一个明确的态度。显然韩愈还在徘徊和犹豫，至于他本人没有说明的原因，柳宗元私下里猜测，也许他从骨子里就瞧不起平民出身的王叔文；也许他根本就不相信这么几个人能撼动庞大的朝政体制，搞不好还要惹来杀身之祸，为了稳妥起见，还要观察一段时间。

让柳宗元和刘禹锡没有料到的是，没过几天，就传来消息，韩愈因为上书《论天旱人饥状》得罪了京兆尹李实而被朝廷贬为连州阳山令。更让他们没有想到的是，那次聚会，竟成为此生最后一次三人聚会。

正午的阳光透过举架高大的官署窗棂，射在议事大厅的地毯上。屋宇内变得明亮起来。柳宗元的思绪从浓重的遗憾和失落中回转过来，心情渐渐变得明朗，宁悦如初。环视议事厅里的众人，他内心突然有了一种莫名的感动，想起了"群贤毕至"几个字。前日偶得闲暇，临王羲之《兰亭序》，写到"群贤毕至"，内心有些异样的感觉，却不想今天果然找到了现实对应。望着一张张熟悉的面孔，不由得感慨起人生的机缘巧合。在座的除了"二王"、韦执谊和陈谏、程异外，其余都是自己知根知底的朋友，当初谁想到会在仕途上成为同道？难道上天果然有眼、有知、有排定吗？

坐在身边的吕温，字化光，和刘禹锡一样，是与柳宗元在情感上很亲近的人。论起来，不仅是河东同乡，更是中表之亲。吕温贞元十四年（798）进士及第，吏部登科，授秘书省校书郎，与柳宗元在工作上也有联系。吕温少年有为，很有济世之志，刘禹锡曾著文评价吕温"师吴郡陆质，通《春秋》；从梁肃，学文章勇于六艺之能，咸有所祖。年益壮，志益大，遂拔去文学，与儁贤交。重气概，核名实，歊然以致君及物为大欲"。他的抱负、学问和文章，很为柳宗元及诸朋辈折服。

坐在刘禹锡旁边神色刚毅的韩泰，也是柳宗元的老朋友，转眼十几年的交情。韩泰贞元十一年（795）登进士第，在此之前柳宗元、韩泰、崔群、李建就被文士圈子称为京师四友。从柳宗元以"追用古道，交于今世""余以刚柔不常，造次爽宜，求正于韩"的表述中可以看出，二人之间完全不是一般的世俗之交。柳宗元对韩泰有着一份特殊的感情、理解和尊重。柳宗元自知性格上的短处，而把韩泰作为一面镜子常常用以校正自己的言行。

在众友人之中，还有凌准和陆质两人，不但与柳宗元有同道之谊，还有故旧之情。陆质是精通经学尤深于《春秋》的大儒，一向被柳宗元所追随、尊崇，并称其为老师；而凌准则是柳宗元的父辈，他比柳宗元年长二十岁，资历老，在朝廷中的官位也高，近日刚刚迁任尚书都官员外郎。按辈分，他应该是柳宗元的长辈，早年他在邠宁节度使韩游瓌幕下任掌书记，与柳宗元的父亲柳镇是同僚。后来，他因辅佐韩游瓌破贼有功，被提拔为节度推官、殿中侍御史。柳宗元之所以与他以"执友"相称，则因随父亲宦游邠疆时二人结下的长期友谊，属于忘年交。

此外，还有韩晔、李景俭、孟郊、李翱、崔群、王涯等，都是初露头角的青年朝官。柳宗元一一打量，对与每一个人的交往略略盘点、回顾。然后，他双眼中贮满了笑意，内心被一种前所未有的力量和踏实感所充盈。他坚信，即便是天空有乌云蔽日，一片晦暗，只要有了这样一张张充满生机的脸庞，整个屋宇都会被照得通亮。想一想朝廷的未来和自己的人生，眼前仿佛有一片巨大的光明显现。

第二章 树古根深

一

从东宫出来，凌准特意找机会与柳宗元单独聊几句。一场规模宏大的变革，也是一场激烈的较量和斗争，即将全面展开，革新派的诸位朝官每个人都有浩繁的政务需要处理，劳碌而紧张，根本无暇顾及个人的私事。凌准和柳宗元已经很长时间没有单独叙旧了。前辈加挚友的关系，让凌准对柳宗元平添了一层喜爱和关心。

看到柳宗元，凌准不由自主地回想起被朝野上下公认为"守正为心，疾恶不惧"的旧日同僚柳镇。只可惜，好人命不长久，转眼故人已去十载有余，一切身后之事都无缘得见。值得庆幸的是，其独子宗元没有辜负父亲的殷殷厚望，如今已经出落成堂堂的朝廷新锐。

凌准之所以每每都把宗元和其父柳镇联系在一起，有时，甚至于恍惚之间将二人混为一谈，皆因二人在形貌、性情和处事方式上实在是太像了，简直惟妙惟肖。尤其宗元为某事慷慨陈词、据理力争的样子，简直就是柳镇再现。

柳镇与凌准都曾在朔方节度使郭子仪手下做事，柳镇为节度推官，后升为大理评事，凌准为邠宁节度掌书记。共同的工作环境和频繁往来，增进了彼此间的相互了解。特别是柳镇，因为有几件事情搞得影响巨大，以至于朔方一带无人不晓。

第一件事，发生在他大理评事的任上。根据当时的军旅实际，他写了两篇很有影响也很有争议的文章《晋文公三罪议》和《守边论》，因为"议事确直，世不能容"，也就是说，文论所议之事确切、直接，让当政、当事者感到很不舒服，不能接受，不可容忍。结果自然是费力不讨好，被迫离开了大理评事的位置。好在郭子仪念及旧情，惜其才华，给他介绍了一个晋州录事参军的差使。

柳镇到了录事参军岗位后，紧接着发生了第二件事。晋州刺史是郭子仪的旧时部将，行伍出身，没有文化，"少文而悍，酣嗜杀戮，吏莫敢与之争"，常常将一些罪不该死的人活活打死。衙门里唯有柳镇不买他的账，"独抗以理"，发现明显有失公平的案件，就会据理力争。为了保护那些即将被活活打死的人，他甚至会拒绝执行刺史的命令，极力说服与争辩，劝刺史收回成命，实在说服不了，就扑上去用身体护住被鞭打、杖击之人。刺史非常生气，暴怒时曾将几案扔出去，将席子折断，却也没有办法改变柳镇的倔强。

从此，这个看似不可理喻的人，声名远扬，大家都知道柳镇是一个咬住死理不放松、一条道跑到黑的人。同时，也知晓了他骨子里的正直和率真。柳宗元的性情和处事方式，与他的父亲如出一辙。不同的是，他比较幸运，遇到了好机缘。当然，他也比父亲更机智、更有才华。但他所表现出来的锋芒，同样让人生经验丰富的凌准感到隐隐的担忧。柳宗元现在春风得意，看似一帆风顺，实际上也未必没有敌对力量和风险。他入仕不久，还不曾领略仕途的高深莫测和官场的复杂凶险。如果他还像父亲一样直来直去、不懂迂回，将来难免要在官场上吃大亏。

凌准觉得有必要提醒一下这个年轻人，要在积极进取和快速前行中留意脚下的危险。皎皎者易污，峣峣者易折。很多话要说却又不便说破，怎么办？凌准此时的心情很复杂，既怕柳宗元锋芒太露，太过投入，伤及自身；又怕话不得当打击了他的进取心，或把他引向消极方向。尤其现在，正处于朝廷改革的风口浪尖，自己也身在其中，他可不希望这些革新派成员像那些官场老滑头一样，凡事先把个人得失放在首位，圆通油滑，不讲原则，不负责任。他知道，想成大事就要有人冲锋陷阵、勇于担当，甚至做出牺牲。他只是希望这个年轻人能从父亲的经历中总结出有益的人生经验，让自己走得更加积极、更加稳健。

最后，凌准决定和柳宗元谈谈他的父亲。他意味深长地讲了柳镇的追求和理想、人生经历和一些过往的故事、耿直的性情以及坎坷和不幸，深深感慨黑暗的官场很难容忍那些"坚明直亮"之士，也为柳镇一生不得志和不能亲眼看到子厚令人骄傲的成长而感到遗憾。他叮嘱柳宗元要靠自己的天资和奋斗重振家道，让柳氏家族的"德风"和"功业"得到发扬光大。

凌准的一番话说得柳宗元思绪万千。他想到了柳氏家族的根脉，也想到了自己在家族中所处的位置和所担负的使命。延续了几百年的柳氏家族谱系，一旦在柳宗元的意识中展开，原是一棵枝杈繁盛的大树。那大树从岁月深处伸出枝杈，以血缘、气脉与他紧紧相连，不仅关乎他生命的根基，也关乎他命运的因果。

二

从记事起，柳镇就对柳宗元讲家族历史，不断地讲，以至柳宗元回想起家族历史，宛如一切都发生在昨天。后来柳宗元渐渐长大，通过其他途径进一步了解了家族的更多信息。随着家族史的轮廓越来越清晰，整个大唐王朝的历史也变得清晰可见，相关的人事沧桑、宦海沉浮以及历代人物图谱也都一一浮现眼前。

柳氏的起源，大约最远可追溯到春秋战国时期。

史称柳氏得姓于鲁士师柳下惠。柳下惠原来也不姓柳，而为姬姓，展氏，名获，字季禽，鲁国柳下邑人，鲁国大夫展无骇之子。作为中国传统道德的典范，其"坐怀不乱"的故事广为传诵，而他留给后世的精神遗产却远不止这些。

《论语》记载，柳下惠在鲁国掌管刑罚狱讼之事，是一个不大的小官。当时鲁国宗室衰败，朝政把持在臧文仲等人手中。柳下惠刚正不阿，不事逢迎，屡屡得罪权贵，很不得志，竟接连三次受到黜免。虽然屡受打击、排挤，仕途蹭蹬，他的道德学问却名满天下，各国诸侯都争着以高官厚禄礼聘他，均被他一一拒绝。有人问其故，他答道："直道而事人，焉往而不三黜？枉道而事人，何必去父母之邦？"意思是说，自己在鲁国之所以屡被黜免，是因为坚持了做人的原则，如果一直坚持下去，到了哪里也难免遭遇被黜免的结果。若可以放弃做人的原则，在鲁也可以得到高官厚禄，又何必离开故乡到别处去呢？

柳下惠的直道事人，在史书中有几处明确的记载。其一记载于《国语·鲁语上》：鲁僖公二十六年夏，齐孝公出兵讨伐鲁国，臧文仲问柳下惠如何措辞才能使齐国退兵。柳下惠说，只有大国做好小国的榜样，小国好好侍奉大国，才能防止祸乱；时下鲁国作为小国却狂妄自大，主动去触怒大国，无异是在制造祸端，怎么措辞都是没有用的。这就相当于对鲁国的臧氏集团进行了直接批判，丝毫不给统治者面子。如此耿直，怎么能不触怒权贵屡遭贬黜呢？

一百多年后，孔子在谈到这事时还十分气愤地说："臧文仲其窃位者与？知柳下惠之贤而不与立也！"因此称柳下惠为"被遗落的贤人"，而孟子，更是直接尊柳下惠为"和圣"。

周襄王三十一年（前621），柳下惠卒于鲁地，享年一百岁，谥号为惠。因其封地在柳下，后人尊称其为"柳下惠"。从此，这一族后人便把姓氏由展更改为柳。

随着朝代更迭和世事变迁，柳氏家族的后人陆续离开柳地迁徙他乡。鲁为楚灭，柳氏入楚；楚为秦灭，柳氏入秦。"秦并天下，柳氏迁于河东。秦末，柳下惠裔孙安，始居解县。"自此，柳氏后裔继续无论迁徙到哪里，都铭记着解县那个氏族起点。

遥远的年代、遥远的故乡以及那些高风亮节的先人，让柳宗元心怀向往，他也一直想择机探访一下家族故土。那年，好友独孤申叔要去往河东，又一次引发了柳宗元思念故土之情，于是作《送独孤申叔侍亲往河东序》，借机抒发了一回内心感慨："河东，古吾土也，家世迁徙，莫能就绪。闻其间有大河、条山，气盖关左，文士往往仿佯临望，坐得胜概焉。吾固翘翘褰裳，奋怀旧都，日以滋甚。"古时以左为东，关左应指关东，也就是函谷关和潼关以东地区。遗憾的是，至今他也没有机会去先祖故地触摸一下氏族的根脉。

由于柳氏祖上历代为官，游宦四方，直到从高祖柳楷这一代，柳氏才在长安扎下了根，建了祖坟，此后柳氏族人离世哪怕是千里迢迢，也一定要归葬于长安少陵原上。

北朝时期，是柳氏一族发展壮大的一个时间节点。其时，柳氏已经成为河东著名的门阀士族，与薛姓、裴姓并称为"河东三著姓"，其气、其运呈蒸蒸日上之势，家族中士子如云、大官频出——史载："柳族之分，在北为高。充于史氏，世相重侯。"

柳家八世祖柳僧习，"齐奉朝请，归魏，历北地、颍川二郡守，扬州大中正，尚书右丞，封方舆公"。

七世祖柳庆，在西魏"官至骠骑大将军，开府仪同三司，尚书右仆射转左仆射，进北周，赐姓宇文氏，封平齐县公"。

六世祖柳旦，"仕周，以功授仪同三司，中书侍郎，封济阴公；入隋，封新城县男，大业初，任龙川太守，寻征为太常少卿，摄判黄门侍郎"。

五世祖柳楷，仕宦于隋，做过济、房、兰、廓四州刺史。

柳家人之所以世代身居高位，除运势、机遇因素外，还当依赖于良好家族文化的滋养、运化。旧时书籍中常记载为官之家的事迹，字里行间透出柳氏家族的文化底蕴。

其中有关于"笃孝"的：

《周书·柳庆传》中有记："庆出后第四叔，及遭父忧，议者不许为服重。庆泣而言曰：'礼者盖缘人情，若于出后之家，更有苴斩之服，可夺此从彼。今四叔薨背已久，情事不追。岂容夺礼，乖违天性！'时论不能抑，遂以苦块终丧。既葬，乃与诸兄负土成坟。"

如果说柳庆为北朝时期柳氏家族历官高位者之代表，那么，柳奭则是柳氏在唐代仕宦显达者之典型。《旧唐书》记载："奭字子邵。以父隋时使高丽卒焉，故往迎丧，号踊尽哀，为夷人所慕。"

还有关于"抗直"的。这种家族性格，可以说是柳氏文化的主旋律。

《周书》："太祖尝怒安定国臣王茂，将杀之，而非其罪。朝臣咸知，而莫敢谏。庆乃进曰：'王茂无罪，奈何杀之？'……"

这个故事还是关于柳庆的。说是北周太祖宇文泰曾经对安定国的臣子王茂十分恼怒，要杀掉他，可王茂并没有犯罪。朝中大臣都了解这情况，却无人敢进谏。唯有柳庆进宫与太祖争辩。太祖很恼怒，声色俱厉地对柳庆大叫："王茂就是应该杀掉，你如果敢替他做无罪之辩，我就连你也一起治罪。"言罢，令人把柳庆像提罪犯一样提到面前。柳庆言辞神情毫无畏惧和屈服，高声说道："我听说国君如果不通达事理就不是明君，臣下如果不敢与国君争辩就不是忠臣。我为了竭尽做臣子的气节和忠诚，哪里怕自己的死？怕只怕世人把您看作不明之君。"太祖闻言终于醒悟过来，欲赦王茂，但是已来不及了。为此，太祖情绪低落，第二天，特意把柳庆召至面前对他说："我没有采纳卿的意见，让王茂受冤屈而死，看来只能赏赐王茂家一些钱物，弥补我的过错啦！"

尽管最终结果并不理想，但柳庆却保持作为"士"的品德，得到了皇帝和大臣们的认可和赞扬，从此朝廷上下对柳庆的"中直"都心生三分敬畏。

隋朝末年，农民起义纷起，战争频仍，隋朝政权以及中原士族受到沉重打击，很多士族随隋朝灭亡而分崩离析或烟消云散。柳氏因居陇西，远离中原战火，且归属于李渊、李世民为首的"关陇集团"，在兵乱和势力集团的博弈中获得了独立发展的机遇。

与柳楷同辈分的兄弟几个，都是隋朝旧臣，后随祖父柳庆以及父辈柳旦等归附李渊，为唐朝的建立立下过汗马功劳。天下平定之后，柳氏一族作为李唐新朝的重要成员，深得太宗李世民的器重，地位显著提升。

至高宗朝，柳氏族中，先后做过宰相的就有四人，居官尚书省的达二十余人，家族势力之大，完全可以用"权倾朝野"来形容。

三

然而，随着朝廷内部权力之争的日趋激化，特别是围绕皇权展开的你死我活的争夺和残酷斗争，几乎将柳氏家族拖进覆没的泥潭。经过两次大规模的冲击，这个"奕叶贵盛，而人物尽高"的显赫士族开始逐步走向败落。到柳宗元出生时的年代，岂止是宗族不振，都已经潦倒到贫贱而卑微的程度。

第一次大冲击是在高宗朝，祸起皇家后院的"宫斗"。《旧唐书·高宗废后王氏》记载：王皇后，并州祁县人，罗山令王仁佑之女，母柳氏乃时任当朝中书令柳奭的妹妹。王氏出身名门望族，其祖母同安长公主为唐高祖的妹妹，也是皇亲国戚。王氏形容绝美，人才出众，长公主很是喜欢，便提议将此女给晋王李治做妃子，和唐太宗一说，唐太宗欣然应允。此后，此女便一路水涨船高，李治登储为太子，王氏为太子妃；太宗驾崩后，李治继位为高宗，王氏便被立为皇后。

遗憾的是王皇后没有生育。宫中只有宫女刘氏生皇子李忠和萧淑妃生皇子李素节，刘氏位微而无宠，萧氏位高而得宠。柳奭便与元老重臣褚遂良、韩瑗、长孙无忌、于志宁等私下里计议，由王皇后收李忠为养子，并立为太子，以巩固皇后尊位。萧淑妃则依靠皇帝的宠幸想立李素节为太子，为自己增加政治资本。两宫争斗不分伯仲，为扳倒萧淑妃，王皇后想出一个借力打力的计策，即把李治迷恋但已出家的武媚，从尼姑庵召回献给高宗，以武媚之宠替代萧淑妃之宠。这位武媚就是后来的武则天。

武氏入宫后，深得高宗恩宠，很快使萧淑妃失宠。王皇后自以为得计，却没料到，武氏竟然成为自己最大、最凶悍的竞争者。随着高宗恩宠渐深，武氏便不再把王皇后放在眼里，开始与其相互谮毁，但每有矛盾，高宗都信武氏而不信王氏。王氏自知已无法与武氏抗衡，内心惊惧不安，便与其母柳氏对武媚暗行巫蛊之术。此事被武氏告发，高宗大怒，不准柳氏再入皇宫，并打算废掉皇后。在长孙无忌、褚遂良等重臣的极力劝谏、阻止之下，皇帝只能暂时收手。

这样的结果，显然不是李治和武媚想要的。于是，柳奭成为这场宫斗最后胜负的关键。柳奭以为退一步可保无祸，迫于内宫压力，主动上书，请求辞去枢密之职，转为吏部尚书。没想到，这只是一个开端。柳奭很快便被贬为遂州刺史，不久，皇帝又觉得遂州太大、太近，再加贬为又远又小的荣州刺史。与此同时，武氏乘胜追击，复诬告王皇后杀死自己的小女儿，以杀人罪名将王氏废去后位，并将王氏和萧氏一同贬为庶人，打入冷宫。

时隔不久，高宗因念及与王氏、萧氏旧情，行经二人所囚之地，见拘押处只留下一个送饭的小洞，看不到人，便大声呼喊："皇后、淑妃安在？"王氏泣答："妾等得罪，废弃为宫婢，何得更有尊称名为皇后？"只向高宗提出将此冷宫改为"回心院"。武氏得知此事，醋意大发，心生狂怒，令人对王、萧二人各杖一百，截去手足，浸于酒中，名曰"骨醉"，数日后，王氏被折磨死，时年二十八岁。

王氏死后，武则天被封为皇后。柳奭赖以苟活的最后屏障坍塌，显庆二年（657），遭武派朝臣所构，再贬爱州刺史。两年后，继以"潜通宫掖，谋行鸩毒，又与褚遂良等朋党构扇，罪当大逆"为由被除名，将他杀于爱州，籍没其家。多年后，褚遂良、韩瑗等都得到昭雪平反并还官爵，唯有罪不当死的柳奭尸骨仍然不得还乡。此时，柳家只有柳奭的堂侄柳涣尚在朝中做中书舍人，可以和朝廷说上话，才上表请求获准将柳奭的尸骨迁入祖坟。

这一次打击，使柳氏一族从皇亲贵戚的特权地位直降到一般官僚地主阶层。

此后，柳氏家族一蹶不振，再也没有出过什么像样的人才，差不多隔十年才能出一个尚书级别的官员。柳宗元的曾祖父柳从裕，只做过沧州清池令；祖父柳察躬，曾做过湖州德清令。到了父亲柳镇这个辈分上，虽然有兄弟五人，除柳镇外还有柳缜、柳缥、柳综、柳续四人，但其行事、历官已不可考。不可考，就是都没有什么地位、名气和影响，在世上基本没留下什么痕迹。柳氏到柳宗元这一代，已经是"五、六从以来，无为朝士者"。

柳氏家族另一次巨大的打击来自"安史之乱"。

这次大乱爆发时，柳镇刚刚明经及第，时年十七岁。叛军占领长安，朝廷流亡，士族百官作鸟兽散，各奔东西，寻找避难之所。因王屋山下尚有祖产，可借安身，柳镇便陪母亲到那里避乱。其时，关中、河东、河南一带，正是官军和叛军激烈争夺的地区。几经洗劫，已是千里丘墟，鸡犬无遗，饥荒连年。为了度日，柳镇只能抄小路四处寻找食物。

然而，预想的安身之处也无法很好安身，战火继续蔓延，他们只能继续流徙，随朝廷逃亡大军南下"举族如吴"，举家迁往吴地，在潮湿、闷热的南方临时落脚。

这么一大家子人，就算到了稍微富庶一点的吴地，仍是难以维持生计。为了供养亲属、子女，柳宗元的母亲卢氏节衣缩食，常常自己挨饿，把省下来的食物分给弱小孩童。柳镇只能放下文人姿态，独自骑着驴四处寻求仁爱之人赠与食物供一家人活命。

就这样，一个曾经无限风光、无比尊贵和兴旺的士族，竟然落到这般田地。第一次打击使这个家族从贵族降级为普通地主阶层，这次战乱无疑雪上加霜，使这个家庭从地主阶层沦为平民或底层贫民。

四

当柳家的望族根脉延续到柳镇这里，已是气数衰微。一棵渐渐从繁盛走向衰微的大树，没有充足的阳光，没有丰沛的水源，自然失去了朝气蓬勃的活力，残存的只有孜孜以求的姿态和屹立不倒的硬气及筋骨。

从少年起，柳镇就发奋读书，刻苦治学，通经术，善诗文。他胸怀大志，把沉重的家国背在身上，梦想着有朝一日能够一跃成龙。天宝末年，通过参加"经术"类考试，及第入仕后，便开始了宦游四方的动荡生涯，虽官运不佳，却广交天下朋友。当时，那些以刚正不阿、直言敢谏著称的朝廷官员如陈京、赵需、许孟容等，以及在社会上大有影响的文人如柳并、梁肃、杨凭及其兄弟杨凝、杨凌、韩会等，都是他的朋友。所谓物以类聚，人以群分，通过结交的朋友就能看出这个人的性情和品位。

作为典型的官宦世家、名门望族子弟，柳镇绝非一般消沉、迂腐的文人，也非不择手段、唯利是图的政客。在尊严和官阶之间，在品格与功名之间，他始终如一的选择是自强不息和不屈不挠。

在南方避乱期间，柳镇曾任六合县令的叔祖父因得罪了朝廷宦官，被诬陷入狱，屈死公府。不仅如此，朝廷还要继续追究，株连柳氏其他成员。柳镇详细了解案情之后，发现这是一件确定无疑的冤案，只因办案官员不敢得罪涉案宦官，惧怕他日也落得县令一样的下场，便枉法把一个无辜之人做了黑恶势力和权力的祭物。柳镇大怒，决定冒死为冤死的叔祖父讨回公道，也给柳氏后裔讨还一条生路，树立一个榜样。于是他乔装改扮，步行千余里，到长安告了御状，才使冤案得以平反昭雪。

唐代宗广德元年（763）三月，朝廷为庆祝平定安史之乱，又上尊号，又改元，又大赦天下。柳镇认为朝廷百废待兴，正需要有识之士献计献策，便满怀热情写了一个《三老五更议》的奏疏，斋戒沐浴后，进献给皇上，以期得到朝廷的赏识和重视。

他这份奏疏的主要观点是：经过这场战乱之后，老百姓都饱受祸害，人口锐减，土地荒芜，农业生产遭到极大破坏，当此之时应该按时令兴办太学，鼓励耕作，休养生息，抓紧恢复和储备国力。然而，他的思想和建议最终并没有被朝廷采纳。为了表示安抚，朝廷只赏给他一个左卫率府兵曹参军的八品小官。尽管如此，柳镇并没有因为不得重用而气馁，而是尽心尽力做好每一件事，静心以待，默默地准备着迎接那个还未曾到来的好时机。

当时，有很多位高权重之人认为，凭他的才华和禀赋堪为大用，便纷纷邀请他到自己手下做事。在之后的一些年里，他先后担任过晋州录事参军、长安主簿、宣城令、阌乡令、鄂岳沔都团练判官等职务，南北奔徙，宦游四方，遗憾的是，一直未得大用。

柳镇之所以会走出这样一个人生轨迹，一方面是运气不好，在当朝、当世、当时的社会价值体系之下没有遇到真正理解和看重他的高级官员。另一方面，则与他刚正不阿的性格有很大关系。由于他为官戆直，不避权幸，不善变通，不会看风使舵，很多时候不为权贵所容。特别是在一些大是大非问题上，坚决不肯妥协、让步，更容易树下劲敌，遭到关涉前途和命运的打击。

唐德宗贞元五年（789），柳宗元十七岁时，柳镇终因在鄂岳沔都团练观察使府立了军功，得了一个殿中侍御史的京衔，怎料，没过多久就因为审理已故陕虢观察使卢岳遗属分财一案，与权奸窦参相冲突，受到一次更为严重的政治迫害。

殿中侍御史是朝廷掌刑法纠察的机关御史台属官，职级为正七品下。

贞元五年（789），陕虢观察使卢岳病死，其妾裴氏有子，按理应该得到一份遗产作为生活费，但卢岳的正妻分配遗产时根本不给裴氏和儿子。裴氏将此事告到官府，柳镇的朋友穆赞以殿中侍御史分司东都的身份负责办理此案。穆赞的顶头上司御史中丞卢佋是卢岳本族，公然偏袒卢岳正妻，胁迫穆赞给原告定罪。穆赞也是一个认死理的人，坚持不以人情践踏法律，没给卢佋这个面子。卢佋恼羞成怒，诬陷他受裴氏贿赂，利用手中权力，强行将穆赞逮捕下狱。卢佋之所以敢这么明目张胆，是因为他是窦参的党羽，其时窦参已经入相，正受到唐德宗李适的信用。

穆氏兄弟四人，皆以品行刚直著称。穆赞的弟弟穆赏站出来为哥哥喊冤上诉，朝廷依例命御史台、刑部、大理寺三司推案。代表刑部负责断案的是员外郎李觌，代表大理寺的是大理卿杨璃，代表御史台的就是柳镇。他们几人不惧权奸淫威，在调查取证充分的前提下，秉公处理，平反了这起冤案。穆赞被无罪释放之后，冤案的制造者卢佋获罪坐牢，这是罪有应得。卢佋虽然心中对三司办案人员痛恨不已，却也无计可施。但此事并不算完结，因为卢佋是窦参的重要党羽，得罪了卢佋就是得罪了当朝宰相窦参，折了他的党羽，就相当于在老虎身上拔毛，他怎么会善罢甘休！

一场正常的公案骤然变成了派系斗争，可怜柳镇等人连派系都没有，势单力薄，只能任由强权势力的无情宰割。在那个说错一句话都可能犯下死罪的时代，柳镇并非意识不到自己的危险，只因职责在身，只能恪尽职守、听天由命。震怒之下，窦宰相立时就要找个借口收拾这三司的办案人，怎奈这是三司会审的御案，相当于皇帝也插了手，又因有大臣赵憬等从中斡旋，窦参才一时没能得手。

对于此事，窦参始终耿耿于怀。第二年，他终于找到了机会，把柳镇外贬为夔州司马。其时，柳镇已五十二岁，到数千里之外去做一个下州没有实职的小官，实际上就是流放。去也得去，不去也得去。如果不去，罪加一等，恐怕连个自由身都没有了。柳镇含恨上路，心中自有千般委屈、万般无奈，谁让自己赶上了这个只讲强权不讲公理的朝代呢？

这是贞元六年（790）的秋天。秋色凄凄，冷风瑟瑟。柳镇来不及仔细打点行李，就匆匆上路，十八岁的独子柳宗元陪伴在老父身边。一路相送，一路听父亲讲述他自己半生的坎坷、苦乐和得失。面对还没有真正展开人生之路的儿子，柳镇尽量表现出积极、放达的态度，他不想把过多消极的情绪和社会黑暗呈现给儿子。

父子二人共同行至蓝田的时候，柳镇已经几次催促儿子不要再继续相送，到告别的时候啦！对这个正在准备科举的儿子，柳镇并不怀疑他的才学和能力，但内心却怀有深深的愧疚。多年来，自己一直在外四处宦游，没有机会亲自教育他，也没有让他充分享受到应有的父爱。一切都靠他母亲看护、引导和他自己的奋发努力。别人家的孩子都能靠在朝廷做官的亲友得到奖掖、擢拔，自己的儿子却要因为自己的获罪离朝而受到很大的负面影响。想到这里，柳镇长长叹了一口气。他没有再多说什么，只是硬着头皮继续鼓励儿子发奋读书考取功名，将来为国效力，为柳家争光。

转身就要告别了，面对未来莫测的命运和眼前的幼子，柳镇内心忽然感到无比的伤痛。他强忍住眼中的泪水，对依依不舍、一脸悲伤的儿子说了一句："吾目无涕！"

柳镇一生无大名，翻遍新、旧唐书，也查不到他的名字，但仅此平平淡淡的一句独白，饱含着贫寒士子的愤懑和血泪，如一声响雷响彻了历史的天空。天资聪颖的柳宗元，深知这句话的真正含义，深知父亲内心有多大的痛苦，他当然知道面对命运时，个人总是显得渺小和无能为力。

遵照父亲的吩咐，柳宗元不再继续相送。他心里清楚，父亲有父亲的路，自己有自己的路。只有把自己的路走好，才能让老父的心得到更多慰藉。他站在原地，看着父亲头也不回地渐渐走远，眼中压抑多时的泪水一下子流了出来。泪如泉涌，他不刻意去擦拭，他要让眼泪尽情地流。待泪流尽，他要像父亲一样，沿着命运之路顽强地走下去。

五

前方是一片茂密的森林，路从林子这端进入，从另一端穿出，像一条灰白色的细线穿过一块硕大的碧玉。人如蚁，一进入那片墨绿的森林便如消失一般，纵然是苍天有眼，怕也看不见人在地面上的是非曲直和艰难跋涉。人在森林里穿行的时候，风也在林中游走，并发出呜呜咽咽的声音。人听不懂风的语言，但能从那些音调中感受到某种情绪。为什么风总是在不依不饶地跟着人走，它们是想向人传递信息吗？风吹得越来越紧时，柳宗元停下了脚步，侧耳聆听那些奇怪的声音，同时举目四望，观察那些树木的姿态和反应。

树差不多是单一品种的松，疏密有间，错落有致。它们本是多年之前在同一片土地上同时发芽，但经过了岁月的洗礼和同类、同种间的竞争，多年后却呈现出不同的状态，高、低、粗、细、枯、荣各不相同。有的树木笔直高大，率先把头探到不被遮蔽的天空，承接了更多的雨露和阳光；有的则低矮弯曲，只能在那些高大树木的间隙，寻得一线漏下来的生机；而另一些则因为长期被压抑在土壤贫瘠、阳光稀缺的角落，一天天萎靡、衰弱下去。如果不是遮蔽和压抑它们的大树轰然倒下，给它们腾出一隙生存空间，它们的覆灭终究不可避免……这是自然法则，或叫森林法则，由于造成最终结果的原因十分复杂，难以简单归结，就只能将其定义为命运。

柳宗元在林中彷徨了一阵，也深深感慨了一回。自然界的一切和人类的一切何其相似！想柳家一个泱泱大族，如今衰弱到这种地步，竟然连个公平和正义都讨不回来，心中不免倍感悲凉。现在，他不再急切地盼望父亲能够早日被召回京城，因为他很清楚，父亲的外放并不是自身有错，而是得罪了当权者，被一块人为的黑暗所笼罩，只要那个强大的陷害者仍在高位掌权，父亲的回归是无望的。他现在只希望那棵投射暗影的大树因为多行不义而自行倒毙，父亲身上的魔咒也就自然解除了。

两年后，当朝中传出窦参被罢官的消息时，柳宗元的头脑中顿时就映现出送父亲归来时林中的一幕。当他在那片密林中前行不足二里时，前方不远处突然就有一棵合抱粗的大树倾倒在众树的脚下。他站在大树旁边伫立片刻，见那树仍然拥有着巨大的伞盖和完好的树皮，只是树心完全空了，腐烂的木质已经化作黑如焦炭的污物。大树倒下后，为身边其他树木腾出很大一片空间，让那些长期见不到阳光的叶子现出欢欣的嫩绿。柳宗元当时精神一振，仿佛有光瞬间照亮了他的心头。他直觉父亲就要回来了。

贞元八年（792）窦参因"内专朝事""外交戎臣"，被贬为骧州司马，抄没家产、奴婢，后又赐死于邕州。窦参既死，他生前制造的冤假错案逐渐得到了平反，柳镇随之被召回长安，官复原职，继续当他的七品小官。虽然饱受屈辱，官职也没有提升，但柳镇的声望又高了一层，皇帝在诏书上对柳镇给予高度评价，说柳镇是一个"守正为心，疾恶不惧"的好人。皇帝这样说，确实不是口是心非的应酬之词，也不是仅仅停留在纸上的官样文章。

柳镇回到长安的第二年，柳宗元考中进士。皇帝拿着新科进士的名单指指点点，指点到柳宗元的名字时，不知从哪里来的灵感，随口就问了一句："这个人该不会是以朝廷官员之子的身份蒙混进来的吧？"于是有关官员向皇上奏明情况，说柳宗元就是柳镇的儿子。皇帝说："柳镇可是当年对抗奸臣窦参的人啊！我知道他不会为了儿子而图谋私利的。"由此可见皇帝对柳镇为人的印象之深、评价之高。遗憾的是，这一年五月十七日，柳镇却因多年的抑郁、奔波，积劳成疾离开人世，终年五十五岁。

六

天命使出的种种招数，似乎谁也揣测不透。当柳家这棵大树渐渐趋于枯萎和式微之时，突然在柳镇这个枝丫上开出了一朵灿烂的花朵。柳宗元的进士及第，不论对他个人还是家族都具有极其特殊的意义。作为柳镇的独子，他的登科入仕为柳家重返社会高层架起了一座独木桥。至于他能否通过一己之力使这个家族再度兴盛，那是后话，最后结果还要看天意如何安排。

柳镇去世之后，按照当朝制度，柳宗元必须为父丁忧三年。丁忧期间，持丧者不能喝酒、洗澡、剃头、更衣，并停止一切娱乐活动。当然，更不得行婚嫁之事，不预吉庆之典，任官者须辞官离职，未入官者不准求官、为官。贞元九年（793）五月，柳宗元怀着悲痛的心情将父亲安葬于长安郊县万年县的栖凤原柳家祖坟。之后，他就一直在那里恪守丁忧，尽人子之孝。

三年寂寞单调的时光，对于一个刚刚进士及第的年轻学子来说，是怎样的一种况味，身处现代社会的人们恐怕很难感知。在这三年的时光里，柳宗元读了多少书，想了多少事，他的感情轨迹发生了哪些变化，他的人生规划又有了哪些调整，后来都被时光和历史无情地覆盖了。历史有时就像一个瞌睡频频的老人，时而清醒，时而昏愦。这三年像一段无梦的睡眠，空空的如一片虚无，一晃就迎来了新的一幕。

就在贞元十二年（796）正月，与柳宗元感情最好、关系最亲密的叔父柳缜忽然莫名其妙地"暴疾而卒"。这无疑给柳宗元刚刚平复的心灵又增添一层新的伤痛。柳缜去世后，柳宗元像儿子一样和堂弟们一起料理了叔叔的后事，将其葬于万年县祖坟，怀着沉痛的心情写了一篇《故叔父殿中侍御史府君墓版文》来缅怀他，文中不但追述了叔叔一生的经历、性情、品德，也表达了自己的情感：

"……贞元十二年，岁在丙子，正月九日壬寅，遇暴疾，终于私馆，享年五十……小子常以无兄弟，移其睦于朋友；少孤，移其孝于叔父。天将穷我而夺其志，故冈极之痛仍集焉。"悲痛之情溢于言表。

及至此时，在柳氏家族的谱系中，与柳宗元至亲、至近的亲人已屈指可数，只剩母亲、大姐、二姐和宗一、宗玄、宗直三个堂弟了。

这一年，已经二十四岁的柳宗元还没有婚配。丁忧期满，他要重点考虑两件人生大事，因为两件事情都涉及柳家的兴旺发达。一是抓紧成亲，完成子嗣和香火的接续；二是要正式走上仕途，报国齐家或兼治天下。怎奈，两件事都进展得很不顺利。第一件事他自己能部分说了算，在母亲的支持下很快就与杨凭的女儿杨氏成了婚，婚后两人恩爱有加，但杨氏并没有给他留下子女。第二件事则完全不取决于他的个人意愿，虽然参加了朝廷的博学宏词科考试却没能被录取。直到两年后，他才通过了博学宏词科考试，得了一个集贤殿书院正字的官职。

这时，柳宗元的母亲已经五十七岁了。在柳家，能活到这个年龄已经算是高寿之人。骆正军教授曾专门著文对柳家重要人物的寿数做过统计：七世祖柳庆（517—566），享年五十岁。从祖柳某（726—780），享年五十五岁。伯祖柳某，此人有可能是柳宗元祖父柳察躬之兄，生一男三女，不久即去世，享年三十五岁。柳宗元父亲柳镇（739—793）享年五十五岁。叔父柳缜（747—796），享年五十岁。从兄柳宽（765—811），为岭南节度推官、荆南永安军判官，在南下广州途中卒于公馆，享年四十七岁。从弟柳宗直（783—815），享年三十三岁。几乎没有一个高寿之人。

柳宗元的母亲出身于著名的士族范阳卢姓，世居范阳郡涿县。早在春秋战国时期，范阳就是"富冠海内"的天下名都之一，这里一马平川，沃野良田，是有名的膏腴之地。荆轲刺秦王所献的燕国"督亢"地图里就包含范阳。自秦代五经博士卢敖，率其子孙逐涿水而上，定居涿县以来，卢氏已经在这里定居千年，世代耕读，子子孙孙繁衍生息，成为举世闻名的望族。

卢家的先祖卢植是汉代第一大儒。在东汉末年社会的剧烈动乱中，卢植作为中流砥柱、儒宗人望，其学问胆识、功勋业绩与品德风范，皆有着广泛的影响，为世所公认的楷模。就连被人称"世之奸雄"的曹操也对其敬佩有加："故北中郎将卢植，名著海内，学为儒宗，士之楷模，国之桢干也。"

继卢植之后，范阳卢氏族脉渐盛，名人辈出，在佛、道、儒三大文化领域皆有骄人成就。如历代学者卢钦、卢谌、卢景裕、卢彦卿、卢思道等，东晋农民起义军领袖卢循、西魏北周名臣卢辩、被尊为"东方三大圣人"之一的佛教中国化的创始人"禅宗六祖"惠能等，无一不是出自范阳卢氏。魏晋南北朝至隋，卢植之裔卢志、卢偃、卢邈、卢玄等均为官宦世家，书香门第，范阳卢氏一直是"声高冠带，为世盛门"。至唐德宗朝，还出过两个宰相，只是到了贞元之后，卢家在朝为官的人才渐渐稀少。

柳宗元的母亲和父亲柳镇算是标准的门当户对，待他们成婚之时，卢家也和柳家一样，失去了旧日辉煌，但其血脉中仍然保留了旧时贵族的质地和品性。柳宗元正是两大家族文化和骨血交汇融合之后而生的果子，身上承载着两大士族的优秀基因。

贞元十二年（796）秋，柳镇的三个儿女都已经成家立业。之前，大女儿已经嫁给崔简。崔氏是山东大姓，崔简是唐初宰相崔仁师的五世孙，后来官至连州、永州刺史。二女儿嫁给裴瑾，裴氏更是关中大姓和当朝望族，裴瑾是玄宗朝宰相裴光庭的后裔，官至京兆府参军、古州刺史。柳宗元的这些亲属，都与他家境相似，均为发达或曾经发达过的士族。

每一个秋天都是收获的季节，无论是暖是寒，都会给人带来美好的想象和期盼。此时，柳母坐在家中，喝着新入门儿媳杨氏递过来的香茗，满脸幸福的笑意。她已经从失去丈夫的悲伤中渐渐恢复过来，把注意力集中到现实，集中到新的家庭生活中来。儿子柳宗元顺利地考取了博学宏词科开始了仕途之路，儿媳贤惠孝顺，像自己的亲生女儿一样。她此时的心绪愉悦而满足，有如农民刚刚完成春种之后的轻松，满心都是关于未来这个家庭发芽、拔节、开花、结果的想象和期待。

第三章 生逢乱世

一

时光回到二十四年前的秋天。

三十三岁的卢氏正值美好年华，但近日来却越发感觉到身体的沉重。秋阳高照，树叶泛黄，卢氏由贴身丫鬟扶着，站在自家院子里，沐浴着温暖的阳光，饶有兴致地环视着居住了多年的家园。

这是长安郊区的一处庄园。庄园不大，占地几公顷的样子，从内到外打理得井井有条。几百株各色果木分列于甬道两侧，桃李梨杏各领风骚，由春至秋，由花而果，时时散发出浓郁、芬芳的田园气息。果园外有一圈并不高大的围墙，围墙外是数十亩支撑着一家人温饱的田地。田地连着房舍，紧邻着沣水，虽只是庄园的一部分，却十分丰饶，农田里的出产足够一家人享用，并且常有盈余。

金风乍起时节，田里的谷子已收割完毕，码在田垄间等待佃农们运回庄园。沣水从田园一侧流过，这是渭水的一条支流，清澈的河水似乎永不枯竭，四季不停地流淌着。秋天了，河水更加清澈，站在岸边，隐约能看得到那些在河里游来游去的鱼儿。如果是以往，卢氏会和丫鬟一起徒步去田园间或小河边走一走，但她现在不想走动了。她腹中的孩子过几天就要降生了，她下意识地抚摸一下高高隆起的腹部，脸上露出了明媚的微笑。这是她和丈夫柳镇的第三个孩子。前两个都是女儿，她很希望这是一个男孩。

因为心中那份急切而沉重的期盼，她显得有些焦虑，既期盼与腹中这个孩子见面，又有一些隐约的忐忑。期盼，自然是希望生一个男孩，给这个家庭带来惊喜；忐忑，则是怕生下来又是一个女孩。作为妻子，卢氏最了解丈夫的心思。胸怀齐家、兴邦大志的丈夫，不论什么时候、遇到什么情况，都没有放弃过人生理想。他之所以入仕这么多年，屡屡遇阻却永不言败，就是立志从自己做起，完成家族振兴的大业。即便运气不好，始终难以飞黄腾达，但这条路也要坚持走到底。就算这辈子无法实现心中所愿，也要为子女做出表率，让他们继承自己的品格和心愿，靠不断奋斗重振家族声望。可是，如果再生下一个女孩，之前那如火的希望就会遭遇当头一瓢凉水，所谓家族大业，也将成为一个虚幻的泡影。虽然这些年柳镇从没在这件事上逼迫过她，也没有公开表达过对男孩的期盼，但这毋庸置疑的愿望，从他一颦一笑、举手投足的细微处就能明显地感知到。相反，他越是不公开说，在心理上，对她造成的压力越大。

不知为什么，今天她突然就有了一种乐观的直觉，也许是秋高气爽的好天气照亮了她的心境，也许是她敏感的天性突然捕捉到了什么神秘信息，她几乎很确定这个即将到来的小生命就是他们日夜期盼的那一个。起风了，园中的果树和围墙边高大的杨树，纷纷摇动金黄或火红的树叶，哗啦啦，如彩旗高扬，一片欢腾。爽朗的秋风中夹杂着凉气，卢氏不敢在风中久留。她待了一会儿，便和丫鬟回到了内室。

彼时的柳镇正在京县长安担任主簿一职，终于结束了"宦游四方"的漂泊状态，得与家人团聚，安享天伦之乐。最近几日他知道孩子即将出生，处理完手头公务，总是怀着几分热切的心情，骑上他那头体形不大的小驴，早早回家。

行至繁华的西街，他又看到那个用黄雀抽签的打卦先生。几年来，这个人似乎始终保持着一个固定的形象，静静站在车水马龙的街市边缘，不动声色地招徕着生意。一面书有"测命"两个大字的旗子竖在身边，就算是全部的广告加"吆喝"了。远远看去，显得有些孤单，很像一只站在水边瘦骨嶙峋的灰鹤，耐心地等待着鱼儿游到脚边。平日里柳镇走过他身边就像走过一杆酒旗，从没留意过这个人到底是干什么的，他站在那里究竟和自己有什么关系。

这一天，柳镇突然心血来潮，感觉那个人手中也许真的握有某种神秘的信息。如此，就很有必要走过去问一问。对柳镇的到来，那人甚至连看也没有看一眼，就拿起身边的竹筒摇了起来。摇了片刻，刚刚把竹筒放下，那只训练有素的黄雀就一声鸣叫落在了竹筒边缘，低头衔起一支竹签。柳镇也配合得十分默契，顺手把竹签接了过来。仔细读来却有四句判词：

> 初阳一现曙色新，怎奈周遭起乌云。
>
> 霞光万道耀新野，难驱终日雨淋淋。

几句卦辞的字面意思并没有什么深奥之处，但柳镇看过后，一时竟无法确定具体所指，兀自站在那里踟蹰半响。突然，那先生神秘一笑，说一句："大起大落之象。"柳镇才如梦方醒，匆匆扔下几个铜钱，转身上驴。一路上，他内心不住地翻江倒海，他多么希望那几句卦辞不会应到未出生的孩子身上，而应到自己身上。

天色就那么不知不觉地暗淡下来。柳镇刚进家门，就有婢女匆匆迎出，告诉他夫人马上就要生产了，接生婆正在内室忙着接应他即将到来的孩子。柳镇内心急切，无法安静地坐下来，只能站在门外不停地徘徊。也许只是片刻的工夫，也许时间确实过了很久，内室隐隐传出了婴儿啼哭的声音。紧接着，一个更加清晰的声音传了出来："是个男孩！"

有那么一刻，柳镇的感觉是眩晕的。多年压在心里的石头突然被移开，竟然产生了强烈的失衡感。无论如何，一个男孩落地，对柳氏家族来说，就多了一份期盼，多了一个希望。家族发展壮大的路就是靠一代代人生生不息地接续着往下走，每一代人就是一段新的里程，每一个新生儿就是这里程上一个新的起点。不管将来命运会做出何等安排，这个崭新的起点都将给不可知的未来打开一个无限的想象空间。

添人进口本来就是喜事，更何况又是一个接续香火和家族未来的男孩！一家人的喜悦自不必提。可是，要给孩子取个什么名字呢？柳镇这个公认的饱学之士，也一时没有了主张。名字起得轻松随意不符合柳家的身份和他应该承载的使命；起得庄严又怕过于沉重和刚硬折损孩子的身体和寿命。犹豫多日，并广泛征询亲友意见，这个重大的"工程"终于宣告竣工。最后，孩子的名字敲定为宗元，字子厚。

从此，这个处于衰落期的士族家庭，就多了一个掌上明珠。在生活起居上，无微不至的照料与呵护是自然而然的事情，对孩子的培养教育则让柳镇夫妇早早做了一番规划。学说话时怎么教，学识字时怎么教，懂事后如何教育，读书要读什么书，将来的努力方向是什么，当幼小的柳宗元躺在床上还不会翻身的时候，父母就把他的未来之路规划好了。

但从古至今的人类生存经验证明，生活本身的不确定性决定了任何规划都无法完美实施。柳宗元四岁时，祖父柳察躬在吴地去世，柳镇需要挂官回到故里料理父亲的丧事，丁忧三年。由于事发突然，且长安离吴地路途遥远，无法带家眷一同奔丧，柳镇便和家人商定，由妻子卢氏带着三个子女留守长安，他一人回吴守丧。

二

在柳镇赴吴丁忧期间，卢氏全权担负起子女的抚养和教育义务。此时，柳宗元的大姐十来岁光景，二姐七岁，柳宗元则刚刚咿呀学语。在母亲教两个姐姐学习四书五经的时候，小宗元也瞪着两只好奇的眼睛在一旁聚精会神地听。母亲有时回过头来看看这个机灵的幼子，内心充满了喜悦之情。母亲喜悦，是因为这个孩子好奇心很强，对知识有着浓厚兴趣。母亲并不指望他这么小就能学会什么，她只是把希望寄托在以后，希望他稍稍大一些的时候，仍能像现在一样有强烈的求知欲。

由于战乱，柳家住的是长安远郊的一处临时住房，家里没有任何书籍，更不要说适合幼儿阅读的书籍，母亲卢氏便尝试教柳宗元背诵古赋十四首。出乎意料的是，在很短时间内，小宗元全都能倒背如流，让母亲非常欣慰。

在接下来的几年中，母亲卢氏把来自名门的全部学养都用在了几个孩子身上，认认真真地当起了家庭教师。特别是对幼子宗元，更是教导得耐心细致。到应该进"太学"的年龄时，他早已熟读、深悉很多典籍。考虑到当时的"太学"风气涣散，母亲担心宗元在学习上没有压力，沾染上不良习惯，耽于玩耍或滋生傲气，干脆就不让他去学馆了。

对一般性典籍的教授，母亲完全可以胜任，对于高深一点的学问，可以通过口碑良好的私塾或请一些学养深厚的先生单独教授。总之，在宗元求学的道路上，始终是顺水顺风，没有遇到过任何令人烦恼的问题。无论先生的水平高低，只要领进了"门"，小宗元就能靠聪颖的天资和刻苦的思索、钻研打开一个新的境界。往往，经过一段时间的教授，先生们便主动提出更换并推荐更加优秀的老师。

柳宗元的母亲不愧为名门闺秀，品行、学养均为一流。父亲柳镇曾怀着敬佩之心这样评价夫人："吾所读旧史及诸子书，夫人闻而尽知之无遗者。"至于柳宗元，对母亲的评价就更高了。在《先太夫人河东县太君归祔志》里，他这样记述："七岁，通《毛诗》及刘氏《列女传》，斟酌而行，不坠其旨。"在《先侍御史府君神道表》中则直接称母亲卢氏"实有全德，为九族宗师"。

柳宗元对母亲的评价毫无夸大之词，因为母亲卢氏在几十年的人生里始终如一地保持了知书达礼、贤德美善的形象，用自己的言行在族人和家人心中树起了不朽的丰碑。

柳镇在外为官那些年，卢氏作为同辈长子之妇，不仅恪守妇道，还一丝不苟地代行了长子义务。对那些伯母叔母姑姊妹子侄，即使远在几千里之外，她都会择机把他们接过来，联络感情。对待这些远近亲属，她一视同仁，讲究礼节和分寸。对辈分高的，她像臣子侍奉君主一样恭敬；对辈分低的，她像抚养子女一样慈爱；对同辈人，她像兄弟一样友爱。逢姑姑们出嫁，卢氏一定废寝忘食，全心全意为备办婚礼之事操劳，经常因为过度劳累而生病。灾患时，她"岁恶少食，不自足而饱孤幼"。在她的熏染和感召下，柳氏家族从上到下无分远近、亲善和美、珍重亲情，在艰苦的岁月里相濡以沫，相互慰藉，苦而不孤。

柳家的几个孩子就在这样的家庭环境下一点点长大，个个出落得知书达理，重情重义，品高行洁。柳宗元的两个姐姐出嫁后，都把柳氏仁达贤孝的家风带入婆家，因此，社会上广有"柳氏之孝仁益闻"的评价。

大历十四年（779）末，柳宗元七岁，父亲柳镇丁忧期满，孝服既除。吏部知道他是一个忠义节孝之士，准备调任他为太常博士。按理，他应该回到长安任职，免去骨肉离散和颠沛流离之苦，但他考虑到在外做官俸禄会高一些，供养这一大家人的生活更轻松些，便再三向朝廷提出："有尊老孤弱在吴，愿为宣城令。"最后，朝廷到底没有拗过这个天生的"犟种"，"三辞而后获，从为宣城"。

从这一年起，柳镇便开始了又一程的"宦游"生涯。先是宣城令，后为阌乡令，再后来又去了江西任鄂岳沔都团练判官……十二岁，柳宗元就随父亲去了夏口，之后便一直随父亲断续在各地游学，南至长沙、北至九江的广大区域，都留下了他年轻的足迹。

这期间，他随父亲结交朋友，一边遍访名师高人，一边温习钻研各种典籍，一边接受来自现实的人生、社会实践教育。这使他丰富了阅历，增长了见识，拓宽了心胸。他初涉文坛，写出了不少有文采、有见地的文章，锻炼了文笔，提高了知名度。日后，他之所以能够成为名垂青史的文章大家，实在是得益于这个广阔的社会大课堂。

三

艺术上关于悲剧的表述是这样的——把美好的东西打碎给人看。但人生里的悲剧一定包含了生不逢时，或者是让一个柔软的生命经受不断的凄风苦雨和颠沛流离。如此看来，柳宗元的人生一开始就蒙上了悲剧色彩。厄运，也许从他尚未出生的年代开始，就以某种必然的方式逐步向他靠拢。

天宝十四年（755），也就是在柳宗元出生的前十八年，发生了历史上著名的"安史之乱"。这场长达八年的战争给大唐人民的生活带来了深远的影响和不可修复的伤害。至此，著名的"开元盛世"彻底宣告结束，盛极一时的大唐王朝开始逐步走向衰落。

安史之乱发生后的五年间，国家户籍从八百九十一万减少到一百九十三万，损失了四分之三。《旧唐书》记："夫以东周之地，久陷贼中，宫室焚烧，十不存一，百曹荒废，曾无尺椽（片瓦不存）。中间畿内，不满千户，井邑榛棘。既乏军储，又鲜人力。东至郑、汴，北自覃、怀，经于相土，人烟断绝，千里萧条。""汝郑等州，比屋荡尽，人悉以纸为衣。"安史之乱平息后，其造成的社会创伤却一直难以平复。由来已久的宦官和藩镇之患如大唐肌体上的两个恶性肿瘤，发展越来越快，膨胀得越来越大，快速消耗着社会资源和营养，随时酝酿着新一轮的暴乱。

中唐贤相陆贽在形容当时的情形时说："今制度弛紊，疆理隳坏，咨人相吞，无复畔限。富者兼地数万亩，贫者无容足之居。依托豪强，以为私属，货其种食，赁其田庐，终年服劳，无日休息。"如此这般的社会背景和生活环境，给柳宗元的人生启蒙阶段打上了动乱、流亡、饥荒的印记。

大历八年（773），柳宗元出生，安史之乱留下的病根开始发作。魏博节度使田承嗣公然为安禄山、史思明父子立祠招魂，尊安禄山、安庆绪、史思明、史朝义为"四圣"。征战未起，舆论先行，明白人稍加分析就都知道他们意欲何为。这一举动，既是对朝廷的试探，也是隐晦的宣战，但朝廷似乎并未觉察，继续保持着麻木和苟且的平静。

大历十年（775），柳宗元两岁。田承嗣这个鼓了两年多的"疖子"

终于出了头，兵力和后勤准备充分，开始行动，出兵侵占相、卫、磁、洛四州。朝廷再也无法假装看不见了，被逼无奈，诏令成德李宝臣、淄青李正己、幽州朱滔等八道兵马会攻田承嗣。其中李正己和李宝臣都是唐朝的地方割据军阀，平日里无时无刻不在盘算着如何扩大领地和权力，参战或不参战其目的都不可能为了国家安定，而是如何保全和扩大自己的势力范围。

田承嗣见大兵四合，一边分道抵御，一边上表请罪。同时，他暗中勾结李正己，愿以境内户口、甲兵、谷帛做交换，达成私下交易，李正己遂按兵不进；接下来，田承嗣又设计离间了李宝臣和朱滔，致使两方相互攻击。还没等开战，三方联军便发生内讧，一场声势浩大的围剿战就此瓦解。之后，在李正己的撺掇和担保之下，田承嗣假惺惺上了一表，请求归朝，此事便如不曾发生一样，不了了之。

此役，参战的正反两方主要人物似乎都得到了朝廷的封赏和好处，至少制造祸端的人没有受到什么惩处和损伤，只给百姓带来了数年的动荡和贫穷。大历十一年（776），李正己在朝廷升了大官，迁检校司空、同平章事。掌握大权之后，他更是野心膨胀，与田承嗣、薛嵩、李宝臣、梁崇义等紧密勾连，借平息汴州李灵曜反叛之机，占领曹、濮、徐、兖、郓等五州，下辖十五州之地，成为藩镇中的最强者。

大历十一年，柳宗元三岁。正月，魏博节度使田承嗣反叛朝廷。转年正月，上表请罪，七月复反。这一年汴宋都虞候李灵曜也趁火打劫发动兵变，自立为留后，并北结田承嗣为援。朝廷为了安抚李灵曜，下诏封其为濮州刺史。李灵曜嫌官太小，仗着田承嗣撑腰，拒不奉命。无奈，朝廷只好改命李灵曜为汴宋留后，并派遣使者前往汴宋宣慰。自此，李灵曜就更不把朝廷放在眼里，日益骄横，凡事自任自专。朝廷忍无可忍，集发五道兵马对其进行讨伐。这次，朝廷还真打了胜仗，尽管田承嗣出兵援救李灵曜，最终还是被朝廷军队所败。李灵曜逃走，后被擒，押送京师斩首。田承嗣惶悚，再度上表请罪。由于有李正己替他在朝廷说话，代宗遂下诏，恢复其官爵。

大历十四年（779），柳宗元七岁。是年二月，田承嗣死，其兄子田悦自称留后。节度使留后，这时已成了正式的官名，相当于代理节度使。这一时期，各地军阀基本上都相互效仿这么干，节度使死后由其儿子来充当留后。事后，再由朝廷任命为正式节度使，形成了事实上的世袭。

建中二年（781），柳宗元九岁。一场大规模的割据战争终于爆发。诱发战争的直接原因是河北三镇之一的成德镇首李宝臣病死，其子李惟岳想按照藩镇惯例承袭节度使之位。这个想法得到河北其他两镇和山南东道节度使梁崇义的支持，企图以此确立藩镇世袭制度。由于新继位的唐德宗李适不允所请，四镇首领便联合起兵反抗朝廷。针对这场大规模叛乱，朝廷也组织起了一支庞大的讨伐大军，并在初期取得了可观的战果。不久后，梁崇义、李惟岳相继败死。但一波未平，一波又起，混乱之中卢龙镇朱滔、成德镇王武俊、魏博镇田悦、淄青镇李纳又各建王号，推朱滔为盟主，拟仿效春秋时代诸侯割据故事，奉唐正朔，各自独立。

建中四年（783），柳宗元十一岁。参与讨伐的淮宁节度使李希烈反戈，顺势围困襄城。为了讨伐叛军，朝廷需要筹集数字庞大的军费。自建中之乱开始，每月供给征调讨伐的诸镇兵"出界粮"就要一百三十几万缗。李希烈反叛后，一度阻断襄阳至武关的陆运通道，朝廷的经济危机愈加深重。尽管朝廷在长安积聚有大量财赋，仍不够战争的快速消耗。为了维持战争机器的运转，朝廷转而向民间敲剥、诛求。先是"括富商钱"，强行勒索商人；继而"括僦柜质钱"，规定："凡蓄积钱帛粟麦者，皆借四分之一。"李希烈叛军占领邓州、阻断南方运路后，朝廷又向民间加收了间架税和除陌钱。"间架税就是房产税，每屋两架为间，上屋税二千文，中税千，下税五百。除陌钱是交易税，规定公私交易每缗官取五十钱，以物易物也要按市价折纳。"这些搜括民财的办法，近乎是公开的劫掠，搞得长安市内怨声载道，人心浮动，如被寇盗。这样的大环境，让柳宗元对朝廷的腐败无能、社会的危机动荡以及人民在战乱中所遭受的痛苦，耳有所闻，眼有所见。

这一年，柳宗元的父亲柳镇正在鄂岳沔三州防御使、鄂州刺史李兼手下做幕僚。十月，朝廷发泾原兵救援襄城，兵过长安时，因没得到朝廷的赏赐而发生兵变，转而拥立罢职居家的前幽州节度使朱泚为帝。面对杀到皇宫的叛军，朝廷毫无还手之力，只能仓皇逃亡奉天（今陕西乾县），长安沦陷，叛军一举诛杀了没来得及逃走的七十七口皇室成员，给德宗以沉重的打击。为了避乱，柳宗元到了父亲的任所夏口。夏口是长江、汉水运路的枢纽，历来是兵家必争的军事和经济要冲，也正是李希烈叛军和朝廷争夺的重要战略目标。

兴元元年（784），柳宗元十二岁。正月，王武俊、田悦、李纳因为战场失利，各自去掉王号，表示归顺朝廷。李希烈则开始称帝建号，并遣其悍将董侍率七千人来攻夏口。夏口之战进行得十分酷烈。起初，李兼的部队偃旗息鼓闭门待敌，叛军拆房放火焚烧城门。李兼亲率士卒迎敌，奋力死战，终于击退了强敌进攻。战斗结束后，李兼因功被擢升为鄂岳沔都团练使。柳镇作为他的幕僚，也在判官原职上加授殿中侍御史职衔。柳宗元在这里亲历了藩镇割据的战火，更深刻地感受到了战争给底层人民带来的痛苦。

接着，入援勤王的河中节度使李怀光亦反。李怀光原是平定安史之乱名将郭子仪的部将，本来是奉诏救驾的，因不满朝政，与朱泚勾结反叛，朝廷只好再逃梁州（今陕西南郑县）。这次战乱历时五年多，战火遍及关中、河南、河北和江淮流域广大地区，最后，还是以朝廷向强藩全面妥协而落幕。

自此，唐德宗李适一改当初继位时对待藩镇的急躁冒进态度，对天下有兵之处一律姑息迁就，绝不敢贸然触碰。藩镇权势更重，祸患更深。

柳宗元十三岁时，德宗为讨个字面上的吉祥顺意，将年号改为贞元。不知是机缘巧合，还是这个年号真的给德宗朝带来了吉祥，这年八月，李怀光被其部将牛名俊斩首，献上朝廷，李怀光之乱平息。柳宗元以亲历者的姿态代人写了《为崔中丞贺平李怀光表》。

其时，德宗已执政六年有余，大唐的政局仍处于混乱之中。经历过泾原兵变之后，德宗心态大变，不再信任朝臣，特别是那些功臣。回到长安，他首先罢去了郭子仪等人的兵权，让宦官掌控军队，自此成了定制。

贞元后，宦官的权势越发不可收拾。其权势之大，"总天下之大政，外专陛下之命，内窃陛下之权，威慑朝廷，势倾海内"。

唐代的宦官从玄宗开元时起，已是内朝权力的执掌者，成为与外大臣宰相并称的内相。到后来，甚至操纵了皇帝的生杀废立之权，就连宰相也要依附于宦官。《十七史商榷》说宪宗以后，宦官"劫胁天子如制婴儿"。皇帝要称宦官为"阿父"，皇帝是儿皇帝，宦官变成了作威作福的太上皇。唐朝从肃宗往后的十四位皇帝，有十一位是宦官拥立的。柳宗元时期的顺宗、宪宗和往后的敬宗、文宗，都被宦官所害。柳宗元死后十六年，发生了"甘露之变"，宦官几乎把朝中的大臣赶尽杀绝，一次遇害者一千多人。

四

中唐社会像一场大戏，在柳宗元的童年和少年时期连年上演。柳宗元作为旁观者也作为当事人看过了，记下了，体验了，也感悟了。当他渐渐懂事的时候，也渐渐地意识到，这个你方唱罢我登场的社会舞台，迟早有一天要轮到自己登场。只是他还不十分明确，将在什么时候以哪种方式登场。

大乱方止，柳宗元回到了长安。由于连年兵乱，加上蝗、旱之灾，长安内外一片残破，到处饥荒。贞元元年（785）朝廷有一份诏书曾这样描述当时的情形："去岁旱、蝗，两河为甚，人流不息，师出靡居。加之以征求，因之以荒馑，困穷殍馁，转死丘墟。关辅之间，冬无积雪，土膏未发，宿麦不滋。"收复以后的长安，又遇上大旱，河水断流，草木无遗，街道上随处可见饿死的饥民。到这年麦收以后，情况才稍有缓和。许多人由于久饥乍饱而死。市街上偶尔出现了醉酒之人，都以为"嘉瑞"，证明有饭吃有酒喝。连年不断的战争留下的创伤不是轻易就能恢复的，这不仅需要时间，还需要有好的政策和得力的措施。

在接下来几年中，柳宗元和大部分长安市民一样，还要慢慢地挨过一段困苦时光。然而，在动乱、流亡、饥荒中度过了人生初始阶段的柳宗元，并没因为社会的黑暗而消沉、厌世或绝望。士族的家庭背景和天下兴亡匹夫有责的书生意气，让他坚信自己肩负着某种家国使命；对先王治国理政之术的系统研究和对社会各种弊端、症结的审视和分析，激发了他改变现实的愿望和激情。

贞元五年（789），十七岁的柳宗元第一次参加了科举考试，求进士未第。这个结果出乎意料，也在情理之中。论才学，虽然同辈人能超过他的并不多，但毕竟强中更有强中手，参加考试的学子多如过江之鲫，仅凭有限的几篇文字也很难分出高下。论人生经验和历练，在每年的科举队伍里，从十几岁的少年到五十几岁的老者，各个年龄段的人比比皆是，尽管柳宗元少小离家随父亲宦游四方积累了一定的人生阅历，但比起那些久经"沙场"的老学究，他还是嫩了些。更重要的是，由于科举考试竞争激烈，很多学子奔走于官府和王公之间，献文陈诗，乞求援引，一时请托、干谒之风盛行，如果没有人举荐赏识，全靠硬功夫往外闯，本就难度很大的事情会更难上加难。

唐代开科举，"朝廷用文字求士"，为下层"布衣束带"的读书人开了一条仕进求官之路，也是柳宗元走向社会和仕途的必由之路。这又是一条艰难、崎岖的狭窄之路。唐代科举取士，因袭隋制，尤重明经、进士两科。据相关史料记载，唐代每年参加明经、进士考试的有三千余众，玄宗时达到高峰，每年赴选常有万人。相对于那个庞大的基数，能举进的人实在是微乎其微。《唐史摭言》载："有唐近二百年，登进士科者三千余人。"这样算下来，平均每年不足二十人。现实中屡试不第，"六选而不获""五就乡举，往则见罢"的情况比比皆是。许多人苦苦追求了一辈子，最后仍难考中。

论及仕途，即便科举及第，也不意味着仕途真正开始，更别说当官或当大官了。进士及第之后，还需要排队，等候朝廷里的官位出现空缺，才有机会补得一官半职。或者，你没有耐性没完没了地等，就再考一次进士中的进士——博学宏词科。

科举是学子们才华能力的比拼，也是人生运势、地位在起点上的抢跑。百舸竞游，万马争先，就那么一条窄窄的小路，想占得先机又谈何容易！特别是那些寒门子弟和中小官宦子弟，想冲破重重围堵，在社会舞台上混得一个像样的角色，实在是一种难以实现的梦想。

通过科举入仕，之所以难于上青天，主要是因为竞争太激烈。哪里有利可图，哪里就有竞争；哪里有竞争，哪里就有非常手段。古代科举考试除了正常的答卷、评卷，一些其他因素也不可忽视，有时，旁门左道的力量竟大于光明大道的力量。说起科考的不正之风，主要有两种，一种是请托、干谒，一种是舞弊、贿考。

先说"请托、干谒"，说白了就是通过向某些与科举有一定关联的大人物写诗推销自己。说它属于不正之风，因为并非每一个参加科考的人都能找到合适的人先推介一下自己，这就让那些找不到关系的人失去先机。汉代王充在《论衡·效力》里说："文章滂沛，不遭有力之将援引荐举，亦将弃遗于衡门之下。"意思是就算你的文章写得多么恣肆汪洋、才华横溢，如果没有有影响的人推荐，也将被弃之如敝屣。

说它也不属纯粹的旁门左道，因为它的存在还有一定的合理性。通过干谒，确实及时发现了一些货真价实的人才，有一些干谒诗和干谒故事还成为流传后世的佳话。

干谒诗写得最成功最有名气的大约要数唐代诗人朱庆余了。他曾在临考前给水部员外郎张籍写了一首七言绝句《近试上张水部》：

> 洞房昨夜停红烛，待晓堂前拜舅姑。
> 妆罢低声问夫婿，画眉深浅入时无。

这首诗后来被收入了《唐诗三百首》，在历史上和文学史上声名远播，几乎家喻户晓、人人皆知。

张籍看了朱庆余这首用婉转手法写就的诗作，不觉笑了一笑，随后也同样用美人作比，委婉地回答了考生：

> 越女新妆出镜心，自知明艳更沉吟。

齐纨未足时人贵，一曲菱歌敌万金。

该诗的意思是说，您就不必担心了，像您这样有水平的考生，试官一定会青睐有加的。果然不出所料，得到张籍认可并引荐的朱庆余，在敬宗宝历二年（826）一举考取了进士。张籍这段赏识人才的佳话，也得以流传了下来，成为后人赏拔人才的范本。

唐代科举中最大的弊端是贿考。一些贵族官僚家庭出身的考生，不但有条件请托，而且有丰厚的家财可以行贿考官。通过事先透题、夹带经文、请人代考几种方式使一些有财无才的考生跻身进士行列。因为贿考风险极高，事情一旦败露，行贿受贿双方都要获罪受罚，所以贿买考官或当朝权贵以及找人替考都需要巨大的资财或权势，并非一般学子可为。

贞元六年（790）和贞元七年（791），柳宗元接连两年参加科举考试，接连两年失利。柳宗元《与杨诲之第二书》云："吾年十七，求进士，四年乃得举。"

对于柳宗元来说，想走仕途，科举这座独木桥是必由之路，无论如何艰难，都只能咬紧牙关一次次往过闯。没有权势和资财，又不想走旁门左道，只能靠锲而不舍的精神不懈努力，终于在贞元九年（793）顺利登上进士榜。这一年，朝廷放进士三十二人，有姓名可考的二十三人，其中包括他的终生知交刘禹锡。柳宗元和刘禹锡分别名列第四、第五。

按理说，柳宗元是唐代科举制度的受益者，考取进士也是他人生中最重要的一步，他应该对此事念念不忘、沾沾自喜才对，但在《上大理崔大卿应制举不敏启》里，柳宗元却说："举甲乙，历科第，固为末而已矣，得之不加荣，丧之不加忧，苟成其名，于远大者何补焉？"柳宗元的意思很明确，科举入仕这座独木桥过去也就过去了，无须回头顾盼，更没必要以其论忧喜。它不过是实现人生目标的一道门、一个路径，绝不是最终的目标。他早早给自己的人生定位为"远大者"。他的目光并不止于仕宦，而在于"行乎其政"；他的心愿也不止于官位和权势，而在于"理天下"。

第四章 永贞风云

一

贞元年间的大明宫位于长安城的最北端，按照上北下南的排序，它就在这座都城的最上首。不但地势在上首，气势也在上首，一种高高在上的感觉。相对于那些低矮的民间建筑，它高大的宫殿和围墙看起来也如在云端，宛若一个坐在山头的牧羊人目不转睛地看守着他的羊群。

贞元二十年（804）的春光显得格外明媚。去年十月，柳宗元从蓝田尉的任上转为监察御史里行。现在他也在大明宫这座堪称帝国心脏的建筑群里占有一席之地。站在御史台的楼上放眼远望，柳宗元觉得视野比以往更加开阔、深远和清晰。他不仅看到了长安城规整错落的街市、往来如梭的人潮，看到了广袤的原野，透过远处的雾霭和云烟，仿佛也看到了这个帝国百年来纷乱的脚步和未来隐约的走向。

一个时期以来，柳宗元不断往来于御史台和不远处的东宫之间。两座巍峨的宫殿虽然都笼罩在万道霞光之中，但是当他从大明宫走向东宫的时候，还是有一种从黄昏走向黎明的感觉。

转眼间，大明宫的第九位主人李适，那个庙号德宗的皇帝已经在这里高踞二十五年之久。如果把一个朝代比作一天，德宗的"天"可是太长了，长得整个国家和它的文武百官、黎民百姓都尽皆无精打采、身心疲惫，恨不得这洇满了水渍的一页尽快翻过。很多个黄昏和黎明，柳宗元都独自凭栏远眺，以他那颗敏感的文人之心，思索自己所处的时代和社会现实。

当初，人们似乎也曾期盼着这个国家能有一个新的更加英明的主宰，只是他们并不知道，历史不过是一只岁月的轮子，那个制造颠簸和不适的"结子"有朝一日还会转回来。

大历十四年（779），李适在全国上下一片欢呼声中登上了皇帝的宝座。他也知道人民在期盼什么，这个国家需要什么。即位之初，他励精图治、奋发图强，一心一意想当一个称职的好皇帝，干了很多令人称道的好事。

新官上任三把火，德宗登基后烧的第一把火就是任用贤能。其实，用谁不用谁，谁能做成什么事情，只要皇帝有一个良好的愿望和发心，多听取各方面意见，还是有可能做好的。德宗在用人上的第一个正确决策就是起用崔佑甫为宰相。关于崔佑甫这个人，《旧唐书》和《新唐书》里都有记载，是一个标准的耿直男，性格刚烈直率，对自己认为正确的事情，敢于坚持，敢于争辩；也是一个有公心，有大义，有家国情怀的清官。

任命崔佑甫为相的第三天，德宗就接受崔佑甫的建议，诏告天下，停止诸州府、新罗、渤海岁贡鹰鹞。相隔一天，又下诏限定山南枇杷、江南柑橘每年只向宗庙进贡一次，其余进贡一律停止。紧接着，一项项惠民和减负政策连珠箭一样，密集出台：废止南方向宫中进贡奴婢和春酒、铜镜、麝香旧制；禁令天下不得进贡珍禽异兽和金器；将文单国（今老挝）所献的三十二头舞象放养到荆山之阳；放生专门供应皇帝狩猎的五坊鹰犬；裁撤梨园使及伶官之冗食者三百人；放还宫女百余人。不仅如此，即便他自己过生日，也拒绝各地进献，并将藩镇李正己、田悦所献的三万匹缣充归度支，以代百姓租赋。这一系列动作很显然都是一个英明君主的作为，一时，朝野上下无不为新朝的举动和显现的气象而欢欣鼓舞。

德宗李适之所以这样做，也是对前朝种种乱象的自觉拨正。他做太子时，就十分痛恨宦官和藩镇对皇族的掣肘和胁迫，父亲代宗就是他心中的反面教材。由于代宗当初上位完全是宦官拥立的结果，所以他必然会对身边的宦官优宠有加。但德宗不同，他依凭的是皇家世袭正统和平定安史之乱立下的战功，并不欠当朝哪股势力的人情或政治债务，这是他下决心干干净净、堂堂正正当个皇帝的坚实基础。

按照前朝的规矩，朝廷派往各地出使的使者都由宦官担任。但这些宦官并不止于完成公务，而是借助皇家的势力对外进行公开索贿、大肆搜刮。这是当时社会的一大弊端，宦官和藩镇不仅各谋其利，而且在很多时候还内外勾结共同谋利。此弊不除，早晚要把大唐政权推入黑暗的深渊。

就在德宗即位那年，因为淮西节度使李希烈立有战功，需要派一个使节为其颁赐旌节。派谁去呢？依律只能派宦官去。德宗李适知道这是个问题，也是解决这个问题的一个机会和切口，所以他从始至终对此事高度关注。果然不出所料，只是当了一趟公差，这个宦官就从李希烈手里得到了七百匹缣、二百斤黄茗，还有骏马和奴婢。这一收一授，行贿受贿的勾当就成立了，内外勾结的事实和机制也就显现出来。

德宗当时大怒，立即将宦官拿住问罪，杖责六十以后又处以流刑。有关此事件的消息迅速传出京城，那些奉使出京还没有回来的宦官得知信息后，都悄悄地把"打秋风"得来的财物退还、转赠别人或干脆扔到山谷之中。还没有来得及收受礼品的，就只能立即收手。不仅如此，在即位的当月，德宗还将暗怀异图的宦官刘忠翼赐死，明确表明了他对宦官的态度，也表明了想当一个好皇帝的决心。

接下来的动作就是削藩。这时的藩镇势力之大，已经成为卡住朝廷喉咙的一把铁钳，朝廷不招惹他们，他们都要伺机要挟朝廷退让些势力范围和既得利益，朝廷怎么敢轻举妄动？德宗自然知道这个不争的现实，虽然内心急迫，也只能等待时机，顺势而为。

建中二年（781），也就是德宗当皇帝的第三年，发生了史上著名的"建中之乱"。本来德宗是想借助这个机会好好收拾一下外围的强藩，没想到，征战数年，朝廷竟被几伙联合起来的强藩打得灰头土脸，意气消沉。

由于屡遭变乱和打击，德宗李适变得意志消沉、精神颓废。一时的热血冷却之后，回归了纨绔子弟的本性，开始破罐子破摔。

对内，德宗完全不信任朝廷官员。崔佑甫死后，朝中更无他信任堪用之人，最后竟连郭子仪这样的功臣都被剥夺了兵权。继之，他又一改对宦官的态度，由防范变为依赖，甚至把保卫京城安全的禁军指挥大权都交给了宦官，由内侍宦官窦文场、霍仙鸣任护军中尉，直接操纵禁军。

对外，他无限制地姑息藩镇，只要起了事端，首先检讨自己或埋怨朝官是不是哪里做得不周得罪了藩镇。在个人行为上，也一反往日常态，变得既轻信，又多疑；既猜忌，又贪婪。不但主动要求地方向他进贡，还经常派中使宦官直接向各级衙门以及地方公开索取，称为

"宣索"。

为了满足皇帝的贪欲和借机搜刮民财,外边的节度使也以进奉为名,巧立各种名目,对百姓进行额外的剥削。节度使有的每月"进奉"称为"月进";有的每天"进奉"称为"日进",每有进奉并不从库府所出,而是从百姓中搜刮。宫内宠臣比如卢杞、裴延龄等也大肆聚敛财物满足自己和皇上的私欲,并欺君罔上,陷害忠良,致使颜真卿、陆贽等忠臣、良相或身受其害,或惨遭贬谪。一时,朝野内外昏天暗地。

从此,满朝尽是卢杞、张延赏、窦参、裴延龄、李齐运、李实之辈。他们恶直丑坚,嫉害忠良,不虑国事,恃权贪利。贞元十年(794),朝中最后一位敢于犯颜直谏的清官、能臣陆贽被罢相贬斥出朝。后来,元稹作诗描述当时情况:"贞元岁云暮,朝有曲如钩。风波势奔蹙,日月光绸缪。"内有宦官绑架,外有强藩胁迫,这时的德宗李适除了保全皇位和享乐,已经无心关注"天下"。不但自己不问朝政,连宰相都懒得任用,甚至出现了"仕进道塞,奏请难行,东省数月闭门,南台唯一御史"的景象。东省指门下省,南台指御史台,这些重要行政机关都瘫痪、停摆了,朝廷的存在还有什么实质意义?还能给黎民百姓和天下的有志之士带来什么希望?

朝廷暗弱,政出多门,腐败加剧,让一些不甘沉沦的人特别是有一些理想和抱负的知识分子感到绝望和不满。面对黑暗的社会现实,人们只能暂时沉默,个体的沉默造成了朝野上下的沉寂。这沉寂正是暴风雨来临之前的序曲,"不在沉默中爆发,就在沉默中灭亡"。变革的种子早已在一些人的心里悄然孕育、萌发。

二

柳宗元离开大明宫,径直走向太子李诵的东宫方向。他一边走,一边压抑着内心的波澜。此时,他的情绪仍然在兴奋和忧虑之间翻来覆去。摆在眼前的是千载难逢的机遇,同时也可能是一场难以挽回的劫难。值此乱世,一切都是变数,似真似幻,似是而非,难以确定。但是,既然一切已经走在路上,又有什么必要瞻前顾后呢?自己的使命,只能毫不犹豫地扛起来。

也许,一切在时间的上游早已注定,在随父亲四处宦游的少年时代,柳宗元就在心里暗暗立下了挽救世道苍生的志向,在《答贡士元公瑾论仕进书》中他曾这样表露:"始仆志学也,甚自尊大,颇慕古之大有为者。"所以,他一开始就不想做个"腐烂之儒",而是把人生目标定在"极圣人之规矩,恢作者之闻见"上,研读先贤之书,遍访天下,体察民情世故。即便在父亡丁忧期间,也借探访在邠州为官的叔父之机,不辞辛苦走访岐、周、邠、�等地,加深对社会实际情况的了解。现在想来,之前发生的一切都与今天有关,一切都是在为这一天的到来做准备。

对柳宗元来说,如果自己是一只在黑暗里期盼光明的飞蛾,那么当朝太子李诵无疑就是那盏灯。岂止是灯,他也许就是照亮一个时代和一个国家的太阳。李诵自从被立为太子以来,一切的作为有目共睹,和他那个贪婪、自私、多疑、昏愦的皇帝老子相比较,简直是一个天上,一个地下。或许,作为太子的李诵受父亲制约,并不敢有太大的作为,但一些微妙的细节从禁宫之中传出,还是让天下期盼改天换地的子民们翘首以待,期待着太子快快登基,谱写大唐帝国的新篇章。

关于李诵的为人,史书上对他的评价很高:"慈孝宽大,仁而善断。"

他不仅德行高，艺术天分也很高，琴棋书画样样精通，尤其写得一手好隶书，每逢德宗作诗赐予大臣和方镇节度使时，一定是命太子书写。在做太子的二十六年中，他亲身经历了藩镇叛乱的混乱和烽火，耳闻目睹了朝廷大臣的倾轧与攻讦，积累了丰富的政治经验，这让他在审视朝政时颇有独到的观察、判断和见解。

多年的储君生活，与生性多疑的皇帝老子相伴，让李诵养成了极度谨慎的习惯。特别在德宗老迈的近年，李诵轻易不发表个人看法和意见。如果说有，也屈指可数，比较有重量的话，只说过两次。

一次是在泾原兵变之后。德宗李适回到京城，不但不吸取失败教训，励精图治，重振国威，反而不思进取，过起了奢靡、腐化的生活。某次李诵侍宴鱼藻宫。"宴会当中，张水为嬉，彩船装饰一新，宫人引舟为棹歌，丝竹间发"，德宗欢喜异常，便询问太子，面对此情此景有什么感受和感想。李诵并没有正面回答，沉思良久，说了句："好乐无荒。"还好，这个《诗经》里的句子，本来意义就有点儿中性，既不逢迎也不悖逆，正在兴奋之中昏昏然的德宗也就没有太往心里去。如果德宗当时头脑清醒，肯定会参悟到此话的警示意味，没准儿，李诵的太子地位又要受到威胁。

另一次是在晚些时候。德宗晚年因为在位时间长了，对大臣的猜忌和防范之心加重，连处理国事的宰相手中也没有什么权力，反而身边的奸佞小人如裴延龄、李齐运、韦渠牟等，因为他的信任和重用而因间用事、刻下取功、肆意妄为。他们合起伙来排挤诬陷陆贽等正直朝臣，不遗余力地盘剥黎民、聚敛财富，朝廷上下，人人畏其淫威，敢怒不敢言。李诵瞅准时机，趁父皇心情好的时候，直接进言说这些犯下众怒的佞臣不能再继续重用。或许是因为李诵少见的直言，或许是德宗有所醒悟，此后德宗不但打消了让裴延龄、韦渠牟入相的念头，而且还开始疏远他们。

其实，谨小慎微并不是李诵的本性。早些年，他也曾不时流露出励精图治的理想和抱负，在一些关键时刻也会展现出深藏于心胸间的豪气和胆气。"建中之乱"时，泾原兵变，李适仓皇出逃，被围困在奉天。在四十多天的奉天保卫战中，面对朱泚叛军的进逼，李诵身先士卒，乘城拒敌，并亲自为受伤的将士包扎伤口。在他的激励和感召下，将士们无不奋勇杀敌，"大败贼徒，死者数千人"。奉天保卫战胜利了，确保了德宗的安全。

李诵虽为太子，但并不得父皇的信任和喜欢，二人在很多事情上见解不同，想法相左。李诵后来的紧张和谨慎，除了因为德宗性情多疑和朝廷奸佞小人当道、弄权等原因，也与贞元三年（787）郜国公主事件有关。一朝被蛇咬，十年怕井绳！

事情是这样的：郜国公主是肃宗之女，她与驸马萧升所生一女是顺宗为皇太子时的妃子。所以郜国公主就是顺宗李诵的岳母。萧升的早逝，让年轻貌美的郜国公主早早地守了寡。偏巧，她又是一个不甘寂寞的人，便仗恃地位特殊，大胆妄为。不仅自由出入东宫，而且个人生活放荡，与彭州司马李万私通，与太子詹事李昇、蜀州别驾萧鼎等一些官员保持暗中往来。

如果单是私生活有失检点，这在唐朝的皇室也不是大不了的事。但是，有人在告发郜国公主"淫乱"的同时，还揭发她行厌胜巫蛊之术，这在唐朝可是不能原谅的大罪。事情败露，德宗大怒。因为事主是李诵的岳母，自然要牵连到他。盛怒之下的德宗就立即将他找来，狠狠斥责了一通。李诵被父皇切责，惶恐不知所措，就仿效了肃宗在天宝年间做太子时的故伎，请求休掉萧妃。这个处理方案显然并不能让德宗满意，这样重大的事情按律应当株连，怎么可以这样轻描淡写地一"休"了之！不久，在德宗的主张下，郜国公主被德宗幽禁，三年后死去。李万因与同宗淫乱，以不知"避宗"的罪名被杖杀。郜国公主的亲属受牵连者众多，她的五个儿子和皇太子妃萧氏也终被诛杀。

此事发生以后，德宗把时为宰相的前朝老臣李泌召入宫中议事，提出废皇太子改立舒王李谊的想法。且说这舒王李谊，其实不是德宗的儿子，而是德宗弟弟李邈之子，因李邈早死，德宗将其收养，视如己出，十分宠爱。李泌并没有顺应德宗的想法，他认为，皇帝舍亲生儿子而改立侄子不妥。德宗因此大为不满。李泌便向他详细列举了自贞观以来太子废立的经验教训，劝他以前事为戒，万万不可操之过急。在李泌苦口婆心的劝说下，德宗才打消了废太子的想法，使李诵的太子之位得以保全。

从此后，李诵深感自己的太子地位并不牢固，随时都可能因为皇上的冲冠一怒而瞬间灰飞烟灭。为了能顺利继位登基，他只能时刻小心，谨言慎行。

此时的柳宗元，虽身为朝官，由于初入官场职级较低，社交层面有限，对涉及宫闱之内的上层故事或机密，知之甚少。特别像李诵这样谨言慎行十分低调的太子，如果没有什么特殊机缘怕是很难有深入了解。他现在之所以能够对太子李诵有踏实的信靠，肯把前途和命运押在以太子为首的新朝，与他人生中遇到的两个重要人物有着深切的关系。

其一是阳城。

阳城早年隐居在条山，是很有名气和威望的贤士，《唐语林》卷四载："阳城为朝士，家贫苦。常以布衾木枕质钱，人争取之。"他之所以用木枕、布被作抵押换钱，还有很多人争着用钱与他交换，就是因为人们都非常尊重他的贤德。李泌为相时，将阳城推荐给了德宗，拜为谏议大夫。谏议大夫就要敢讲真话、敢讲难听的话，朝廷设这个职位就是为了在一项决策或一件事情出来时，有人能够提出意见，以便修正。早期的德宗还真希望听到一些中肯的谏议，所以对阳城敬重有加，厚礼相待。但到了后期，德宗的心意变了，就不再喜欢有人在身边说三道四，所以，谏议大夫不但不受待见而且成了一个高危职务。一位合格的谏议大夫，就是要恪守公义、公理和自身的品质。因此，柳宗元才对阳城这个人怀有十分的敬佩。

贞元十年（794）十二月，陆贽被裴延龄构陷罢相，阳城与人上书揭露奸佞裴延龄，辨陆贽无罪。唐德宗大怒，欲加之罪。关键时刻，李诵挺身而出极力营救，才将阳城由谏议大夫调整为国子司业。正是通过这件事情，柳宗元初步揣度出太子李诵的为人和腹内春秋。在这样险恶的政治环境中，能打破一向谨慎的常态，抛却自身安危为当朝贤相陆贽和刚直不阿的阳城打抱不平，足见他是个有着家国情怀的太子，他心中还装着民心、民愿和正义，日后登基定能潜心于国家的治理。

其二是王叔文。

王叔文原是越州山阴（今浙江绍兴）人，苏州司功出身，以善弈围棋得以入侍东宫，担任太子李诵侍读。琴棋书画本无大用，是为消遣娱乐或陶冶情操的技艺，最多也就能起到一个锻炼思维提高智力的作用。太子李诵之所以对王叔文这个技艺师傅十分尊重和器重，是因为通过长期接触，发现王叔文并非等闲之辈，不仅知诗书，明事理，熟悉治理天下的策略，而且还关心朝政、体恤民情，"常为太子言民间疾苦"。其学养、情怀、智谋和志向都恰合太子之意。

有一次，王伾、王叔文和其他一些侍读畅谈天下政事，涉及当时一些比较敏感的弊政，太子对身边的人说："我见圣人时，将尽力陈述自己的看法，并向圣人提出建议。"众侍读包括刘禹锡在内，都盛赞太子的仁德，唯独王叔文一言不发。等众人退下后，太子单独留下王叔文，问他："刚刚为何就你不说话？是不是有什么深意？"王叔文道："我得太子殿下信任，有什么意见和见解哪能不向殿下奉闻呢？我以为，太子的职责乃在于侍膳问安，向圣人尽忠尽孝，不适宜对其他事情品头论足，特别是不宜干预政事。圣人在位时间长了，且性情多疑，如果受小人挑唆，怀疑太子是在收买人心，那殿下将如何辩解？"李诵闻言，恍然大悟，既紧张又感激地对王叔文说："如果没有先生这番点拨，我怎么能够明白这其中的奥妙啊！"从此，他对王叔文格外信赖，东宫事无大小，都委托他和王伾来谋划。

为报答太子的知遇之恩，王叔文竭尽全力为太子做事。一方面要维护太子的地位、威信和政治安全；另一方面广泛物色和团结有用之才，为太子登基理政进行人才上的储备。所以很长时期以来，王叔文表面上还是太子李诵的围棋师傅，实际上已经成为新朝廷的人事助理或人才猎头。在向太子介绍和推荐人才的同时，王叔文也要把太子的一些想法、志愿和作为向一些人介绍，以此来增强太子的亲和力和感召力。志同才能道合，有相同的理想、信念，才能激发出赴汤蹈火的激情和行动。

柳宗元通过王叔文了解了很多统治阶层新的动向，并在此基础上，坚定地相信李诵就是自己和大唐的未来。

三

贞元二十年（804）九月，长安城进入了初秋季节，天朗气清，一派宁和。在田野上的高粱开始泛红晒米之际，以太子李诵和侍书王叔文为首的改革集团已初步形成。随着德宗皇帝身体的日渐老迈以及朝政上的日益宽松，王伾、韦执谊、刘禹锡、柳宗元等十余位骨干朝官凭借才华、能力以及积极进取的态度，在朝廷里获得了越来越大的影响力和伸展空间。这是一个值得期待的秋天，明媚的阳光无遮无挡，仿佛命运之神的微笑，人们不相信这样晴朗的天空里会有什么意外的风雨。

然而，出人意料的是，只在转瞬之间，天空里就布满了黑压压的乌云。

当王叔文差人到柳宗元府上通报一个意外消息时，柳宗元立时预感到未来的路将十分艰难，甚至是吉凶未卜。太子李诵在毫无征兆的情况下，突然被疾病击倒，神志昏聩，口不能言。据太医诊断是一种很重的"风症"，经过太医奋力抢救、紧急用药，虽然暂时没有生命危险，但其身所寄的国运和一众同道的命运将悬于一线。

情况紧急，王叔文要召集改革派的众骨干开会，共同商讨接下来的对策。近二十名核心成员很快聚集于王叔文的官署。一扫以往聚会时的意气风发和兴高采烈，今天，在座的每一个人都眉头紧锁、心情沉重，就连平时形象滑稽、语言幽默的王伾此时也是一脸的肃穆。无论从哪方面来看，太子的病重都像是命运之神突然要改变主意。

在众人惶恐不安的情绪中，王叔文面沉如水，没有表现出一丝惶恐，平静地叙述了事情发生的经过和召开这个临时会议的主旨。

面对难以捉摸的命运，人人都是一头雾水，王叔文自然也不例外，因为没有人能够预知在一场扑朔迷离的棋局中，命运之神要做出怎样的布局，引导出什么结果。但和众人不同的是，王叔文是一个弈棋高手，他知道一个棋局之中的风云变幻和哲学，他知道变局之中还有变局，不到最后时刻不能妄言成败。围绕着这一突发性事件，他心里也许早就有了应对之策，但他并不急于表态，而是要听听大家的意见。一方面，要在关键时刻观察一下众人的胆识与智慧；另一方面也要汇总一下众人的意见，推敲、确认一个最佳方案。

经过短暂的沉默，众人似乎都从情绪的低谷中摆脱出来，恢复了作为一名朝廷官员应有的冷静和沉着。大家都意识到，当务之急是要努力让事情向有利的方向发展，并应该做好一切准备，迎接新的变化，尽人事，听天命。议事进程很热烈也很迅速，很快，众人就达成了一致意见：首先要集中一切力量救治太子，争取在最短时间内，让太子的病情得到控制力争有所好转；同时要封锁太子病重的消息，尤其不能向外界透露太子的病情，可以说染疾，但绝不可以暴露真实情况。

之后，革新阵营里的每个人都表现为内紧外松的状态，不得不在谨慎的氛围中紧张度日。为了不引起宦官们的注意而节外生枝，王叔文晓谕众人，这段时间要谨慎行事，没有重大事情暂不聚会，王叔文、王伾、李忠言负责太子的寻医问药，其他人则要利用各种方式维护太子的形象和威信。

柳宗元是一个务实的人，从少年到青年，从来没有让光阴虚掷过。他的人生理念是"施于事，及于物"。可以说，他所做的事情都是多功能、兼容型的，他人生历程中最关键的一个词就是"结合"。理论与实践结合，学问与文章结合，文章与社会现实结合，文才与情怀结合，个人发展与治理国家的理想结合。身处人生的上升期，他更是只争朝夕，把学识、才华和理论全部用于当下的社会实践和身负的使命。

柳宗元的官职为监察御史里行，实际上是监察祭祀之事的见习御史。《监祭使壁记》云："唐开元礼，凡大祠若干，中祠若干，咸以御史监视。祠官有不如仪者，以闻。其刻印移书，则曰监祭使……"贞元十九年（803）年底，朝中御史的职位出现了空缺，经过王叔文等人的推荐，柳宗元顺理成章地从蓝田县尉的位子上转为监察御史里行。虽说朝廷的各种祭祀活动十分频繁，皇家成员的生老病死，民间的各种节庆和自然灾害，都要由朝廷及时组织祭祀活动以慰天意，但作为祭祀中的仪表、纪律检查人员，工作量并不大。正常履职并不占用他太多时间，反而是很多关于朝廷革新方面的事情，让他忙得不可开交。除了要参与一些政策的制定、草拟各种文案，还要抽出时间参加各种官员和学子的聚会，不失时机地阐述他的"先王之道"，为下一步太子登基和要进行的改革做舆论上的宣传、造势。

一段时间以来，革新派的人临时取消了大范围的聚会，但每日通过一对一的接触或临时碰面还是可以很畅通地分享一些重要信息。在各种信息中，最为重要也最牵动众人之心的只有一个，那就是太子的病情。这几乎是革新派众人见面要彼此询问的第一件事："今天太子的病情如何？"然而，得到的回答并不一直是大家所希望的"很好"，更多时候，却是没有语言的轻轻摇头。太子的病情就那么两天好、三天差地延宕着，众人的心也就七上八下地翻腾着。起伏波动的情绪如大风里的麦浪忽高忽低，不曾有过一日平静。

就这样到了年底，虽然太子还不至于有生命危险，但病情每况愈下。早些时候，他每天还可以来回走动几趟，稍后，身子就变得越来越沉，只喜卧榻不喜起。连太医也说不清太子是因为情绪萎靡失去了站起来的意志，还是因为肢体沉重、体能不支造成的卧床不起。刚刚四十五岁的李诵，比他的父皇小十九岁，但照这样发展下去，还不知道他和父皇谁先踏上黄泉路。在他有生之年是否能登上皇帝宝座，确实很难预料了。

太子李诵仿佛一个手持竹竿在山谷上方走钢丝的人，随时都可能结束颤颤巍巍的行程。说来，他也算是一个奇迹，竟然那么颤颤巍巍地一直走了下去，就这样，辗转进入贞元二十一年（805）。

按照惯例，新年伊始正月初一这一天，诸王、各路藩镇、皇亲国戚都要到宫中向皇帝李适献礼、祝贺。平日里显得有些冷清的宫殿，突然就热闹起来，来自各地的宾客们身着隆重的官阶礼服，一拨接一拨地前来觐见。他们知道老皇帝的时日不多，毕竟多年在朝为臣，不管曾经忠心耿耿还是心有旁骛，都实实在在地受惠于当朝，就算当面道个别吧，不看僧面看佛面，权当顺便怀念一下往昔的时光。可是在这来来往往的人流中，唯独不见太子李诵。这如果在皇帝李适的盛年时期，不管什么原因，仅凭这个该来不来的怠慢，就足以让他心生不悦，或降罪于太子，但现在皇帝老了，老得温和又脆弱，当他得知太子病重无法前来拜贺，竟然哀叹连连、涕泪交加。

也许是到了瓜熟蒂落的时间节点，也许是因为哀伤过度，正月这场活动过后，皇帝李适便一病不起，一天重过一天，像赶时间一样，直奔生命的终点。不出一个月，正月二十三日，德宗李适驾崩于会宁殿，享年六十四岁。

在德宗病重的二十几天里，宫内的消息一直处于被封锁状态。皇帝将死，太子病重，朝中的变故随时可能发生，这牵涉到很多人的前途和命运。两宫的实际情况一直密不透风，用现在的话说是消息真空，但聪明的朝臣们大概都能猜个八九不离十，所以朝野上下难免人心惶惶。惶惶也是白惶惶，大多数人也不知道一把无形的命运之剑何时落下。

皇帝突然辞世，不仅他自己，甚至连宫里的贴身太监都始料未及。所有身前身后的事情，都没有安排妥当。至皇帝去世当日，竟然连有关政权移交的遗诏还没有形成。他一走了之，接下来的诸多事情如何处理，谁来继位？谁来牵头收拾这个早就该好好收拾的烂摊子？按理说，这种权力真空时段，也正是宦官们大做手脚的好时机。可惜，宦官们也有点蒙圈，竟然在慌乱之中没了主意，仓促间将几个重要朝臣召到了宫中紧急议事。这其中就有翰林学士郑絪和卫次公。

为什么在生死攸关的当口偏偏召此二公到场？大约是因为二人平

日里立场相对中立，对人对事也比较公正，各派势力都比较认同。所谓的议事，最首要的就是决定谁来继承皇位。其时，革新派的重要成员凌准，刚担任翰林学士，也在议事大臣之列。凌准一向敢作敢为，遂"独抗危词"，主张"立嫡以长"，由太子继承皇位。于是，太监中就有人提出"内中商量，所立未定"。这句话的意思是，宦官集团还没有同意让太子继承皇位，这事儿不能轻易就这么决定。闻听此言，很多大臣都听出了宦官的话中有话，"众莫敢对"，众朝官噤若寒蝉，不敢出声，都怕在这个生死攸关的环节上得罪了手握重权的宦官集团。

关键时刻，卫次公挺身而出，说了一番很可能改变唐朝历史的话："皇太子虽有疾，地居冢嫡，内外系心。必不得已，法立广陵王。若有异图，祸难未已。"此话的大意是，既然太子是嫡长，位居东宫多年，深得百官和万民拥戴。虽身体不好，尚能临朝，可孚众望。万不得已，也要立广陵王。如果有人有别的图谋，则必定招致无穷祸乱。卫次公说出这番话时，郑绹便在一旁附和，凌准、王伾等更是极力策应，宦官们看看众望所归，大势所趋，遂隐藏起内心的"异图"，暂且放弃坚持。

实际上，对于宦官们的图谋，大家早就心知肚明，这在德宗朝并不是什么秘密。宦官们寄予最大希望、最能代表宦官集团利益的就是舒王李谊。因为他，德宗差一点儿就废掉了李诵，改立他为太子。只可惜，当时"嫡""长"至尊的观念在人们心中还很牢固，而李谊只是德宗嫡长皇兄李邈的亲儿子，是李适的侄子，就只能靠边站了。

"众议方定"，无论对太子李诵，还是对望眼欲穿的革新派团体来说，都是一个值得额手称庆的大好消息。随之，李诵这个病弱垂危的老太子，终于登上了他短暂的历史舞台。此时，李诵虽然身患重病，但他十分清楚满朝文武最希望看到什么，更知道此时的"人情犹疑"。在兴奋的情绪和澎湃的使命感驱使下，他做出了一个出人意料的举动。接到了"皇太子宜于枢前即位"的遗诏后，他"紫衣麻鞋，力疾衰服，出九仙门，召见诸军使"。于是，"人心粗安"，宦官们掌控的神策军们也便无话可说。

两天后的丙申日，在太极殿举行了简捷的登基仪式，太子穿上龙袍，文武百官行三拜九叩大典。百官开始还心有疑虑，都仔细观察，见登基的果然是老太子，惊喜之余，有的朝臣竟然流下了泪水。当举国上下都知道大唐"社稷有奉"，曾经惶恐、浮躁的百官、万民之心暂时安稳了下来。这一天，是永贞元年（805）正月二十六。

四

人逢喜事精神爽，除了苦等了二十六年登基的李诵，最高兴的莫过于主张革新的一班朝官。时来运转，前途豁然开朗之际，热烈的庆祝必不可少，但残酷的现实和诡谲的政治风云又让王叔文等人不敢在自得的情绪中沉迷。在李诵登基的同时，革新派众人开始高速运转起来，他们每一个人心里都清楚，他们就是这个新朝新政的神经中枢。如果不马上转动起来，大唐这部旧车轮就很可能停转或倒转。

经过登基大典和德宗丧事这两起大事件的折腾，本来身体就很虚弱的新皇李诵几乎被搞得半死。正月以后，皇上的风疾愈加严重，起先只是"不能言"，还能勉强走动，现在竟连走路也很吃力了，非由人搀扶已不能独自站立。王叔文等一干近臣也是十分小心谨慎加万分紧张，特意关照宫里的御医要精心呵护，每日五叩脉，一日一调药。轮值御医昼夜不离寝宫随时诊治，同时遍寻名医奇方，以求奇效；在饮食起居方面更是倍加精细，不得有半点差池。在政务处理上，尽量减轻皇帝的精神负担和体力消耗，凡事提纲挈领，简明扼要，只拣大事、要事请皇帝定夺，绝不敢让皇帝过多地劳心劳神或有情绪上的波动。

他们深深知道，新朝皇帝在现实层面，就是绝对权力的象征，只要他点点头，就算内心再不愿意接受，也没有谁敢提出反对意见。如果谁敢公然抵抗，那是抗旨不尊，犯下的是杀头之罪。在精神层面上，皇帝不仅是国家的代名词，更是革新派的一面旗帜。只要他站立在那里，革新派的阵地就在，阵营内部就有了核心，阵营外部就有了畏惧。他一旦倒下，敌对势力便会如潮水般涌来，瞬间将他们吞没。这不仅仅是权力和利益的问题，而是关乎家国安危和个人身家性命的大事。

李诵新朝第一件难办的事情就是例行的早朝。自有唐以来，就一直延续着雷打不动的早朝制度。年深月久，大臣们都养成了一种固定的习惯，没有早朝，基本不知如何与最高权力阶层沟通和行使上传下达的行政职能。尽管新朝要推行的改革内容很多，但有些基本制度是不能改的，这个在当时叫作"祖制"。据《新唐书·仪卫志》记载："朝日，殿上设黼扆、蹑席、熏炉、香案。御史大夫领属官至殿西庑，从官朱衣传呼，促百官就班，文武列于两观。监察御史二人立于东西朝堂砖道以蒞之。平明，传点毕，内门开，监察御史领百官入，夹阶，监门校尉执门籍……"至德宗后期，尽管一切都呈现出衰败的气息，但早朝仪式仍十分烦琐隆重。

王维曾写过一首描写唐代早朝的诗："皎洁明星高，苍茫连天曙。槐雾郁不开，城鸦鸣稍去。始闻高阁声，莫辨更衣处。银烛已成行，金门俨驺驭。"起得早啊！夜晚的星辰还没有彻底退去，朝廷内外的人们就要开始为这个早朝忙碌。

最早开始忙碌的是宫廷里的内务人员，宫外的大臣还在路上，他们就要做好一切准备工作，摆设好各种用具，点燃香炉。文武百官在内门外已排好队，两名监察御史站立在两边等待。黎明点名一遍后，内门打开。两名监察御史分别带领文武百官进入。路过夹阶时，专门有监门校尉手执门籍，即进宫官员的花名册，进入"唱籍"程序，即让官员报名，夹阶校尉十人同唱，入毕而止。文官在前，武官在后，依次进入宣政门，夹阶校尉再点一遍名。宰相、两省官员在香案前相对站好，其他官员分立于两旁，按照品级依次站立，队伍要整齐入宣政门，文班自东门而入，武班自西门而入。宰相、两省官对班于香案前，百官班于殿庭左右，巡使二人分于钟鼓楼下，先一品班，次二品班，次三品班，次四品班，次五品班。每班尚书省官为首……都站好后，侍中奏"外办"，随即，外面的一切办好，准备停当，皇帝可以出来了。这时皇帝从西序门出来，但被御扇遮住，登上御座坐好后，扇子分开，左右各留三个扇子在皇帝后面。直到此时，大臣们才能看到皇帝的面目。通事舍人佐助宰相率领百官行朝拜大礼，然后升殿议事。

正常的早朝，绝不是摆一摆样子。无论形式还是内容都十分复杂，而且纪律十分严明。这个很有仪式感的办公形式，无论对皇上还是臣子，都不是一件轻松愉快的事情。先说皇帝，因为一国的大事都等着他这个至高无上的终极决策者来决断，他不上朝或上朝不能尽职尽责，必受到满朝文武明里暗里的非议。往近了说要影响他个人的形象和威信；往远了说，他的所作所为、亮点和污点都要在史册中记上一笔。因此，一般没有极特殊情况，是不敢懈怠的。遇到懒散一点的皇帝，会要求各路朝臣拣紧要的事情当朝禀奏，来不及当面禀奏的也要递上奏折，等散朝后皇帝回到办公场所再行阅批。遇到认真的皇帝，几乎事无巨细都要听听，有奏有议，你来我往，紧张的工作一直要延续到午时方散。

再说朝臣，这个早朝不仅是他们行使职责展示能力的场所，也是他们时运忽然转明或转暗的是非、风险之地。从古到今有多少朝官在这里青云直上，又有多少人在这里断送了前程和身家性命！休说什么是非曲直，仅仅这套仪式下来，就有人因为遵行不好而备受责罚。著名书法家柳公权就曾因在这个仪式上出现一点小的纰漏而被罚了一个季度的俸禄。《南部新书》戊卷载："大中十一年贺正，卢钧以太子太师率百僚，年八十余矣。和声容明畅，举朝俱服。明年，柳公权以少师率班，亦八十矣。自乐悬南趋至龙墀前，气力绵惫，误尊号中一字，罚一季俸，人多耻之。"说的是柳公权的身体不好或记忆力不好，在喊皇帝尊号时遗落了一个字，什么"圣敬文思和武光孝皇帝"，当场就被罚了三个月的俸禄，这还不算，同时还要遭到同朝为官者的耻笑。

早朝可长可短，因具体情况而定，短时也就一时半晌，有事奏事，无事散朝。如果赶上事多，很可能一个上午都处理不完。当一切需要议定之事全部搞定，早朝才真正结束。皇帝从东序门退出，其他百官方可依次散朝。

鉴于皇帝李诵的实际情况，近臣们想出一个权宜之计，视皇帝的身体情况和事情的重要程度决定是否早朝。或十天半月，遇有非皇帝出面不可的大事，比如说重大人事任免和重大决策制度出台，便由几个内侍搀扶着皇帝到御座上支撑一会儿，把公文念完就匆匆退朝。《顺宗实录》载："上自初即位，则疾患不能言，至四月益甚，时扶坐殿，群臣望拜而已，未尝有进见者。"也就是说，顺宗皇帝上朝，并不能在他的金銮殿上真正地议事理政。他上早朝主要任务其实只有一个，就是给文武百官吃个"定心丸"，告诉大家皇帝还活着，大家要各负其责、各尽其职做好本职工作，不要想别的。否则，人心就会不稳，朝廷的秩序和行政系统就会出现混乱。至于朝中政务，只要百官按照制度、程序和权限管理好职责范围之内的事情，国家机器自然会按照自己的节奏正常运行。

此时的李诵尽管口不能言，但思维还是清晰的，在重大人事任免和重大决策上，他还是心里有数的，能够切实把关掌舵。很多针对时弊的改革框架和施政思路早在他正式登基之前就已初步成形，一些用人策略和重点人选也在他患病之前有了成形的想法和设计。凡符合他意愿的事情，革新派的大臣们呈上来，他只需要点点头，不合心意的，摇一摇头，众人便要揣摩圣意，另行商议。一驾可能随时解体的破马车，就这样趔趔趄趄上了路，然后迅速地奔跑起来。

永贞革新在十分艰难的情况下能够迅速启动，并在短时间内取得巨大成效，是因为每一个集团成员心中都积蓄着充足的动力，一旦条件具备，便达成一致的意见和行动。顺宗在做太子的二十多年中，几乎没有一天不在谋划执政之后全面修正父亲晚年的执政弊端，很多的想法已达深思熟虑，根本就不用临时起意。而王叔文在做太子侍读期间，全程全力参与了新朝政事的谋划，新朝确立之后，他理所当然地成为传达和执行圣意的"左膀右臂"。至于柳宗元、刘禹锡等青年朝士，也都有在推进社会进步和改革过程中建功立业的强烈愿望。当几种力量不谋而合汇集到一处，便产生了难以抑制的前进动力，争分夺秒，雷厉风行，将之前谋划好的施政计划，一股脑地推向前台。

新朝起步的前三脚，踢得相当准，也相当有节奏。最为关键的第一脚当然是人事任免。如果没有志同道合者，接下来的什么事情都办不了，更办不成。只有将价值理念和人生志向一致的人聚拢到一起，并委以重任，才能形成人合手、马合套共同奔向理想目标的局面。简洁地说，也才能在行政领域形成一个从上至下的闭合环节，使主要政令能够出得去宫门，下得去民间。《顺宗实录》卷五曰："叔文既得志，与王伾、宦官李忠言等专断外事，遂首用韦执谊为相。其常所交结，相次拔擢，至一日除数人，日夜群聚……"书中之言虽属微词，但基本描绘出当时革新派在人事任用方面的情形。

太子李诵即位后，第一拨提拔的就是王叔文和王伾二人。王叔文为起居舍人，充翰林学士；而王伾则为左散骑常侍，充翰林学士。王伾这个左散骑常侍在唐制里有正式规定，属门下省的官职，正三品下。王叔文这个起居舍人在唐制里属于中书省，却是一个从六品上的小官，但其后加上一个翰林学士就一下子变得十分重要，行使的依然是起居舍人的职责，官阶却升到了三品，其位仅居宰相之下，却比宰相离皇帝更近。二人的位置都很重要，有权直接出入禁宫，能够参与起草将领任免、册立太子、宣布征伐等大事，当时被称为"内相"。通过这个职务任免足以见证皇帝对二人的信任程度。

王叔文除任起居舍人、充翰林学士外，还挂着一个度支盐铁副使职衔。这是一个掌管全国财赋的统计支调、统筹财政收支、粮食漕运以及茶、盐、矿业、工商税收、河渠和军器之事的重要官职。《旧唐书·王叔文传》说："叔文贱时，每言钱谷为国大本，将可以盈缩兵赋，可操柄市士。"之前，浙西观察使李锜兼任盐铁转运使时，借机中饱私囊。地方官吏和盐铁使也假借给皇帝"进奉"，任意抬高盐价，搜刮民脂民膏。一般老百姓买不起盐吃，只好喝淡汤度日。显然，王叔文身兼此职，不仅是为了扫除民怨极深的贪官，更是要掌控朝廷的财政命脉，这对新政的顺利推行可起到重要的物质保障作用。考虑到将此项大权明晃晃握在手中，太容易引发朝野非议和抵制，为了迂回实现有效掌控，他们起用了杜佑。

杜佑并非革新集团成员，却是于革新派最有利的人选。其原因有三：一是杜佑在朝中久负盛望，职掌利权可塞公议；二是杜佑早有引退之心，性情散淡，不愿多涉朝政，事权易于控制；三是刘禹锡与杜佑交谊深厚，容易取得杜佑信赖。如果让杜佑再拜检校司空，以同平章事兼领度支盐铁使，让刘禹锡任屯田员外郎兼判度支盐铁案，陈谏为户部郎中，程异为扬子院留后，亦参盐铁事，众人密切配合，协助王叔文管理财政，实际的财税掌控权便稳稳地落在了革新派之手。

这一天，好消息终于落到了柳宗元头上，这在他的期待之中，却在他的意料之外。朝廷的诏令颁发下来，天子的恩待加于群臣，柳宗元觉得对自己的恩待更厚重一些，除了擢升他为礼部员外郎，还册封他的母亲为河东县太君。柳宗元对自己得到擢升自是非常高兴，但内心更为欣喜的是对母亲的册封。他喜不自胜地回到家中，把这个消息告诉了母亲，母亲眼里立即涌出了泪水。多年心血的浇灌和殷殷期盼终于有了一个可喜的结果。她在意的并不是自己的那个虚名，而是儿子的快速成长和进步。然而，在这样一个令人欣喜若狂的时刻，老夫人并没有忘乎所以，还是保持了足够的冷静和理性，语重心长地对儿子说了一番话："汝忘大事乎？吾冢妇也，今也宜老，而唯是则不敢暇。抑将任焉，苟有日，吾其行也。"她深晓母因子荣、子以母正的道理，所以始终不忘为人母的本分。

她对儿子说："虽然为母年岁已大，但也不敢有丝毫懈怠，即便将来你需要到远方赴任，我也会责无旁贷地同行。"这番话柔中带刚，富有深意，表层意旨为母子间不论在情感上还是命运上都是一个不可分割的整体，深层的意旨是，我这把老骨头是交给你了，你干好了我就跟你享受荣华富贵，你干不好，我就陪你远走他乡，哪怕搭上身家性命也无怨无悔。柳宗元是一个敏感而重亲情的人，他完全能够领会这番话的深刻含义，所以说，母亲也是他上进求贵的动力之一。

在王叔文集团中，韦执谊最有宰相之望，因此，韦执谊就顺理成章地被擢升为尚书左丞、同中书门下平章事，负责制置文诰，管理六部，推行新政的上命下达、监督执行之事。其余众人，亦安排在紧要之处，凌准官进尚书郎，旋迁尚书都官员外郎；韩泰擢升为户部郎中；柳宗元则从监察御史里行跳级提升为礼部员外郎，掌管礼仪享祭、贡举之政，在德宗国丧期间具有特殊的作用。如此，王叔文主决断，王伾主往来传授，韦执谊负责文诰，刘禹锡、柳宗元等人采听外事、谋议唱和的议事架构形成。

革新集团之中，顺宗是理所当然的核心之核心。除他之外，紧密层最核心的人物是王叔文和王伾。在顺宗皇帝得病以前，常伴左右和计议大事的人也就是这二人。确切地说，皇帝要想说个体己话，寻个开心或逗个乐子主要是找他们二人。二人中王伾由于长相滑稽、性格乖巧，颇具弄臣之特点，主要负责胁肩谄媚、挤眉弄眼出各种洋相逗李诵开心；而王叔文素有大志和底层情怀，又通经史，具有典型的文人之品格和尊严，为人比较严肃，常和李诵议论天下大事。这就在人际关系上分出了层次，皇帝和王伾的关系更加轻松、随意和亲近，对王叔文则多少有些敬畏，因此稍微有些疏远。

这种微妙的关系决定了顺宗卧病期间朝廷的办事程序。如果画一个线路图，那么这个图的中心点就是顺宗李诵，每时每刻不离左右的人，是顺宗最为宠信的妃子牛昭容和宦官李忠言。牛昭容在《新唐书》和《旧唐书》上都未被提及，正因为参与了历史上著名的永贞变革，才侥幸留下了一个模糊的身影。从顺宗对她的喜爱和信赖程度看，她必定在情感、思想、观念等方面与顺宗有很深的默契和互动。也许她参与此事的目的并不单纯，但从她未与权阉俱文珍、刘光琦等勾结，而与革新派王叔文等人关系亲近这一点看，她也并不简单，有独到的政治见解。至于李忠言，能够顶着压力摆脱俱文珍等大内权宦的监督、管辖，足可见其为人的忠勇。在这二人之外则是王伾。王伾之外才是王叔文等人。如此，宫中议事、请示环节基本上是王叔文通过王伾，王伾通过李忠言，李忠言通过牛昭容，逐层传递信息。等皇帝有了想法或意见，再由相反的路径传递出来，由王叔文召集柳宗元、刘禹锡、韩泰、韩晔、陈谏等人具体商讨，拿出意见，写成诏书，再经过这些环节到顺宗那里点头批准。等顺宗批准，正式形成圣旨后，再由王叔文"宣于中书"即宰相们办公之所，由韦执谊承而行之，贯彻落实。

其实，这也是一个很大的弊端。一件事情的议定，要反复经过很多环节，效率低是一个问题，准确性也是个问题。人类文明的千年实践早已证明，凡事只要经过足够多的中间环节，一定会出现误差或扭曲变形，更何况身患重病的顺宗皇帝又无法清晰表达自己的观点和意见。这样一来，在中间环节上难免出现一些问题，即便是中间确实没有走形、变味，也会引起其他朝臣的质疑和误解，留下难以辩解的口实或授人以柄。更何况那些别有用心的敌对势力，每时每刻都在积极寻找漏洞，怎么可能不拼命夸大和诋毁这种行政方式的弊端。

五

在革新成员里，王叔文最器重的是柳宗元和刘禹锡二人，常引刘禹锡及柳宗元入禁中，与之图议，甚至言无不从。尽管二人以及革新派的大部分官员都是当朝难得的精英，革新集团的力量还是显得异常单薄，其核心层的主要成员大部分都是门下省、中书省、御史台以及六部中的中下级官员。声名、时望都不足以折服群臣、左右全局。

为了扩大革新集团的实力，在朝野建立起除旧迎新、清明直正的良好政治生态，革新集团在"精加访择"的基础上，向顺宗皇帝上奏一项新的提议：将因心系黎庶、正直敢言得罪德宗而遭贬斥的名臣，如陆贽、姜公辅、郑余庆、阳城等人召回朝廷委以重任。果然，此议一出，士林为之振奋，持公议者无不颔首言善，而王叔文等革新集团核心又居翰林清流，深得士人大赞，革新集团的声望也日益高涨。只可惜遭贬十年的陆贽还没等到诏书，人已病死了，年仅五十二岁。阳城也没等到诏书，就死在贬所。

民为国之本，既是官家的衣食父母，也是当朝的执政基础。如果百姓活不下去了或活得不好，朝廷和那些当官的也没有什么好日子可过。但凡执政者还没有昏庸到一定程度，都知道这个简单的道理。以王叔文为首的革新集团成员们，特别是王叔文、柳宗元和刘禹锡几个人都深知底层老百姓的艰辛，也都深谙先贤们的治国理政之道，所以他们推出的第一项新政就是"除臃免税"，体恤民情，顺应民意，稳定民心，取得民众的支持。

二月初六，顺宗登基第十日，柳宗元亲笔起草的一份文稿就得到了皇上的恩准。这是革新派向旧朝弊政祭出的第一刀，也是革新派一系列惠民固国政策的发端。此后，一系列震动朝野的革新措施一项接一项密集出台。第一份诏令直指大内的病灶和痛处。一次罢除翰林、阴阳、星卜、医相、覆棋诸待诏四十二人，放出后宫宫女三百人及掖庭教坊歌舞乐女六百人，并禁进乳母，令她们与家人相聚。一时间，宫门外哭泣跪谢之声震动宫室。

与此同时，朝廷又将切刀对准了宫市和五坊小儿。诏令一发，打着皇家名义横行劫掠的人，什么"白望者、架鹰引犬者、支罗张网者、持蛇游荡者"等等，俱在长安两市销声匿迹。这些人都是附着于朝廷身上时时让老百姓感到痛苦和压迫的毒瘤，此恶疾一去，全民欢呼，"人情大悦"。

二月二十四日，新朝又颁诏免除了各种杂税乱赋和例外进奉，并免掉了百姓历年拖欠的诸色逋负。据《旧唐书·顺宗本纪》记载，当时免除的诸色课利租赋钱帛共五十二万六千八百四十一贯。续而，诏停内侍郭忠政等十九人正员官俸钱。史评家说，这为中、晚唐绝无仅有之大事。停俸的十九个宦官显然是扰民害市之"尤奸恶者"。对此事，韩愈的《顺宗实录》未敢记述，两唐之书也不肯记载，幸有《册府元龟》中保存此条，总算给历史留下一点印迹和真相。在削减宦官集团利益的同时，王叔文首先从自身做起，保持了清正廉洁的形象。自从掌控盐铁转运权以来，该归朝廷的盐铁收入分毫不差收归朝廷，并免除了"盐铁使月进钱"和额外"进奉"，使官盐价格在短时间内实现了大幅回落。

紧接着，王叔文召集韦执谊、柳宗元、刘禹锡等人将枪口对准长期欺压、危害百姓的黑恶势力李实。这李实虽然出身皇族，却并没有一点儿皇族应有的贵族气质，为人奸诈阴险，残暴凶恶。早在做山南东道节度留后时，就"刻薄军士衣食"，惹得"军士怨叛谋杀之"。任京兆尹时，更是变本加厉地恃宠作恶，肆意残害百姓，弄得京城附近怨声载道。对于处理李实，革新派意见高度统一，一致认为此人欺凌群僚、残害百姓、聚敛民财，其罪当诛！

就在这时，韦执谊提出了自己的看法，认为李实乃帝室宗亲，所犯又非谋逆之罪，即便上奏诛之，皇帝未必应允，反使得皇亲贵戚皆以我等为不驯，势必不容。毕竟，柳宗元和刘禹锡为官时间尚短，经验不足，还不清楚有些关系的微妙，不懂得权衡利害。王叔文思量再三，最后采纳了韦执谊的意见，奏请皇帝将李实贬为通州长使。查抄李实家产时，合计竟达三千万缗之多。消息一出，朝野街巷，欢声雷动，百姓得知李实出京的路线，"皆袖瓦石投其首"，将石头藏在袖里，成群结队地在路边等着，准备将多年的不满和愤恨投掷出去。李实自知作恶太多，会遭百姓报复，没敢走大路，悄悄从另外一条小路逃跑了。

五月，王叔文和柳宗元、刘禹锡等人开始着手解决藩镇的问题。提及藩镇，因为柳宗元从小随父亲辗转游宦于各藩镇之间，最知道他们的底细，也有深刻的思考，所以就有一肚子见解想发表。在他看来，目前大唐的管理体制虽然是郡县制，但由于对藩镇的控制和管理不力，实质上已沦落为分封制了。各藩镇通过武力威胁和政治利诱等各种手段基本实现了世袭制，其人事任命和所辖区域的管理也脱离了朝廷控制，比周朝的封建制有过之而无不及。这是一种地地道道的历史性倒退。

在讨论应对藩镇的策略时，柳宗元明确提出："周之事迹，断可见矣：列侯骄盈，黩货事戎，大凡乱国多，理国寡，侯伯不得变其政，天子不得变其君，私土子人者，百不有一。失在于制，不在于政……"比照周朝的情况，事情的本质和结果就可以看清楚了：诸侯骄横，贪财好战，大致是政治混乱的国家多，治理得好的国家少。诸侯的霸主不能改变乱国的政治措施，天子无法撤换不称职的诸侯国君主，真正爱惜土地爱护人民的诸侯，一百个中间也没有一个。造成这种弊病的原因不在于人而在于封建制，是落后制度造成的必然结果。"天子之政行于郡，不行于国，制其守宰，不制其侯王。侯王虽乱，不可变也，国人虽病，不可除也；及夫大逆不道，然后掩捕而迁之，勒兵而夷之耳。大逆未彰，奸利浚财，怙势作威，大刻于民者，无如之何……"天子的政令只能在郡县推行，不能在诸侯国推行；天子只能控制郡县长官，不能控制诸侯王。诸侯王尽管胡作非为，天子也无法撤换他们；诸侯王国的百姓尽管深受祸害，朝廷却无法解除他们的痛苦。只是等到诸侯王叛乱造反，才把他们逮捕、流放或率兵讨伐，以至灭掉他们。当他们的罪恶尚未充分暴露之前，尽管他们非法牟利搜刮钱财，依仗权势作威作福，给百姓造成严重的伤害，朝廷也不能把他们怎样。现实问题，可能比历史上其他封建朝代更严重得多，人们看到的结果是藩镇的老虎屁股摸不得了："明谴而导之，拜受而退已违矣；下令而削之，缔交合从之谋周于同列，则相顾裂眦，勃然而起……"如果公开谴责或劝导，他们当面接受，但一转身就会背弃承诺，不管不顾；如果下令削减他们的封地和权力，他们就互相串通联合，气势汹汹地公然反叛朝廷。对于这些棘手的藩镇究竟要采取怎样的策略？柳宗元的看法是："善制兵，谨择守，则理平矣。"只要好好地控制军队，慎重地选择地方官吏，那么政局就会安定了。

理是这么一个理，解决的思路似乎也并不复杂，但做起来却是何等艰难，"善制兵，谨择守"那可不是谁都能做到的，一个涉及兵权，一个涉及人事权，都需要绝对的权力和权威。目前革新集团还不具备这样的实力，人事任免权暂时依靠皇上的信任可以左右一二，但兵权却一点也没有沾边儿，一旦有些许风吹草动，只能听天由命或任人宰割，想起来不免让人胆战心惊。对于柳宗元的想法，王叔文等人也都深表赞同，可受目前的条件所限，此事还不宜操之过急，需要从长计议。为了防止打草惊蛇、引火烧身，暂时最好不触碰这个棘手的问题，等其他领域问题解决得差不多了，舆论、威望、实力积蓄充分时再集中力量啃这块硬骨头不迟。

真是"说曹操曹操就到"。正说话间，就有手下人禀报，剑南西川节度使韦皋的副使刘辟求见王叔文。韦皋（745—805）是一个文官出身的节度使，因平定朱泚叛乱有功，升任陇州刺史，奉义军节度使。贞元元年（785）转任西川节度使，管理一个领三十一州的强藩。韦皋智谋过人，因与南诏通好，打击吐蕃侵扰有功，顺宗加授他为检校太尉。可他"自恃重臣，远处西蜀"，平日里根本不把革新派一班人当回事，言语态度上并无敬意。而今，却不知遣使此来用意何在，未及召见刘辟，王叔文心中已有三分警觉七分反感。

刘辟人未到，表章先递了上来。王叔文接过表章一看，脸色登时变得阴沉起来。只见他将表章重重地往案几上一摔，大声吩咐："召刘辟！"原来，表章上转弯抹角摆的都是韦皋的功劳和军事实力，并借口边事紧迫，只有兼领剑南东川和山南二道，扩大实力才能遏制外侵，保障国家安全。如此一来，他一人便独领三川。明眼人一看便知，这哪是保全国家安全，分明是趁火打劫，要挟立足未稳的革新集团帮助他实现更大的利益。

闻听王叔文召见，刘辟以为有门儿，充满自信而来。见到王叔文，也无意察言观色，大言不惭地将韦皋历年军功摆评一番。王叔文眼睛乜斜着他，看他到底能抖出什么底牌。说到得意处，刘辟竟然凑到王叔文耳边低语："太尉使辟致微诚于公，若与某三川，当以死相助。若不与，当有以相酬。"意思是我家太尉闻学士荣居权枢，心怀至诚，特命下官来谒学士，请学士做主，将剑南三川尽归于太尉麾下，则无论学士想做什么我们都将拼死相助，若不答应，我们也另有应对之策。

刘辟的一番话听得王叔文脸色铁青，双唇颤抖，忍不住起身怒斥："区区支度副使，竟敢猖狂！韦皋纵有军功，不过大唐臣子，亦得到朝廷封赏，焉可复有奢望？君不予，臣不求，乃本分耳！如今竟敢居功自傲，邀领三川？"说到愤怒处，王叔文就叫来侍卫打算把刘辟推出去斩首，以儆效尤。

当此关头，在场的韦执谊急忙起身劝阻。他的理由是如今革新派正面对着诸多反对势力，许多眼前之事尚未解决，不宜贸然开辟新的战场。强藩是需要抑制，但目前还不到公开亮剑的时候，一旦激化矛盾，革新派很可能会同时遭到内外夹击，功败垂成。

王叔文虽怒气未消，却也觉得韦执谊之言不无道理。此时革新派手中尚无一兵一卒，如果杀了刘辟，与韦皋发生正面冲突，万一韦皋真的铤而走险举兵杀到长安，唯一可以抵制强藩的神策军，调控权还紧握在权宦手中，看目前权宦们的情绪和态度，关键时刻怕是皇帝本人都不一定调度得动。这岂不是自讨灭亡？

六

顺宗的病越来越沉重了。原来隔一些日子还能支撑着到早朝上晃一晃，四月过后，已经无法行走，每日基本以卧床为主，靠人扶着才能把药喝下去，或简单地吃几口餐食。王叔文进宫的次数明显多起来，但皇帝的眼睛却越来越懒得睁，一些奏章递上去迟迟得不到批复。改革进入到了"深水区"，该触碰的领域基本都触碰了，朝野上下各方势力如疾风之中的草，纷纷翻滚摇荡起来，而内宫这个风暴的策源地却如那个行将就木的病皇帝一样，变得迟钝、麻木、痴呆和死寂起来。王叔文走过皇帝的寝宫时，觉得这座宫殿四处都在漏风，四处都是风声，他却不知道该如何堵漏，如何处置。

皇帝是革新派手里唯一的王牌，有他在，各方势力都得服服帖帖不敢轻举妄动；一旦没他在，恐怕连底层小官都能搅起风波。眼见皇帝露面的次数明显减少甚至不再露面，满朝精明的官员们哪个猜不出皇帝的病情危重？如果一个朝廷是一个星系的话，皇帝就是这个星系的核心和能量之源，如果他耗尽了能量，暗淡殒灭下去，这个星系必将因为失去了核心的凝聚力和吸引力而分崩离析。

如今，革新派手中的这张王牌正在失去他的威力，人们渐渐不再对他抱有期待和信心。这对革新集团有双重危险：第一重，皇帝的威慑力不能及时传递给革新派成员，平日里那些长期受皇权压制的官员，摧眉折腰了数年，渐渐都敢表达自己正当或不正当的诉求，寻求合理或不合理的权益；第二重，百官们不再相信一切决断都出自皇帝，而且还把所有的不满、怨恨都转嫁到革新派成员身上。革新革什么？就是要革掉利益集团和既得利益者的利益，这就让许许多多官员感到了疼痛、恐惧，生出了仇恨。

二月第一批革新政策出台，触及最多的是宦官集团的利益，首先感到疼痛和危机的正是他们。当初的改革设想是先从小处、明处和百姓关心的事情入手，循序渐进，由浅入深，慢慢来。原以为这样推进阻力会更小一些，现在看，很可能是错误地估计了形势。谁也没有预料到皇帝的病情会发展得如此之快，宦官们的反应这么强烈。近日来，宦官集团的活动加剧，在舆论和改革措施的落实上给革新集团造成了巨大的阻力。关于顺宗病情加重的消息，正是俱文珍等人四处宣扬的，他们这样做的目的也渐渐浮现出来，有可靠信息说他们正在四处撺掇立太子以取代顺宗。

关于兵权，王叔文不是没有谋划过，当初没有立即动宦官集团的兵权，是因为大家都心有忌惮，怕直接动手会引起大的震荡，造成剧烈的政治和军事冲突，也给百官造成错觉，以为他们这些人意在夺权，而不在改革弊政。宦官执掌神策军是按大唐旧制延续下来的，根深蒂固，想一下子解决难度很大，别说革新派几个人，就连顺宗本人一时也没有这个勇气。其风险和难度之大，通过多年前一宗旧案便可见端倪。

德宗在位时，有一个将军叫张伾，建中初年为临洺守将。这年五月，魏博节度使田悦率兵数万围攻临洺。张伾忖度临洺兵力有限，不能出战，只得严防死守。坚守月余，城内物资消耗殆尽，士兵多死伤，粮食渐缺，而救兵未到，官兵也因长期孤守而对前途产生怀疑，军心开始动摇。张伾见形势紧张，没有激励士兵之策，只得叫独生女儿出来见将士，说要卖掉爱女犒赏将士。将士感动，愿尽死力，个个无不以一当百，奋勇杀敌，打败叛军。临洺解围后，张伾以功迁泗州刺史，在泗州任职十余年。

张伾因与王叔文是同乡，在太子李诵推荐下，朝廷下旨拜为右金吾卫大将军。诏未至，张伾突然病亡。张伾死后，朝廷想让张伾的儿子到朝廷当官"立其子重政"，结果家人"号诉不肯从，奔告淮南节度使王锷乃免"。关于张伾的死和家人的态度，朝中的正义之士都认为其中隐藏着一个巨大的阴谋，至于是什么，张伾的家人不告，朝廷也没有人追究。那么，谁会在此事上动手脚呢？这要看这个右金吾卫大将军是干什么的，也要看张伾是不是一个顺服之人，是否能听命于人。总之，这个任命究竟触及了谁的利益，查一查新、旧唐书便可知，当时的右金吾卫大将军"掌宫中、京城巡警，烽候、道路、水草之宜，凡翊府之翊卫及外府佽飞番上，皆属之"。所以，人们都把怀疑的目光集中于宫中的权宦，彼时，权宦们权倾朝野，没有人敢轻举妄动或说三道四。

现在看，宦官集团早就有了足够的警觉和准备，夺取宦官兵权的最佳时机已经错过。尽管如此，这件事也决不能放弃，即便仅有百分之十的希望也要尽百分之百的努力。否则不只是权力的问题，而是新政能否进一步推行的问题，甚至是一大批革新派成员的前途和生死的问题。事不宜迟，王叔文马上组织革新骨干成员商议一个重大事项，趁现在皇帝头脑还算清醒，必须抓紧实施。

次日，由王叔文主持的秘密会议如期进行。围绕如何有效控制神策军兵权事宜大家集思广益，纷纷提出建议。柳宗元提出，在革新集团成员里，韩泰是一员足智多谋的武将，如果让韩泰掌握了神策军的指挥权是上策。但考虑到韩泰资历尚浅，眼下还是得找一个德高望重且对革新集团有利的老将担任。如此，神策军的调度权才能脱离权宦，而归于革新集团。

几个人一致想到了老将范希朝。范希朝，字致君，河中虞乡（今山西虞乡县）人，为唐朝名将，因长期镇守边境，卫国安民，很多人将他比于汉朝的赵充国。他在镇守边境期间，招突厥别部沙陀族一万余人内附，沙陀从此成为唐朝一支征战的劲旅，对中国历史有着深远的影响。范希朝生性低调，不事张扬，屡建战功。早年投从邠宁节度使韩游瑰任别将，在四镇之乱中，与叛军进行了频繁的战斗，因战功不断，升迁至御史中丞。收复长安后，曾被安置在神策军中任职。贞元末年，范希朝年岁已高，不断上表请求还朝。唐后期节度使权重，专断一方，很多人贪恋此位，不愿离去，范希朝却主动要求去任还朝，实属少见。揽权的事情难成，让权的事情好办。于是，德宗召范希朝还朝，拜检校右仆射兼金吾卫大将军。如今，起用范希朝来接管神策军，从皇帝到朝臣甚至大内，都不会有人提出异议，则暗度陈仓之计可成。

奏章由柳宗元起草，文中力陈范希朝的威望和由他接管神策军的必要性："有贞臣之节，有良将之风，识达武经，学综兵要……"在这个奏章里，也明确提出由韩泰为行军司马。范希朝的职务是禁卫军总首领，不但领导左右神策军，而且领导在外地驻扎的属于皇帝禁卫军的所有部队，包括派到各个节度使去的监军。行军司马的韩泰，则是副手，类似这支军队的总参谋长。

这时，顺宗的头脑还清楚，他也知道宦官掌握兵权的危险性，如果宦官集团因为利益屡受冲击，情急之下举兵谋反，不仅他这个皇帝当不成，怕是连这条勉强靠汤药维持的性命都难保。奏章递到内宫，很快就批了下来。圣旨下发到宰相会议，由于韦执谊事前有充分准备，在宣布圣旨和提出自己的意见时理由极其充分，对方一时无法驳回，其他宰相也深刻理解这道圣旨的本质目的，于是都没有提出反对意见。圣旨在宰相会议上顺利通过，立即着手实施。

军权的事情还没有完全落地，半路上突然又起了风波。这一天宰相会议刚散，韦执谊就神色不安地拿着一份奏疏来到王叔文官署。朝中有一位名叫窦群的殿前侍御史上疏弹劾刘禹锡，指责屯田员外郎刘禹锡"挟邪乱政，不宜在朝"。

关于窦群，《旧唐书》有评价："群性狠戾，颇复恩雠，临事不顾生死。是时征入，云欲大用，人皆惧骇，闻其卒方安。"他可不是一个善人。身处御史之位，窦群将其古怪性格展露无遗。"凡权宰所命者，悉皆反之，凡权宰所恶者，悉皆善之，又好以祸福进退之徇俗恒言往来于士大夫之间。"在御史台时，刘禹锡、柳宗元、韩泰等人皆不喜此人。因与窦家有世仇，柳宗元尤不喜，更何况窦群本是一个不按常理常情出牌行事的峻险狂躁之辈。

及至王叔文用事，窦群因无法靠近这一群当朝的新进之人而心生怨尤，四处扬言，攻击新政。刘禹锡和窦群曾共事于御史台，深知窦群为人险恶，几次建议将其贬黜出朝，韦执谊却认为留此无德亦无实权之人在朝，可以显示新政宽宏，姑息了此人。窦群见如此发声后，王叔文集团仍迟迟不重视自己，而那些依附新贵之人往往一日千里，迅即升迁，他终于按捺不住，决定去拜谒王叔文。

王叔文听说窦群来谒，忙将其迎进，待之以礼。窦群虽意在求进，却好话不好好说，保持了一贯的狷狂本色："夫有不可知者。"意思是虽然你主导新政，看似大局在控，但有些事情还是你不可预测的。

"怎么讲？"王叔文在朝廷还真很少见有人以这种故作高深的方式讲话。

窦群故弄玄虚地说："去年李实伐恩恃贵，倾动一时，其时公逡巡路旁，乃江南一吏耳。今公已处实形势，又安得不虑路旁有公者乎？"窦群提醒王叔文，去年，李实倚仗先皇信任，又有宦官撑腰，权倾一时，何人敢非议之？那时，你不过是江南一小吏罢了，只能逡巡于路旁。今日改天换地，你像李实一样权震朝野，又怎能不防范路旁有像你去年一样的人？

王叔文闻言，心中暗笑："窦群果然是自矜之辈，作此放诸四海而皆准之论，算什么高见？倒是这副以直求宠的嘴脸让人不快。"于是，只与窦群敷衍应付一番，终无所授。窦群讨了没趣，悻悻而归，从此对革新集团再无奢望。

窦群此次上奏章弹劾刘禹锡，既有以刘禹锡为靶子向革新集团宣泄怠慢之愤的意思，也有非友即仇公然宣战的味道。依照唐朝制度，群臣上奏的表章均需经过门下省，而门下省的首脑正是韦执谊。见到这份奏章，韦执谊发现内容所指并非刘禹锡一人，有必要集体研究一下应对策略。于是即请王叔文、刘禹锡、柳宗元至门下省相商。柳宗元、刘禹锡都是文章大家，深晓文字的风格和味道，看文章就如看人脸一样，一眼就看出语出谁人之口。刘禹锡看完奏章沉吟良久没有说话，他在等待柳宗元的反应。柳宗元看完，抬起头与刘禹锡对望片刻，两人几乎同时说出一个人的名字：武元衡。他们都在文字里发现了武元衡的一贯的口气和观点。

要说这武元衡也算是当朝一位有分量的名士，他是河南缑氏人，曾祖父武载德，是武则天的堂兄弟，也属于名门望族。武元衡年少时天资聪颖，才华横溢。建中四年（784），参加科举考试，诗赋文章俱佳，金榜题名，位列进士榜首。贞元二十年（804），迁升御史中丞，掌监察执法、受公卿奏事、举劾案章之事，常与德宗咨议国事，德宗称赞其有宰相之才。李诵广招贤才时，王叔文就曾派刘禹锡游说武元衡，动员其加入革新集团，怎料武元衡不但不领情，还以革新派为异端，对各项革新政策颇有微词。

众人分析，窦群奏本弹劾刘禹锡之事，十有八九是武元衡在背后唆使。由于近期新政推行迟滞缓慢，王叔文经常情绪烦躁，提起武元衡更是情绪激动："武元衡罔顾实情，屡屡攻击新政，现在又教唆他人诬奏贤良，当与窦群同贬之！"针对此议，柳宗元虽然一向佩服武元衡的才学，怎奈两人志不同而道不合，在原则问题上必须坚定立场，所以他毫不犹豫地表态，同意将武元衡贬出权力中心。至于刘禹锡，他和武元衡之间的嫌隙已深，不用表态意见已经在那里了。只有韦执谊，一个时期以来，一直和王叔文意见相左，不知是有意无意，几件事都因为他的阻拦而不得实施。这次他又是不同意贬黜武元衡，他认为武元衡对革新派有不同意见，只是因为观念守旧，并非与俱文珍等人是同流之辈，作为持重、求稳官员的代表，武元衡在朝中负有较高声望，若将他与窦群一同贬斥，一定会引起大多数朝官的惊恐和不安。

此时，王叔文的脸色变得越发难看，额头的青筋直跳，似有某种积蓄的怒气就要爆发出来，但终究还是没有说什么。王叔文之所以强忍住心中怒气，一方面，论职务，韦执谊身居宰相之位，官阶高于自己，在公开场合无论如何也要给他留面子；另一方面，他也非常清楚，很多人都在盼望着革新集团内部出点儿什么嫌隙，一旦撕破脸皮，消息传出去各种势力都会乘虚而入，颠覆和瓦解革新集团，甚至肆无忌惮地向革新集团发起攻击。

柳宗元和刘禹锡站在一旁，把现场的细节看得一清二楚，二人不约而同地对望了一下，脸上都流露出失望和凄然之色。看来，王叔文和韦执谊之间的裂痕已经越来越深了。好在这时王叔文在皇帝面前尚可进言，通过王伾转告皇帝事态的动向和利弊。最后，顺宗采取了一个折中策略，因窦群生事不宜在朝，罢其官职，逐出朝廷，将武元衡调离御史台，改任太子右庶子。

数日后，负责"听采外事"的柳宗元，在一次士子聚会上，听采到了更多关于革新集团的信息，其中一则就是关于"二王"的。革新派一直认为新政给地方和百姓带来了很多实惠，老百姓会感恩戴德，能坚决拥护、支持革新。没想到，流言蜚语有时比事实真相的影响更大，更有力量。事实上，老百姓的眼睛经常会被一些隐形的屏障遮挡，根本看不到任何真相。他们只知道新政给他们带来的益处，却不知道新政是出于何人之手。他们认为是皇帝英明，出去散布谣言的人是好人，而故事中那些人都是当朝的害群之马。在老百姓眼里，所有义正词严骂人的人，都是正义之士，而被骂的王叔文等则是依仗皇帝信任排除异己、滥杀无辜的势利小人，王伾就更不用说了，铁定是一个令人发指的贪官污吏。

长安城里传得最多、最绘声绘色的就是王伾敛财的故事。坊间传，王叔文、王伾等人掌握了权力之后，随意就可以提拔和贬黜任何一个朝廷官员。只要得到了这伙人的信任和推荐，马上就可以飞黄腾达，进入权力中心；如果得罪了他们则凶多吉少。于是，一大批追逐名利的人便千方百计和新派人物交往，送物送钱者络绎不绝。当然，人们都知道二王的权力最大，所以这两个人的家门口都被送礼的人堵住了。王叔文固然武断，但会根据求职者的能力、素质适度推荐，有分寸且不接受礼金。王伾则狮子大开口，只要钱给到位便直接将求进者的名字写进推荐名单。买官的人见王伾这里容易成交，便如蝇逐臭，纷纷拥入他家。王伾收的钱太多，普通钱匣很快就装不下了，便搞来一个特大号的紫檀箱子装钱，夫妻俩怕财宝失窃晚上就睡在大柜上面……

王伾贪财之事，革新集团内部也心里有数，王叔文曾就此事数次点拨过王伾，但考虑他是通向皇帝的唯一途径，只能点到为止。本以为这事只在内部有所流传，没想到竟已成为街市上的公开谈资。柳宗元猜测必有人在背后做宣扬传播工作，但不论是谁，源头一定出自朝廷。他同时暗查了几条线索，其中一条比较清晰，直接的生事者是宣歙节度府巡官羊士谔。

据知情人反映，近日羊士谔奉命来长安公干，拜访了同年好友窦群。且说这窦群自从与武元衡双双遭贬，一直心存怨恨。这一日，恰逢羊士谔来访，更是把心中愤懑和对革新一党的主观成见全部倾倒出来。而羊士谔又是一个偏居一隅不懂政治喜欢卖弄的文人，一入京都即频频与一些文人、学子聚会，每在席间都是大谈朝中新政和相关人事。

在他的言辞里，王叔文是祸国殃民、万死不足以赎其罪的十足恶魔，王伾更是猥琐不堪的蛆虫。在渲染某人污秽的同时，更不忘将新政抹黑得一无是处。在传播这些舆论时，羊士谔充分发挥了自己的想象力和文采，一半有影一半杜撰，添枝加叶，大肆编派。特别是关于二王，他从二人江南老家一直讲到得势、弄权，绘声绘色，让人想不信都难。旁听者也不加分辨，将流言当奇闻逸事添油加醋继续传播。不过数日，原本京城百姓人人称道的有利舆论，竟一夜之间风向转变，贬损、指责之声日渐高涨。

柳宗元在犹豫，这些情况是否要报与王叔文知悉。羊士谔是窦群的同年好友，显然，羊士谔的信息和情绪直接来自窦群的策动。柳宗元为此事犹豫，是因为他知道这条线索虽在明处，但一定不是最主要的线索，如果暂且把这条线索压下，顺藤摸瓜很容易将更大、更阴险的线索挖掘出来。但此事到了这个程度，已经接近于不可控制，如果再不采取果断措施，恐怕革新派唯一可以依托的群众基础也将失去。敌对势力可以把百姓的舆论当作突破口，大举进行反击。考虑再三，他最后还是决定将事情报告给王叔文，以期尽快研究出妥善的应对策略。

果然不出柳宗元所料，王叔文听到这个情况后大为光火，立即命人将羊士谔拘捕下狱，欲要问斩。韦执谊闻讯大惊，立即去拜见王叔文。对于韦执谊的突然造访，王叔文早已猜出一二。一见面王叔文就语气愤怒地问道："如今京师流言漫天，韦相可知其详？"韦执谊故作镇静道："近日公务异常忙碌，宗仁不知。"

"市井传言，称本学士青云直上，羞于提说旧日弄臣贱职。又言王常侍广纳贿赂，贮于大柜，为防失窃，夜卧其上！至于藩镇，不只交结，还以钱易职，面谈价格……真是岂有此理！"王叔文越说越激动。

韦执谊淡淡一笑，和往常一样打起了太极，跟王叔文讲了一通成大事者不能和小人们斤斤计较之类的大道理。总之，绕来绕去他还是要坚持自己的看法，认为羊士谔讥讽新政之事闹得沸沸扬扬，满城皆知，如若因为一点流言蜚语就将其治罪，将在百姓心中引发更大的忧惧，无异于自毁形象，把舆论推向更不利于改革派的方向。他并没有提出什么具体的措施，只是反复强调要忍耐。

关于韦执谊的言行，王叔文早有怀疑。通过一段时间的观察，王叔文明显感觉到韦执谊在很多事情的处理上都与自己的意见相左。先前的刘辟，后来的窦群……还有，为了裁制藩镇势力，王叔文曾计议任命革新派成员房启为荆南节度使，也因韦执谊的阻挡而不能实现。没办法，只能让在荆南等待接任的房启改任为容管经略使。在王叔文看来，韦执谊无疑是一个表面参与革新却又不敢承受外部压力的投机分子。

对王叔文的怀疑，韦执谊应该也有察觉。为了打消疑虑，他曾经悄悄去王叔文府上，密谢叔文："不敢负约，欲共济国家事尔。"他要对王叔文表达的意思是，表面上的不顺应，并不代表实际上的不支持，他的心里并没有忘记共同革新的誓约。然而，王叔文清楚这一宗宗的对台戏唱下来，并没有将形势推向有利于革新派的方向，反而是一些重要的事情受到阻碍。那么，为什么要如此表演？这些表演究竟要给谁看呢？如今革新派已经在气势上显得很孤单无助了，难道你还要继续和稀泥充老好人不成？

王叔文越想越来气,最后说了一句很重的话:"韦相如此畏首畏尾,是想抛却革新大业而独善其身吗?你可记得富贵之所来?"

韦执谊闻听此言,立时脸色煞白,半天说不出话来。从此,王叔文与韦执谊之间的怨恨愈深。《顺宗实录》记云:"由是叔文始大恶执谊,往来二人门下者皆惧。"

七

这一天,柳宗元主导并起草的奏章,终于得到皇帝的批复。圣旨下来,赠故中州别驾陆贽为兵部尚书;赠故道州刺史阳城为左散骑常侍。两位含冤故去的正直之人,终于得到了应有的历史评价。如果在从前,柳宗元一定要找二三知己好好庆祝一番,但今天他却毫无兴致。就是这件事本身,拖了这么久才有个音讯,他都感觉有点莫名其妙,想象不出背后究竟藏有什么玄机。

回到家里,柳宗元始终闷闷不乐,夜已经很深了,他仍双目失神地抱着一本书不想就寝。

最近朝廷内外传来的各种信息和白天的一幕,让他感到革新派所面对的形势十分险恶,可谓危机四伏。如果说四月以来他就敏感地嗅到了某种危险、不祥的气息,那么现在这危险已经越来越逼近,仿佛伸手可及。由于之前他一直像陀螺一样被一件接一件的事务缠绕着,无暇思前想后。今天,已不由得他不好好梳理一下前前后后的事情了。无论成败,总要心里有个数才对。

改革就要触碰一些人的利益,柳宗元是知道的,也有充分的心理准备。所以,二月之初罢宫市和五坊小儿新政出台,在舆论上和一些事情上受到宦官集团的反击他们并没有在意，反而觉得这一棍子打下去，正着权宦七寸，打得准，打得好。之后的每一件政策落地，都会听到不同的声音，柳宗元不但没有感到惊恐，反而在心里庆祝革新政策的成功和胜利。即便韦皋事件提前暴露了革新集团的施政策略，他也没有感到多么意外，毕竟一些矛盾的公开化是迟早的事。然而，接下来的几件事情，却件件都在意料之外，就不能不让他感觉到形势的失控。并且，某些不祥之兆，就在他眼前，渐渐变得越来越清晰。

不祥之兆最早出现于国家的高层决策机构。在当朝的五位宰相中，只有韦执谊为新进之人，其余四位贾耽、杜佑、郑珣瑜和高郢都是顺宗继位之前就身居相位的元老。自从韦执谊进入中书省，未及行事，就先后有贾耽、郑珣瑜两位重望宰相因受不了王叔文和韦执谊频繁往来和对他们的"无礼"而告病归卧，显然他们对改革派是持反对态度的。不仅宰相群体，翰林学士群体的情况也大致相同，翰林学士五人，卫次公、郑细、李程、王涯和凌准，除凌准外其余四人对革新集团也都是冷眼相观。

为什么会这样呢？柳宗元扪心自问。按理说宦官专权和藩镇横行是尽人皆知的痼疾，除了既得利益者外，几乎每一个有点良知的官员都如鲠在喉。革新派在做什么事情，他们不是不知道，之所以不参与、不支持，一是可能不相信这么根深蒂固的弊端能够靠几个人的力量彻底解决，弄不好就是自取灭亡，明哲保身，他们才不想冒这个政治风险。二是看着这群年轻人在前台晃来晃去不顺眼，难道说满朝资历深厚的人都无所作为，就你们几个乳臭未干的新进者能？想来想去，柳宗元觉得，那些保守派元老，包括武元衡等人，绝不是个别现象。他们代表了一种根深蒂固的陈腐观念和力量。他们只喜欢被尊重、被服从，而不喜欢被忽视和被抢了风头。

这么一理，敌对势力就很清楚了，不仅宦官集团、藩镇势力，还有朝中的保守派和一些想被重用而不得重用的失意者。那么，除了这些人，朝廷上下还有谁会真正理解和支持革新派呢？是老百姓吗？老百姓从来都是一盘散沙，不明真相，人云亦云，并且永远被隔离在权力之外。是皇帝吗？一个有口难言、没有任何独立行为的人，病弱得连喘气的力量都快消失了，如何掌控这电闪雷鸣般的政治风云？说不准哪一天因为什么原因就会突然从这个世界上离奇消失。是朝廷那些有识而正义之士吗？他们是知道革新的必要，但这种要押上身家性命的事情，在无法预测结果时，谁有勇气和信念投身其中呢？那么，剩下的就只有革新派自己了，现在看这十几个根基不深手中没有多大权力的新人，论智力，论策动力，论心机和经验，如何与那些稳如泰山的权贵抗衡？只有理想，只有热情，只有不知危险的勇气就能成就大事吗？革新派中只有王叔文、王伾、韦执谊几个人还算有一些权力，但也拧不成一股绳了。王伾在埋头捞钱，韦执谊在首鼠两端盘算后路，仅一个王叔文像一头想冲出重围的困兽，在坚持，在吼叫，在战斗。

想到这里，柳宗元心里充满了悲哀，原来这个被人说成不可一世的团体，竟是如此外强中干，看似有深厚的民意基础，却原来是一捧流沙；看似有尚方宝剑可以依仗，却原来是一段枯枝；看似有一个坚强的体魄，却原来是个陈旧的塑像，早已处处裂痕，不堪一击。

此时，柳宗元考虑的并不是自身的安危，而是深深同情王叔文，这个团体里唯一值得敬重的主将。其实，几种势力集团的反击，从永贞元年（805）四月就已全面展开。到五月，基本有了结果。五月以来，面对革新集团每况愈下的外部环境，只有王叔文书生意气、直来直去、没有心机地顶着巨大压力，应对着方方面面极其复杂的局面。

五月，皇帝突然下诏提升王叔文为尚书省户部侍郎，同时免去其翰林学士。这是一个重大变化，表面看是官职提升了，实际上权力却明显被削弱。这无疑是一个明升暗削的策略。从此，王叔文无权进入内廷。一个需要随时与皇帝沟通情况的新政执行者，得王伾为他请求，才可三五天进一次翰林院，那不是开玩笑吗？谁有这么大的能量，能在皇帝面前把这件事扳过来？毫无疑问是以俱文珍为代表的那些宦官。他们之所以能够得逞，与皇上的神志、意志和对事情的掌控能力迅速衰减有直接关系。天平已经明显地从革新集团向宦官集团倾斜了，这是宦官集团的重大胜利。

紧接着，俱文珍等人对外暗通藩镇集团，对内联络卫次公、郑絪等人，内外施压，逼迫皇帝改变原来的想法，立广陵王李淳为太子。本来，顺宗担心李淳强势和工于心计，欲另有所立。可在宦官和旧臣的威逼下，没有行动能力的顺宗只能屈从了。当宦官与旧臣议立太子时，"叔文默不发议"，为什么默不发议呢？因为他当初将顺宗推上皇位时，就打着"立嫡以长"的旗号，现在轮到册立太子，他有什么理由再提出长子之外的人选？另一个原因是他心里很清楚，事已至此，说什么都没用了，之前他也不是没有努力过，但能在皇帝面前说上话的人，没有一个人肯帮他说话，皇帝已被人操控，放弃了初衷。册立太子的诏命一下，朝廷里很多人特别是那些宦官和元老都喜形于色，只有王叔文有忧色，不敢言其事，但吟杜甫题诸葛亮祠堂诗末句曰："出师未捷身先死，长使英雄泪满襟。"随即唏嘘涕下。这种孤独无助谁能理解，当然只有革新集团成员。失败者的无奈和感伤，在敌人那里，从来都是笑柄。

如果说，五月是革新派被人打脸的一个月，那么七月则是他们惨遭闷棍击顶的一个月。从六月开始，不幸的消息就接踵而至。

李淳被立为太子后，改名为李纯。李纯入主东宫后，王叔文仍没有放弃最后的努力，他将革新集团成员陆质安排到太子身边，做太子侍读，以潜伺上意，并想以其学识渗透、影响李纯，让他认同新政和支持新政。当陆质试图用自己的观点影响李纯时，却遭到太子怒斥："父皇让先生给我讲学，为什么你要说些别的？"太子的态度明确表达了他对革新以及革新派的敌意。受到惊吓的陆质只好惶惧而出，没多久就病亡了。陆质是吓死的，他原是一个精通经史和《春秋》的纯然书生，经过此事，切实觉知到了革新派大势已去。

在此之前，王叔文曾希望通过范希朝和韩泰接管神策军，夺取宦官的兵权来控制局面，但赶往奉天的韩泰突然回来向王叔文报告，接管神策军的计划完全失败。当范希朝和韩泰带着官印赶往奉天左右神策京西诸镇行营节度使府后，先后发出四道将令，命各部将领前来听宣圣旨，然而各部均无人至奉天听旨。最后，派出传令的几路人马竟也如失踪一般，不再回来复命。两个手握兵符印信的人，成了无一兵一卒可调的光杆司令。

显然，有人先下手为强，给他们唱了一个空城计。而暗中操控此事之人，正是俱文珍等兵权在握的宦官集团。在韩泰他们出发之前，各路将领就接到了来自大内的密令："无以兵权属人。"无奈，空手而归的韩泰只能哭丧着脸对王叔文说："无计可出！"当初，为防止走漏消息，王叔文等还特意采取了严格的保密措施。那么，究竟谁将这么重大的机密传递给了宦官？思及此处，柳宗元不禁打一个寒战，真是太可怕了。

然而，可怕的事情，何止于这一件。进入六月，以韦皋为代表的藩镇势力便开始向王叔文发难。先是"韦皋上表请皇太子监国，又上皇太子笺"。继而荆南节度使裴均、河东节度使严绶表续至，悉与皋同。接着，三节度使又联合上表要皇太子勾当军国政事。当此关键时刻，朝中的宦官俱文珍等，更是抓住时机与藩镇沆瀣一气，内外呼应，极力地促成此事。凡稍有一点智商的人，都明白请太子监国就是以李纯代替顺宗行使皇帝的权力。本就不能起身不能说话的皇帝，一旦被太子挡在身后，又与死人何异？被宦官推上太子之位的李纯已然与宦官集团站到了一驾战车之上，果真太子监国，不但之前谋划、推行的一系列新政将被全盘否定、推翻，所有革新派成员也将被实际上的新朝——驱逐。

七月二十八日，果然有皇帝诏传下来："朕承九圣之烈，荷万邦之重。顾以寡德，涉道未明，虔恭寅畏，惧不克荷。恐上坠祖宗之训，下贻卿士之忧，夙夜祇勤，如临渊谷，而积疾未复，至于经时，怡神保合，常所不暇。永惟四方之大，万务之殷，不躬不亲，虑有旷废。加以山陵有日，霖潦逾旬，是用儆于朕心，以答天戒。其军国政事，宜令皇太子勾当。"在惜字如金的唐朝皇宫，这份诏书无疑是一个长篇巨制。诏书从前到后述说了顺宗皇帝大病缠身、神志昏愦、无能为力，为了不耽误大唐的江山社稷特诏令太子出来理政。同一个诏书上还有朝廷新一轮官员的任命："以太常卿杜黄裳为门下侍郎，左金吾将军袁滋为中书侍郎，并同中书门下平章事；郑珣瑜为吏部尚书，高郢刑部尚书，并罢知政事。"

诏书颁发下来，革新派的人心情都降到了冰点以下，他们非常清楚内宫发生了什么。皇上的状态他们再熟悉不过，这么长的文字这么严密的逻辑，皇上听都不一定能明白说的是什么，更何况授意。他们都能猜到这份诏书出自何人之手，体现了哪一伙人的意愿。革新派的大势已去！柳宗元此时仿佛看到一双阴森的巨足正踏着震撼屋宇的节奏，一步步逼近自己。

八

对皇太子李纯来说，这是一个特殊的日子。这一天，云开日朗，暖阳初照，他开始在一群朝官的簇拥下，意气风发地来到麟德殿西亭，召见奏事官料理朝政。这对于革新集团也是一个特殊的日子，在长安城这座森严的大明宫里，他们再也看不到明亮的阳光，举头是浓重的黑云压顶，低头是不散的阴霾障目。

柳宗元在走进公署之前，特意去户部王叔文处点个卯，看这一天王侍郎是否还有什么事情需要特殊交代。柳宗元发现，一夜间王叔文似乎比以往更加消瘦和疲惫，想必昨晚他也和自己一样彻夜无眠。事到如今，还有什么需要做的呢？柳宗元想不出来，问王叔文也没有回答。只见王叔文手扶案几，面沉如水，似在深思，也似什么都没想。半晌对柳宗元说了一句："多小心，多保重吧！"柳宗元想安慰王叔文几句，一时竟不知从何说起。如今，该说的大家都心知肚明，无法预测的事情大家谁也不愿意说破。

"侍郎保重！"柳宗元告别王叔文默默回到自己的公署。作为低级官员的柳宗元，每天都有堆积如山的公务。如果不是随王叔文去商量一些有关朝廷新政的大事，就得回到案头，像写字机器一样，不掺杂任何个人的情绪、思想和意愿，不停地为礼部或比自己级别高一些的官员制作公文。他简单回顾一下最近一段时间起草的公文，有《礼部为百官上尊号表》《礼部为文武百寮请听政表第一表》《贺践祚表》《礼部贺立皇太子表》……一章章书表记录了近期朝廷的主要政治活动，也勾画出革新派由盛而衰的轨迹。每张书表都如一张充满嘲弄意味的面孔；每张书表都如一把割人不流血的刀子，让他的心因为疼痛而颤抖。

傍晚时分，突然有传信的人来报，弥留多日的王叔文之母病故。听到这个消息，柳宗元的心又是猛然一沉。他首先想到的是，此时的王叔文一定是五雷轰顶、忧心如焚，国事家愁一股脑砸向这个时运不济的人，也不知道他是否能承受得住。什么叫患难与共啊？不管怎么样，他要第一时间赶到王叔文府上，与他共同熬过一个难熬的夜晚。

当柳宗元赶到王叔文府上时，有王叔文家人将他接入灵堂，王叔文似乎已经流尽了眼泪，正和刘禹锡在母亲的灵柩前长跪不起，简单地和柳宗元打过招呼之后继续行长跪礼。柳宗元也不多说废话，悄悄地挨着王叔文跪下。他发现，平时那个精神焕发的王叔文已经消失了，在他旁边的这个人，已经形同枯木。是失去母亲的痛苦让他灵魂出窍，还是变革的失败让他锐气尽消？

此情此景，让柳宗元想到革新派这棵大树，在风雨飘摇的贞元之末孕育生根，在永贞的春天焕发生机，曾经那么葳蕤，然而只经过短短的一个夏天，它就先于自然的节气提前衰败了。皇帝这个树根朽了，王叔文这个树干枯了，他和刘禹锡等人如同失去了根基滋养、树干支撑的枝叶，很快也将随着凛冽的秋风而纷纷凋零。长跪在王叔文母亲灵柩前的柳宗元有那么一刻竟然神志恍惚，仿佛自己是一个待宰的罪人，正伸着颈项等待着那个无形的人手起刀落。

隔日，柳宗元一入朝就发现有一些低级别的官员在交头接耳讲一些事情，看到他走过立时停了下来。他悄悄叫来一个比较熟悉的下属，问到底发生了什么。手下人给他讲了发生在前一天的一件事情。

原来，王叔文母亲去世的消息暂时没有公开扩散，除了少数革新派核心人员知道，其他人还不知情。王叔文清楚，母亲病逝的消息一旦公开，他将立即按照丁忧制度离开官署，去职归家，守孝三年。进行了大半年的新政中途夭折，留下了一个很难收拾的烂摊子，就这么一走了之，必将遗患无穷。为了给自己争取一点时间处理后续事宜，他只能暂时把家中丧事交由管家料理，返回翰林院置办了一桌丰盛的筵席，请宫中诸内侍前来赴宴。

宴席即将开始，李忠言、俱文珍、刘光琦、薛盈珍等人陆续到来，一一坐定。王叔文首先向大家描述了皇帝的情况："天子刚刚在苑中射兔，骑马像飞一样。"他说这话的用意很明显，是让那些希望皇帝快点完蛋的人别抱有改朝换代的幻想。可是，当他说这些话时，俱文珍、刘光琦等人脸上却露出近于嘲讽的怪异表情，但并没有接言。

然后，王叔文进入主题对客人们说："我近来尽心竭力处理国家事务，从未推辞困难和那些得罪人的事，主要是想报答圣上的重用之恩。我母亲病重了，如果我一旦服丧离职，各种坏话可能都来了，谁肯帮我说句话呢？当初，羊士谔诽谤我，我想用杖刑杀死他，但因韦执谊懦弱而没成。我生平不认识刘辟，他就转达韦皋的意愿请求掌管三川，刘辟闯门求官，想抓住我的手，难道不是行凶者吗？我已令人打扫木场，将要杀他，韦执谊坚持不让。每次想到放走了这两个家伙，就让人不高兴。自从我掌管度支以后，可谓夙夜在公，兴利除弊，收利权以归中央，国用日足，当有目共睹……"

虽然此时讲这些并没有太大意义，但他说的确是实情，众人皆无语。只有俱文珍因探知王叔文母亲新故，他将即日去职，敢借助酒力驳斥他："无人可夺足下之功。况食君之禄，忠君之事，是分内所应为。学士既然是为国尽心，又何虑他人诽谤？"这时，又有和俱文珍同来的人小声揭穿王叔文："母亲死了，尸体已腐坏，还留在这里想干什么呢？"闻听此言，王叔文顿时明白，自己以及宫里的一切事情早就被宦官集团探听得一清二楚，有些事情甚至已经牢牢控制在他们手中。至此，他未免又是一声无奈的长叹。

朝官们传的正是昨天王叔文置酒宴请宦官的事情。众说纷纭，有人说王叔文已经向宦官们投降乞怜了；有人说王叔文留恋官位想隐瞒母亲逝世的事实；也有人说王叔文天真幼稚政治上不够成熟。柳宗元凭多年来对王叔文的了解，深知朝官们私下里说的这几点都属于不实妄断，远离事情本质。柳宗元觉得王叔文是清楚自己处境，也知道事情必然结局的，他不过是想在走投无路申诉无门的最后时刻为自己做一次辩白，他并不是对着恨不得将自己置于死地的敌手说话，他是在对着未来和历史说话。如果说他幼稚，那就是他还相信历史能铭记这七八个月的永贞革新，并给它的推动者一个客观的评价。

随即，王叔文将母亲丧事公开，以丁忧去职，守制尽孝，不再干政。革新之事成为一驾无辕之车，虽然暂时还没有瓦解，却不再因为几个散兵游勇的坚守而向前行进。

自从王叔文去职丁忧，他原来的职务悉被他人接替，昔日被他压制的宦官势力强力反弹，顷刻间，朝中气氛风声鹤唳，不管从舆论上还是人事方面的调整、变化，都能让革新派成员们感到杀气腾腾。革新派成员人人自危，不知道未来会发生什么，也不知道当下应该做些什么。有一些人彻底失去了信心，只是怀着灰暗的心情，消极地等待最后的结果。有些人则仍抱有侥幸心理，觉得太子李纯不是一个糊涂人，将来他登上皇位，也不会彻底废止这些利国利民的革新政策，他讨厌的只是王叔文个人，并不一定会把他们这些革新派成员怎么样。有人仍然坚决地追随王叔文，定期与他沟通情况，把希望寄托在王叔文丁忧过后的起复。

王叔文去职离朝之后，韦执谊在朝中噤若寒蝉，唯唯诺诺，对摆在眼前的事情，不敢参与任何观点和意见，一切听凭其他宰相发落。至于革新集团的事情，他就更是置之不理。本来与王叔文就有了很深的芥蒂，现在恨不得彻底和这些人划清界限摆脱干系。怎奈树欲静而风不止，他敏感地发现，尽管自己做出一派悔不当初和痛改前非的姿态，曾经的敌对势力仍然对他充满了敌意。以至于他每日里都担忧大祸将临，虽仍居相位，却经常心不自安，以致气息奄奄，甚至听到行人的脚步声，都会惊惶失色。

王伾平时虽是一个浑浑噩噩之人，但在关键时刻却敢于做最后一搏的努力。他心里最清楚，在所有朝臣里，只有他和顺宗皇帝关系最为亲密，他们的关系绝对超越了普通的主仆关系。他自信，只要皇帝还没有失去知觉，无论什么时候，都会信任他，对他的建议，也一定会依从。正是怀着这样的自信，他要赶在太子李纯登基之前做成一件事，给革新派的未来留一条出路。"叔文既居丧，伾日请中人及杜佑起叔文为宰相，且总北军，不许，又请以威远军使同中书门下平章事，复不可。"王伾一日连上三表，为王叔文请职，都被宦官阻拦。原来常守候在皇帝身边的李忠言已神秘消失了，美人牛昭容亦不知所终，皇帝在不在寝宫，处于什么状态不得而知。王伾知道，从此再说什么话顺宗也听不到了，再上什么表顺宗也看不到了。世界不再是原来的世界，朝廷也不再是原来的朝廷，一切都已一去不复返。他一时惊惶不已，风疾突发，顺势归宅，卧病不起。

柳宗元的头脑是冷静、清晰的。他既没有认为未来朝廷新贵会因自己有才干而不计前嫌放自己一马，更不敢对王叔文的起复抱有期待。他素知太子李纯一向对王叔文敌意最大。其中缘由可能很多、很复杂，最主要的原因有两点：一个是因为性情，王叔文和李纯性格类似，都是很强势的那种，这在心理上最容易发生冲撞，更何况两人在二十几年的交往中从来没有并肩而立过；二是王叔文一向和皇上李诵保持高度一致，不太希望李纯当太子，更不希望他有朝一日执掌朝政，所以他们在私下里常常议论和考虑让李诵的其他儿子任太子，在册立李纯的过程中王叔文的态度是非常明确的，一直百般阻挠。所以，只要李纯渐渐掌握朝政大权，必会将王叔文一棍子打入深渊，百罪加身。何况现在李纯已经掌握了朝权，依他的性格，绝不会让革新派这伙人有什么翻身、出头之日。

在革新派同人里，柳宗元自认为是最理解和佩服王叔文的，所以柳宗元为革新派做事时，也是最活跃最卖力气的一个。眼看着心中的英雄在残酷斗争中一步步败北，他心中倍感凄凉。他想，是否还能为这场轰轰烈烈的变革做点什么。想来想去，只是兀自地摇了摇头，他发现，现在连做事的机会都没有了，什么也做不成了。

他突然想起王叔文前几天嘱托他为亡母写一篇志文。也许这是他现在能做到和能做好的唯一一件事情了。柳宗元沉思良久，思绪万千，最后以笔蘸墨，开始了他的以文抒怀，不到一个时辰，《户部侍郎王君先太夫人河间刘氏志文》浮现在纸上：

    ……夫人生二子：长曰彝伦，举五经，早夭；少曰叔文，坚明直亮，有文武之用。贞元中待诏禁中，以道合于储后，凡十有八载，献可替否，有匡弼调护之勤。先帝弃万姓，嗣皇承大位。公居禁中，讦谟定命，有扶翼经纬之绩，由苏州司功参军为起居舍人、翰林学士。将明出纳，有弥纶通变之劳，副经邦阜财之职。加户部侍郎，赐紫金鱼袋。重轻开塞，有和钧肃给之效。内赞谟画，不废其位，凡执事十四旬有六日。利安之道，将施于人……

这篇志文虽然歌颂的是刘氏老太太，却意在描画一个真实的王叔文，给不了解朝廷党争真相的人们提供另一个观察、评价王叔文和永贞革新的视角。

永贞元年（805）八月初四日，浓云密布的长安城，终于响起了一声闷雷。有诏从皇宫里下来：

> 惟皇天佑命烈祖，诞受方国，九圣储祉，万邦咸休。肆予一人，获缵丕业，严恭守位，不遑暇逸。而天佑不降，疾恙无瘳，将何以奉宗庙之灵，展郊禋之礼！畴咨庶尹，对越上玄，内愧于朕心，上畏于天命。夙夜祇栗，深惟永图。一日万机，不可以久旷；天工人代，不可以久违。皇太子纯睿哲温文，宽和仁惠，孝友之德，爱敬之诚，通乎神明，格于上下。是用法皇王至公之道，遵父子传归之制，付之重器，以抚兆人。必能宣祖宗之重光，荷天地之休命，奉若成宪，永绥四方。宜令皇太子即皇帝位，朕称太上皇，居兴庆宫，制称诰。

紧接着又有一道诰令下来，还是以顺宗的名义：

> 有天下传归于子，前王之制也。钦若大典，斯为至公，式扬耿光，用体文德。朕获奉宗庙，临御万方，降疾不瘳，庶政多阙。乃命元子，代予守邦，爰以令辰，光膺册礼，宜以今月九日册皇帝于宣政殿。国有大命，恩俾惟新，宜因纪元之庆，用覃在宥之泽。宜改贞元二十一年为永贞元年。自贞元二十一年八月五日已前，天下死罪降从流，流以下递减一等。

同时，诰立良娣王氏为太上皇后，良媛董氏为太上皇德妃。贬右散骑常侍王伾为开州司马，户部侍郎、度支盐铁转运使王叔文为渝州司户。

诏书一下，柳宗元就和刘禹锡碰了面。四目相对，眼中只有悲哀，他们知道革新派的至暗时刻终于来临。这第一个浪头打来，已经把革新运动的根子彻底铲除了。皇帝的心、口和大印都落在了敌人手中，他们再也发不出任何声音。革新派两个最核心人物一次性被驱逐出朝廷，远贬他乡。接下来会发生什么，他们还不得而知，但一定会发生的，只是时间没到。无形的箭矢已离弦，只是到自己的喉咙还有一段尚不确定的距离。

八月九日，李纯如期按照内禅计划登上大唐皇帝之位，大赦天下，普天同庆，史称唐宪宗。

九月十三日，新帝下诏，贬礼部员外郎柳宗元为邵州刺史，贬屯田员外郎刘禹锡为连州刺史，贬神策行军司马韩泰为抚州刺史，贬司封郎中韩晔为池州刺史。其余众人，俱贬为边远下州刺史。当柳宗元怀着屈辱的心情与遭贬众人一起跪地谢恩，感谢这一等待许久的利剑终于插入自己的胸膛，他还不知道就在他的背后，还有另一支带着愤怒和仇恨之火的箭矢，仍行走在路上。

诏令一下，刻不容缓，柳宗元需要和所有遭贬之人尽快赶赴贬所。当他们黯然离开朝廷，走在长安街头，这座他们曾经为之抛洒过激情和汗水、寄予过厚望的都市，正沉浸在改朝换代的欢乐之中，新朝权贵们弹冠相庆，街上的百姓们热烈欢呼。

第五章 贬途惊梦

一

九月的长安烈日高悬，骄阳如抡圆的火绳，绵绵密密地抽打着干裂的大地和大地上行走的人们。一个由骑马者、骑驴者和独马小车组成的混编队伍，急匆匆出了长安安化门，直奔东南大路迤逦前行。车轮和牲畜蹚起的烟尘让这个队伍看上去如行走在一片浓雾之中。远处站着很多指指点点的人，他们在说些什么，裹在烟尘里的人听不到。同样，裹在烟尘里的人们，是怎样的表情，发出怎样的声音，远观的人们也无从知晓。

柳宗元骑着马走在队伍的尾端，遥望一眼队伍前端母亲乘坐的那辆小车，一时判断不出自己心中是悲、是痛，还是悲痛交加。他记得十八年前送父亲去贬地夔州，父亲对他说的一句话："吾目无涕！"此刻他的眼里也没有一滴泪水。不但没有泪水，甚至因恍惚、麻木感受不到悲伤:"我为什么会和老母、亲友们走在这条陌生的路上?"他的脑子一片空白,他很想在这段似乎没有尽头的路上回想、梳理一些事情,但就是做不到。昏昏欲睡的感觉,甚至让他无法确认自己究竟是行走在梦境之中还是梦境之外。

他抬头看了一眼渐渐西斜的太阳,知道时辰应该在申酉之间,却不知道应该是哪一年。是贞元二十一年、永贞元年还是其他什么年号?在他的感觉里,贞元和永贞都已结束,但新的年号是什么,他怎么也想不起来,是已经有了他不知道,还是正在酝酿之中?这一年发生的事情太多了,不但壅塞了他的记忆,似乎也壅塞了时间的隧道。在人事与世事的快速交叉、更迭中,夹杂了太多难以厘清的风云变幻以及它们之间的因果、逻辑关系,让他的思维像被杂草、污泥卡住的车轮一样,懒得转动,也无力转动。

他只能确定一点,今天的路是诸多人物、事件交锋、交错所形成的最后结果。他也明白,他正在走父亲多年之前曾经走过的路,这是一件令人悲伤、痛恨的事情,也是应当用泪水或其他方式予以表达、宣泄的事情。但他眼中却没有泪水,可以以歌当哭吧?从小就擅长文章诗赋的他突然发现,竟连这个能力也已失去。

清晨,接到新皇圣旨时,他还是清醒的,没有如此这般的恍惚。这样的结果,他在此前就预想过很多遍,也有一定的心理准备,不就是贬黜离朝吗!从古至今这样的事情在哪朝哪代还不是家常便饭?但事情如此迅猛而至,还是超出了他的预想。现实发生的一切完全不是他想象的那个样子,因为偏差巨大,事前所有的预想都如同没有预想。当他回到家中怀着凄惶的心情向年已六十七岁的老母禀告被贬之事,老母的反应和决定,竟如五味攻心,让他一下子进入了神情恍惚的状态。

面见母亲之前,虽有官差在身后催促,柳宗元还是在母亲门前徘徊良久。他心里清楚，以此等不幸之事打击年迈的母亲，让母亲哀伤悲痛，不就是为人之子的大不孝吗？可事已至此，不如实相告又能怎样呢？大祸从天而降，无处可躲、不可回避，只能硬着头皮，硬着心肝，匍匐于地对老母陈述实情。

作为家里的独子，不但承载着一个家族的希望，更是寄托了母亲全部的情感和心血。母子连心啊！在毫无铺垫的情况下，将巨大的打击直接传递给年迈的母亲，未及开口柳宗元的心已疼痛不已。他一边陈述一边用眼睛瞄着母亲，唯恐母亲因为承受不住打击而发生什么意外。让他震惊的是，母亲表情平和，没有流露出一丝激烈的情绪，虽然有泪水在眼睛里打转，但并没有落下来。许久，母亲对他说了一句话："儿往何处，母随何处，余生将与吾儿相伴！"母亲此言一出，泪水顿时从柳宗元的眼中涌流下来。

诰命如山，刻不容缓。唐朝旧制对贬臣如同囚犯，没有一点情面与时限的通融。极端时，遭贬官员从朝堂下来，连家都不能回，就被押解出城向贬地奔行。"自朝受责驰驿出城，不得归宅。"当然，遭贬家眷也不得继续留在京城，要即刻起身星夜随行。至中唐，或可宽松一点，但仍是十分严厉。被贬当日，柳宗元也是急匆匆归家，急匆匆上路，不敢有半点耽搁。

柳母卢氏本来就是一个知书达理的知性女人，一向熟悉朝廷的规矩、礼仪，更何况生逢乱世，大起大落，经历的家事、国事无数，早就不为一些世事无常而大惊小怪或不能承受。母亲的从容淡定，多少还是给柳宗元一些心灵上的安慰，准确地说，减轻了他的心理压力。由于老太太和柳宗元一直是家族核心，具有很强的亲和力、凝聚力，堂弟宗直、宗一和表弟卢遵都与他们一起生活。遇事，众人责无旁贷，挺身而出，迅速替柳宗元将家中一应事务处理停当。当此危难时刻，除了一些必要的行李和财物，一切都无法携带，什么"城西有数顷田，树果数百株"，什么"善和里旧宅的赐书三千卷"，都只能抛于脑后，暂时留在长安，甚至家中的一些仆婢、下人，于情于理，于资财实力，都只能就地遣散。此一去背井离乡、前途未卜，连主人的生活、性命都难保全，何苦要拉一些下人陪绑。

最让柳宗元感到棘手的，是尚没有公开身份的小女儿和娘。这孩子是柳宗元的一个难言之隐。当初，妻子杨氏嫁过来时，有一"贴身丫环"陪嫁过来。由于杨氏患有先天脚疾，行走不便，此女从小就陪在杨氏身边，照顾她的起居。巧在此女和温柔、孝顺的杨氏一样，容颜秀美、温柔善良。两人经朝夕相处、耳濡目染、无话不谈，遂结下姐妹般的深厚情谊。

贞元十五年（799），贤惠的杨氏因病垂危，临终，将身后之事悉数托付此女。最重要的一项就是托其帮忙照顾深爱的丈夫——为其分忧、随其打理、替其传宗——以尽自己未尽的职责和义务。杨氏的离去，让柳宗元很长一段时间都无法走出失落、孤苦的情感阴影。而此女却以不亚于杨氏的善解人意和温柔体贴给柳宗元以情感上的抚慰和生活上的照料。"人非草木，孰能无情！"经过一段时间的身心调适，柳宗元与此女的关系自然而然亲密起来，于贞元十七年（801）生下和娘。

且说这和娘也是天生的古怪精灵，小小人儿竟能揣测成人心思，说出许多让人意想不到的"大人话"，乖巧、懂事得让人怜爱、心疼。每天柳宗元下朝到家，都要把和娘抱在怀里亲热一阵子，听听从那张小嘴里说出的一些体己话。对于这个孩子，柳宗元的感情是十分复杂的。一方面喜爱得不忍放手，一方面还觉得对这个孩子亏欠太多。在那个等级森严的朝代，人们十分看重门第与地位等级，讲究"色类须同"。

当时的社会将人按照身份分为四种：贵人（官吏）、良人（农、工、商贾、白丁）、贱人（杂户、官户、部曲、客女）、奴隶。这些不同阶层的嫁娶，除了同一个阶层的人可以互相通婚外，其他的必须按照"人各有偶，色类须同。良贱既殊，何宜婚配"的律法规定来通婚。如果是一个士族出身的男子，只能娶贵人出身的女子为妻，只能娶良人出身的女子为妾。如果是出身更加卑贱的奴婢之流（贱人、奴隶出身的女子）连做小妾的资格都没有。一旦有违规越级婚配的，或"贵人"娶了"贱人"，或"贱人"娶了"贵人"都要判罚一年半的徒刑。和娘的母亲正是身份卑微的"丫环"，属于奴婢。这些年，因为和娘母亲出身的关系，柳宗元一直没敢公开他与和娘之间的父女关系，唯恐反对派抓住自己风纪方面的把柄加以攻击。按例，在遣散家奴时，应该将和娘同她母亲一起留在长安，免得让她小小的年纪就过起流放南夷的艰苦生活。怎奈柳宗元和母亲实在舍不得这个乖巧的孩子。尤其是母亲卢氏，已届残烛之年，陪儿流徙，去蛮荒之地过着无趣无望的艰苦生活，竟连这一点能握在手中的弄孙之乐也剥夺了去，可让她老人家怎么熬过那艰苦的日子啊！最后还是和娘的母亲孝顺贤惠深明大义，忍痛让老母将和娘带走。

太阳就要落山，在马上颠簸了大半日的柳宗元逐渐恢复了镇定，感觉有疲倦和困意一阵阵袭来。他想起了坐在马车上的老母与女儿。平日里她们从来没有任何体力上的锻炼，突然坐上了这驾剧烈颠簸的木板马车，何异于身受酷刑！想到此，他使劲打马向队伍的前边跑去。

尽管亲友们考虑得比较周到，将一些被褥和衣物垫在和娘和她奶奶的身下，但车行在凹凸不平的土路上，已将两个人颠簸得不成样子。老母华发凌乱，在秋风里无序飞扬。老母像重病的人一样微闭着双眼。和娘则小脸上落满了灰尘，之前显然哭泣过，脸颊上还留着两道泪痕。眼前的情景让柳宗元既难过又愤怒。他既怨恨自己，也怨恨自己之外某一个无形的人。自己获罪倒也罢了，为什么要连累这无辜的祖孙二人？看看天色已晚，他继续打马前行，追上了走在队伍最前边的押吏，想和他商量一下能否在就近的驿站停下，让老母和幼女安歇，明日再行。

按级别，队前的押吏要比柳宗元的官级低很多。尽管柳宗元被贬出朝廷，怎么说邵州刺史也是当朝的四品官员，一个年轻的押吏也许还未入品级。但在这个怪异的赴任途中，却俨然刺史是小吏，押吏是长官。一路上，押吏们说起话来，总是免不了趾高气扬："刺史难道忘记了朝廷的律条吗？"只这一句，就把柳宗元问得无言以对。曾经做过几年监察御史里行的他，当时干的正是纪律监察的活儿，怎能不熟悉大唐的规矩？一提"律条"二字，那些令人心惊胆战的文字立即浮现在他眼前："左降官量情状稍重者，日驰十驿以上赴任，流人押领，纲典画时，递相分付，如更因循，所由官当别有处分……"

也就是说，一个获罪较重的贬官，要由官差押送着，一天奔驰十个驿站。每到一站，都得按规定打卡画押，站站如此。做不到或违反了规定，还得受到额外的处罚。那么唐代的一驿是多远呢？《大唐大典》卷五《尚书兵部·驾部郎中》说："凡三十里一驿。"也就是正常的平路约十五公里设一个驿站，如果是十分难行的山路也有约十公里一个驿站的。在一些偏远地区，驿与驿之间相隔则有可能达上百里之遥。凭借当时的交通工具，正常一天的行程是："乘传者日四驿，乘驿者六驿。""马日七十里，步及驴五十里，车三十里。水行之程：舟之重者，溯河日三十里，江四十里，余水四十五里；空舟溯河四十里，江五十里，余水六十里；沿流之舟则轻重同制，河日一百五十里，江一百里，余水七十里。"乘传是指驿站用四匹下等马拉的车，乘驿应是驿站四匹好马拉的车。这样算下来，柳宗元这个队伍每天正常只有走两三驿计二十五公里至三十公里的能力，却要强行走十驿百余公里，超出正常行走能力的四五倍。拉家带口、扶老携幼，要如何赶足这规定的路程呢？看来只能像所有获罪遭贬的官员一样"星夜奔驰"了。柳宗元独自坐在马背上黯然伤神，叹气摇头。

记得开元年间玄宗朝曾任宰相的张九龄也曾获罪被贬荆州，他在写给皇帝的《荆州谢上表》里说："闻命皇怖，魂胆飞越，即日戒路，星夜奔驰。"看来唐代历来对贬臣都十分严酷，难怪留下了那么多关于贬臣迁徙途中的诗句："皇门诏下促收捕""受命不得须臾留""身着青衫骑恶马，中门之外无送者。邮夫防吏急喧驱，往往惊堕马蹄下"。人落到这个境地，还有什么条件可讲的呢？横竖就只能豁出这十几条命，在到达贬地之前，剩下了的就算赚的，剩不下也是命运，认也得认，不认也得认。

仁慈的夜晚终于降临了。夜晚以黑暗清除了白日的酷热，也将白日里不忍目睹和不堪忍受的一切掩埋在黑暗之中。没有飞扬的尘土，没有扰人心境的愁容和泪水，甚至没有难以忍受的肢体疼痛和困倦，就连人们吆喝牲口的声音似乎也变得轻柔和遥远。仿佛魂飞魄散，进入了一种虚幻之境。置身梦幻之夜的一行人，在梦幻中行走。

二

过商洛之后，即入汉水，众人开始改为舟行。当亲友们将老太太扶下车时，她已经被颠簸得几乎难以正常行走了。柳宗元心中的愧疚无以复加，万千话语在内心翻涌，却无力向母亲说出一句，与母亲所经受的磨难相比，什么话说出来都是苍白的。他只能默默扶着母亲，一步步缓慢前移。终于快到江边了，他望一眼靠在河边的那艘大船，长舒了一口气，果然是苍天不灭困苦人啊！如果不是江南水系发达水路较多，怕老母不等到邵州就已被折磨得丢了性命。

值得庆幸的是，这一路一直是陆路和水路交替进行，遇路乘车，马上就被颠簸得无法承受时，前方又出现了水路，然后便可遇水乘船。船在水路平稳行进，稍可减轻一些颠簸之苦。一行人在途中经过近一个月的折腾俱已疲惫不堪，只要有一个安稳处，即可以小憩片刻，是所谓物极必反吧！过于疲惫反而获得了快速消除疲惫的能力。

算算路程，差不多走过了大半，再有半月即可到达邵州。过去的都已经过去，再如何纠结也不可能重新开始。这段时间，柳宗元一直在努力摆脱旧事的阴影，设想着进入邵州之后的情形以及如何在当地施展济世弘道的才能。这样想来，大可不必过于悲观，尽管邵州是属于边远的下州，毕竟还有一方实现施政理念的舞台。舞台再小也是舞台，何不随遇而安把邵州当作试验田，借以检验一下自己的治世之道？

柳宗元站在船头临风远眺。水天相接的远方，乌云正在散去，一条明亮、纤细的天际线正在一点点展开，天空的蔚蓝之色逐渐显露出来。那片晴空的下边，也许正是自己要去的邵州，他需要在心里为那个陌生的地方勾勒出一个大概的轮廓。

邵州，古称邵亭或邵郡，至唐朝改为邵州，辖长平、清廉、白水、西太平四县。朝廷之所以会把这样一个地方分配给他，是因为这里虽然设制立州，却仍属于蛮荒之地，人口稀少，资源匮乏，四县总户数加在一起，还不如长安近郊的一个县多。对于朝廷来说，有它不多，没它不少，放一个获罪之臣过去，倘若真能够戴罪立功，将其治理得井井有条，变蛮荒为文明，变贫瘠为繁荣，则偏得一隅，自然很好。假如那罪臣是一个庸碌之辈，毫无建树，正好借助这恶劣的环境好好整治他一下，顺便让他先把那个谁也不愿意要的位子替朝廷占着，权当舍出一个有名无实的官职雇一个更夫，免得此地悄无声息地落入外族人手中。柳宗元把这个四品下的官职放在手上掂了又掂，知道它确切的分量，但他还是对其寄予了一线希望。

经过一路的朝夕相处，两个押吏和柳宗元一家渐渐熟悉起来，对一家人多有理解与同情，在情感上和事实上默认了一路同舟共济的关系。这日傍晚，柳家众人到达了荆门驿站，由于连续的鞍马劳顿，两个押吏也被折腾得精疲力尽，本来这一天还应该向前赶一个驿站，看看天色不早，便决定就地休息了。

这些天，柳宗元的状况稍有好转，过往的事情虽然还难免萦绕心头，但内心的痛苦不再难以接受，人不再如之前那样常常陷入不自觉的深思而显得神情恍惚，也不再经常失眠或夜半惊起。他在鞍马劳顿中渐渐地放松了精神，放下了一些难以放下的执念。接下来的反应便是身体倦怠，多眠多梦。

吃过简单的餐饭，安顿好母亲与女儿，柳宗元靠在驿站的简易床榻上，很快就睡了过去。蒙眬中门扉骤启，自门外闪进来一个身着黄色衣裙的女子，还未及看清女子面容，她已经长发掩面跪倒在柳宗元床前。一边伏地叩首一边向柳宗元哭诉，声音柔弱，楚楚可怜："我本是楚水之女，不幸遭遇劫难，命悬一线，且夕之间命不保矣！非柳君无人能救我命，所以特来相求。如果您能伸出援手救我一命，日后定当全力报答。不仅限于感恩戴德，我可以动用冥冥之功，保君为将为相。希望柳君勿忘此事，明日定来相救。"这是人命关天的大事啊，怎能无动于衷见死不救呢？柳宗元满口答应，女子叩谢之后转瞬即逝。柳宗元一惊而醒，原来竟是一个怪异的梦。

柳宗元一向不信诡异之事，虽然内心疑惑，但并不以为意。恍惚片刻，再一次进入梦乡。谁知一闭眼，又见那女子伏地而拜，还是重复了前次所说的话，并一再祈求拜谢，久久不肯离去。柳宗元再次醒来，已有曙色临窗。坐在床上玩味昨夜的梦境，正不知其寓意，忽有小吏来敲门禀报，说荆门之帅久仰柳宗元的才气和文名，特为他设宴，请一行人过府一叙。

柳宗元当即应允，本想即刻起身前往，看看天色太早，囿于礼仪，还是没有起身，只能再次躺回床上假寐。刚一合眼，又见那女子进门，但这一次却不似之前那般从容不迫，而是满面忧愁、凄惶，说话的语气急切而又哀婉："某家之命已如风中败缕，危危将断，转眼就要不复存在了，而柳君却不以此事为念，仍在不慌不忙地睡大觉，再不动身那风中的败缕即刻断裂，我将一命呜呼也！还望君子话符前言，即伸援手。"言毕，再次伏地叩首，掷地有声，声声带血。

女子一去，柳宗元便又一次从梦中惊醒，终有所悟："我一晚连续梦到自称楚水之女的黄衣女三次，其情景之清晰，其言辞之恳切，莫非真有我所不知的灵怪之事？莫非那女子真是楚水里的一条鱼，误入罗网而被官家买来为我待宰备宴？果真如此，确实是我的事情！"

于是柳宗元即刻起身去面见荆帅，见面后马上将三次梦到妇人的事情如实相告。荆帅迅即将手下办事的官吏叫来询问此事。官吏回答说："前一日，打鱼人撒网捕获了一条巨大的黄鳞鱼，正好被我们买来准备在今天宴席上食用，这不，刚刚把鱼头砍断。"柳宗元听后大惊曰："果其夕之梦。"这鱼还怎么吃呢？遂命小吏将鱼抬着投入江中，然而，那鱼已死，不能复活了。

宴席结束后，柳宗元怀着沉郁的心情回到驿舍，早早地和衣而卧，不料那个黄衣女再次入梦，只是，这一次她已经没有了头颅，相当于一个站立行走的无头尸，虽然可发出呜咽之声，但已无人语。柳宗元在惊悚中醒来，满身大汗淋漓。这一晚，他彻底失眠了，满脑子翻腾的都是关于命运、天意和人愿的事情。围绕自己三十三岁的人生反反复复地做了很多种"倘若……或可……"的推演，最后又一一予以推翻、否定。他还是认为人生并没有偶然，也许就连那似是而非的梦境，都是命运中不可更改的一个环节。关于那些玄幻之事，信与不信又有什么差异呢？人终究只能按照人的规则行事，那叫有常，而人们愿望之外的遭遇或结果，又总是无常，与其在每一个结果显现后沮丧、懊悔，不如心平气和地接受。如果真有天意之说，那么又有谁能够逆转呢？想到这里，柳宗元长长地叹了一口气，开始起身打点行囊，准备立即离开这个是非之地。

柳宗元携家人离开荆门时，他的心还在不安中七上八下。队伍按往常的速度向前行进，他却觉得有一些缓慢，一反常态地希望队伍能走得更快一些，仿佛有什么东西需要他尽快远离或彻底摆脱。是什么他不知道，但觉得后背一阵阵地发凉。他下意识挥起马鞭，重重抽打在马的后鞯上。马儿向前蹿去，他顿觉轻松了很多。

正当他要长长地吐出一口气的时候，后边传来了由远及近的叫喊声和急急的马蹄声。押吏立即叫停了前行的队伍。原来是两个从京城星夜赶来的钦差，要追着柳宗元传达一份诰书。有圣旨传来，不管是好消息还是坏消息，一队男女老小都需要跪下来接旨，听候一纸文书的发落。在钦差展开诰书宣读之前，谁也猜不到具体是什么内容。只在一瞬间，柳宗元的头脑里就有了不下五种猜测，但每一种猜测的内容都模糊不清，确切地说，就是一片混乱。他希望是好消息，但又不敢往好处想；他害怕是坏消息，却又不愿意往坏处想，索性就暂时让头脑混沌着，索性就等待钦差一字一句地宣读吧！那几秒钟的时间间隙，竟然不亚于一日的煎熬。

当钦差展开诰书开始宣读时，柳宗元只感觉到一个尖锐的声音如锥，在耳中刺入刺出。诰书的开头和结尾是什么，直到多年之后，柳宗元也没有回忆起来。而诰书的主体内容，他一直想从记忆里剔除，却始终难以剔除，并常常会在毫无征兆的情况下，鸣响于耳畔。每响一次，他的心就会因为疼痛而剧烈地紧缩、颤抖一次。他无数次告诉自己那不是真的，但又无数次无可奈何地确认，那就是事实。

"……正议大夫、中书侍郎、平章事韦执谊为崖州司马；抚州刺史韩泰为虔州司马；河中少尹陈谏为台州司马；邵州刺史柳宗元为永州司马；连州刺史刘禹锡为朗州司马；池州刺史韩晔为饶州司马；和州刺史凌准为连州司马；岳州刺史程异为郴州司马……"历史上的"八司马"事件，就在那一天正式浮出水面。作为一个瞬间由刺史变为远州司马的人，柳宗元只能一边捂住流血的伤口，一边言不由衷地谢恩。

宣旨离去的差人已经打马远去了，柳宗元还是呆呆地站在原地，面色铁青，冷汗从脸颊上直往下流。这一身冷汗是他的理智和情感、情绪激烈争斗的结果，也是他桀骜不驯的灵魂与士族理念相互较力的结果。他感觉到自己很像一个落水之人，还没来得及爬上岸，又有一块石头朝头上砸来，眼前一黑，便又沉入了更深更冰冷的水中。并不是有多么痛苦，就是觉得浑身上下没有一点力气，心里和眼前一片迷茫，不知道站起身来以后，应该朝哪个方向走。

许久，柳宗元想起母亲、女儿和众亲友都在那里看着自己。不就是从四品下的官职再贬至六品上吗？不就是从一个下州的主官变成了下下州的低级副职吗？仍然是朝廷里在册的官员，总不是什么灭顶之灾。留得青山在，不怕没柴烧，只要这一息尚存，总还有春风再度的希望。已是被贬之人，还在意一贬再贬吗？

"走，继续往前走，改道永州！"柳宗元不知这句话是对谁说的，是对自己，是对押吏，还是对众亲友。总之因为他这句声音不大的话，整个队伍似乎又有了新的方向。众人虽依然沉默无语，但毕竟还是活着的、走动着的。在这个吉凶未卜的旅途上，每一个人都活着，都好好地活着，难道不是一件值得庆幸的事情吗？

比起邵州，永州的路途更加遥远、更加荒芜、更加难行。既然天命难违，君命也难违，除了顺应和接受还有其他选择吗？也许只有如此才能让自己的身心从徒劳的抵抗之痛中解脱出来。横竖已经走上了流徙的长途，八百里和一千里、蛮荒与愈加蛮荒又有什么本质上的差异呢？

三

转眼间，季节进入初冬，草木泛黄，一些阔叶树木的叶子已经落尽；即便是一些常绿的树木，此时的绿也不再有什么生机，全然是一派委颓、黯淡的气色。

过荆门再向前仍需走很长一段水路。先过洞庭湖，而后入湘江，大水连小水，秋雨接清霜。进入湘江河口，船需要逆水行进。行船固然只是船工的事情，不用乘船人操心费力，但欲进还退、异常迟缓的艰难之状让心绪一直低沉的柳宗元感到更加郁结和愁闷。适在此时，忽有北风突起，眼前天象大变：黑云翻滚，越压越低，江风吹拂桅杆发出断续的哀号，白浪拍打船舷传来声声怒吼，江岸的山岗上声声猿啼如泣如诉……

自然天象与人的情绪在天水之间产生了强烈的共振，此情此景，让柳宗元不由自主地联想起黯淡的前途和命运："势危疑而多诈兮，逢天地之否隔。欲图退而保己兮，悼乖期乎曩昔。欲操术以致忠兮，众呀然而互吓。进与退吾无归兮，甘脂润乎鼎镬。"——形势如此严峻，到处都是阴险之人，天地相隔如此之远，没有办法连接起来。想要隐退来保全自己，又不愿意背离曾有的愿望。想要尽自己的能力奉献一片忠心，又有很多人挡住了前进的道路。进退之路都被封锁了，便只能做人家鼎镬中的食物。

在这呼天不应、唤地无语的旷野，柳宗元不知是应该如风一样哀号，还是如浪一样怒啸。只能将内心的惊涛骇浪诉诸只有自己才能听得真切的心声："漂遥逐其诇止兮，逝莫属余之形魂。攒峦奔以纡委兮，束汹涌之崩湍。畔尺进而寻退兮，荡回汩乎沦涟。际穷冬而止居兮，羁累梦以萦缠。"翻译过来就是："我四处漂流着不知道会在哪里停下来，不知道哪里又会是我身体和灵魂的归宿。"

是的，这一切的云水翻腾都只在柳宗元的内心里进行，在随风浪左右摇摆的船舷之上，柳宗元伫立若一尊雕像，脸上显露不出任何悲喜，平静如水。这一路的贬谪之途，柳宗元从未停止深刻的自我反思，他为自己以往在政治上和性情上的不成熟、天真幼稚、锋芒毕露、喜怒于色而感到深深的懊悔。他决意从此严修己身，将一切情感、情绪和想法深藏于内心，不再轻易表露。当此之时，自己的人生之路还不到半程，作为家庭中的支柱，一个需要顶天立地的男人，身在逆境，更要多一分沉稳与刚毅，不能让亲人失望，更不能让外人看低、看扁，要挺起脊梁，支撑住，否则，天可就真的塌了。

溯湘江上行不远，就到了汇入湘江的汨罗江口。千年之前，伟大诗人屈原在这条大江里以身殉国。当柳宗元的船行至此处，他要求队伍暂时停下，他要登岸过到江口那边凭吊屈原这位伟大的爱国诗人。

面对猎猎长风和滔滔大江，柳宗元的思绪一下子变得活跃起来，仿佛一下子飞越了时间的长廊，瞬时抵达千年之前的古楚国。那个枯槁瘦弱却傲骨铮铮的屈子仿佛就在眼前，他那铿锵有力、慷慨激昂的吟咏就在耳边回荡："荃不查余之中情兮，反信谗而齌怒。余固知謇謇之为患兮，忍而不能舍也。指九天以为正兮，夫惟灵修之故也。曰黄昏以为期兮，羌中道而改路……"君主啊，你不能体察我的一片衷情，反而听信谗言，对我大发雷霆。我明明知道直谏终会招灾惹祸，但我怎么能看着祖国沉沦！我敢手指苍天让它给我作证，我对你完全是一片忠心！你当初与我相约黄昏为佳期，为什么却中途改道变故……

以歌当哭，是历朝历代对国家忠贞的臣子、文士最无奈之举。命运多舛，天不与时，唯有以纸上文字倾吐心中的块垒。希望假以时日因风远播，被不明真相的时人所理解，或与看透迷雾的后世之人所共鸣。大概是在凭吊屈原的过程中，被英灵所感吧，柳宗元觉得自己长期郁结的心灵，在这个乌云压顶的冬日里，被打开一个豁亮的缺口。他想到自己遭贬以来竟如此混沌无明，有话不得说，有苦不能言，不但忘记了人生初衷，连最擅长的表达方式都忘记了。何不拿起笔，从头开启新的人生里程。

这一天，被一场巨大变故惊飞的文思和灵感，像昨日树上被惊飞的鸟儿一样，又纷纷从远天归来，回归旧巢。柳宗元回到船上，叫随行亲友为自己备上笔墨，开始了久违的奋笔疾书。这是他两个月以来第一次找到抒发和表达的渠道。不消一个时辰，一篇《吊屈原文》就以流畅优美的字迹呈现于宣纸之上：

后先生盖千祀兮，余再逐而浮湘。求先生之汨罗兮，揽蘅若以荐芳。愿荒忽之顾怀兮，冀陈辞而有光。

先生之不从世兮，惟道是就。支离抢攘兮，遭世孔疚。华虫荐壤兮，进御羔袖。牝鸡咿嘎兮，孤雄束咮？哇咬环观兮，蒙耳大吕。董喿以为羞兮，焚弃稷黍。奸宄之不知避兮，官庭之不处。陷涂藉秽兮，荣若绣黼。榱折火烈兮，娱娱笑舞。谗巧之晓晓兮，惑以为咸池。便媚鞠愿兮，美逾西施。谓谟言之怪诞兮，反置瑱而远违。匿重痼以讳避兮，进俞、缓之不可为。

何先生之凛凛兮，厉针石而从之？但仲尼之去鲁兮，曰吾行之迟迟。柳下惠之直道兮，又焉往而可施！今夫世之议夫子兮，曰胡隐忍而怀斯？惟达人之卓轨兮，固僻陋之所疑。委故都以从利兮，吾知先生之不忍；立而视其覆坠兮，又非先生之所志。穷与达固不渝兮，夫惟服道以守义。矧先生之悃幅兮，蹈大故而不贰。沉璜瘗佩兮，孰幽而不光？荃蕙蔽兮，胡久而不芳？

先生之貌不可得兮，犹仿佛其文章。托遗编而叹喟兮，涣余涕之盈眶。呵星辰而驱诡怪兮，夫孰救于崩亡？何挥霍夫雷电兮，苟为是之荒茫。耀婍辞之曈朗兮，世果以是之为狂。哀余衷之坎坎兮，独蕴愤而增伤。谅先生之不言兮，后之人又何望。忠诚之既内激兮，抑衔忍而不长。芈为屈之几何兮，胡独焚其中肠。

吾哀今之为仕兮，庸有虑时之否臧。食君之禄畏不厚兮，悼得位之不昌。退自服以默默兮，曰吾言之不行。既婣风之不可去兮，怀先生之可忘！

这篇《吊屈原文》采用的是离骚体。对于当时的唐朝来说，这种文体已经很少有人采用，文人学子们为了应付科举普遍潜心钻研写作格律严整的律赋，包括相当一部分古文家也对包括屈、宋在内的辞赋体创作持轻视态度。离骚体在当时的文学环境中相当于文学古董。而对现代人来说，那就更是古文中的古文，读起来相当地艰涩难解。柳宗元之所以要采用这个文体，其原因之一是他自少年起就在文辞和品格上十分敬佩屈原，对屈氏骚体非常谙熟和擅长。才高八斗，何惧文艰辞涩！他在唐代作家中，可谓钟情于辞赋体文学创作的少数人。另一个原因是感慨于自己与屈原命运相近、惺惺相惜，故有在文章的形式、意趣上相效仿的意思。想当初，屈原也是因为在朝廷的政治斗争失败，理想受到挫折，忠而被贬，屡遭打击，最后才以一死表达对腐败政治的抗议和对国家败亡的悲痛。这与自己的遭遇何其相似乃尔。抚今追昔，感慨万千，千年前的屈原不就是自己的精神标杆和楷模吗？他这篇文章的大意是：

先生逝世后约一千年的今天，我又被贬逐乘船来到湘江。为访求先生的遗迹我来到汨罗江畔，采摘杜蘅向先生敬献芳香。愿先生在荒茫中能顾念到我，让我荣幸地向你倾诉衷肠。

先生不屈从世俗不随波逐流，只遵循正确的政治主张。当时国家是那样残破纷乱，你生活的世道实在令人忧伤。华贵的礼服被抛弃在地上，却穿起羊皮做的粗劣衣裳。母鸡咯咯乱叫，昂然独立的公鸡却不能放声高唱。庸俗下流的曲调人们围住欣赏，对高雅美妙的音乐反而捂住耳朵。把毒药当成美好的食物，却把真正的粮食抛弃烧光。明明是牢狱却不知回避，丢下美丽的宫殿任其荒凉。陷进泥坑竟不自知，坐在肮脏的地方弄得满身污秽，却自以为很荣耀像披上锦绣礼服。房屋已被烈火烧毁，却还歌舞欢笑喜气洋洋。面对喋喋不休的谗言巧语，却糊涂地当成悦耳动听的乐章。本是阿谀奉承厚颜无耻的小丑，却把她看成比西施还要漂亮。把治国图强的言论视为怪诞，反而塞住耳朵把它抛到远方。有了重病还要讳疾忌医，其实就是请来名医也束手无策。

为什么像先生这样令人钦佩的人，还偏要磨砺针石去医治那不能治愈的创伤？但从前孔子离开鲁国的时候，曾说："我慢慢地走。"柳下惠奉行"直道"，也曾感叹无处实现正确的主张。现在世上的人都在议论先生，说你为什么那样遭受打击还要关怀楚国的兴亡？通达事理之人的卓越行为，本来是知识浅薄的人无法想象。抛弃自己的祖国去追求个人的私利，我知道先生决不忍心这样。袖手旁观坐视自己国家夭亡，这更不是先生的志向。无论处境好坏都不改变自己的志向，你始终坚守自己的节操和理想。何况先生对祖国是这样忠心耿耿，宁可壮烈投江而死也决不改变立场。沉在水底和埋进土里的美玉，怎么会变得幽暗无光？香草被隐藏起来，怎么会因时间久了就失去芳香？

先生的容貌再也看不到了，但从你的文章里却仿佛看到了你的形象。捧读先生的遗著我满腹感慨，禁不住热泪盈眶。你呵斥星辰而驱逐各种怪异，那样又怎能挽救国家的危亡？你为什么那样指挥风云驾驭雷电，姑且浸沉于那渺茫的幻想。你写下了那些辞藻华美而又朦胧难懂的文章，世上的一般人果真以为你在发狂。唯独我为你的遭遇深怀不平，内心充满了愤怒和悲哀。如果先生不写下这些文章，后世的人又如何把你敬仰？你那爱国的赤诚既然在胸中激荡，哪能长久忍耐在心中而不向外洋溢？芈姓的楚国同你姓屈的能有多大关系，为什么你忧心如焚地为它着想？

我对现在那些当官的感到痛心疾首，他们中有哪一个关心国家的治乱兴亡？他们只担心自己的俸禄不多啊！又发愁自己的官运不昌。我只好反躬自省默不作声，因为我也难以实现我的主张。既然这恶劣的世风难以改变，我只有长怀先生永不遗忘。

很显然，这篇离骚体的吊文，名义上是悼念屈原，实际上字字句句都是柳宗元个人精神境界的外化和抒发。字里行间，柳宗元以激昂的言辞痛陈屈原时代楚国的朝廷忠奸易位、是非颠倒，抨击当时的统治集团昏愦腐败、拒谏饰非，正是寄托了他对当朝政治现实的认识和个人的切身感受。他赞美屈原说："穷与达固不渝兮，夫惟服道以守义。矧先生之悃愊兮，蹈大故而不贰。"也是抒发了自己坚持理想和操守的决心。

文章最后说："吾哀今之为仕兮，庸有虑时之否臧。食君之禄畏不厚兮，悼得位之不昌。退自服以默默兮，曰吾言之不行。既媮风之不可去兮，怀先生之可忘！"正是影射和指斥当权者贪权嗜禄，腐败无能。但他表示，虽然自己道不得施，被阻塞了政治出路，但面对现实的重重矛盾，依然不能为既得利益就放弃了理想和原则，而是要永远以屈原为人生楷模，誓死不渝，坚贞不移。仔细品咂，这篇《吊屈原文》无疑是一篇唐朝版的《离骚》。

四

过汨罗江继续南行，就到了潭州，这里是湖南观察使治所。时任湖南观察使兼潭州刺史正是柳宗元的岳父杨凭，永州就在他的管辖之下。进入潭州辖区之内，基本上就算到了贬所，这支从京城而来的远徙队伍一下就变得从容起来。在潭州的行政区之内，刺史有权调度属下的资源和官员，不管是停是行都可以找到充足的理由，他有决定下级官员的行程和节奏的权力，就算有押史在侧，也用不着再紧紧催逼。

当下，柳宗元和母亲商量，要借道去潭州住几天，一来算是拜见一下上级长官，二来借此机会让母亲和岳父叙叙旧。多年不见，自己也有很多话要和岳父说，仕途上发生这么大变故，有必要对岳父说说前前后后的经过和原因，顺便还要请岳父帮助做一个未来规划，深入探讨如何顺利度过这几年的贬谪生活，尽快得到朝廷的"量移"，重返政坛，毕竟岳父官场经验以及为官的资历、级别都远高于自己。

对于柳宗元一家的到来，杨凭不是没有考虑他们的处境，但于情分、于道义、于礼仪都没有理由畏畏缩缩、躲躲闪闪。更何况杨凭生来就是一个豪爽之人，又在外州做了很多年的观察使，天高皇帝远，早沾染了一些地方官吏身上所特有的霸气。转眼之间，便把什么贬谪不贬谪的事情抛于脑后，管他呢！

关于杨凭的出身和为人，柳宗元是非常清楚的。尽管他身上也不可避免地有着官场之人的习气，且有一些不拘小节、狂傲放纵的个性，但同时也有着浓厚的文人气质。虽然妻子杨氏不在了，但两家人的感情联系一直十分紧密。从另一个角度说，即便柳宗元已不在朝为官，却仍是名满天下的文士。仅凭才华和文采，也可以权充杨家的座上贵宾。

杨凭家中，喜欢柳宗元的人除了杨凭之外，还有他的儿子、比柳宗元小十多岁的杨诲之。多年以来，杨诲之一直把这个姐夫当朋友、当老师。他不但崇拜柳宗元的名气，更崇拜柳宗元的才华，只要是柳宗元的诗文，他一定会拿来当作范本认真加以揣摩。家居长安时，诲之是宗元家里的常客，也是铁粉，每有困惑必俯首承教，穷追不舍。当然，比之同龄人，他对柳宗元的文风更加熟悉和喜爱，对其文字之内的气韵以及文字之外的寓意领会得也更加深刻。偶尔说出自己的理解和分析，往往令柳宗元喜出望外。长此以往，柳宗元在心里并不把诲之当作粉丝和学生，而是默认为知己。

亲人相聚，分外热火，连日的歌舞升平、酒肉宴席自不必说。其间，卢氏老太太与杨凭之间，柳宗元与杨凭之间，都免不了要有一番长谈，关于杨凭的女儿在世时的诸般逸事，关于别后的种种遭际，关于官场的种种较量、变故以及未来的打算与安排……经过杨刺史几天的劝慰和开释，柳宗元的心情有了很大的转变和改观，暂时不再纠结于自己的壮志未酬以及行"道"无门。意下也有了躲过一时风头，待众敌手的怒气渐消再做远图的想法。当行则行，当止则止吧！好在有岳父在上边罩着，永州之贬应不会受太多挤对、吃太多苦头。利用这几年闲适好好反思一下以往的过失，总结一下人生的经验教训，顺便研读圣贤之书，做足学问，也好为日后的起复做一番准备。

一日，杨凭忽然心念涌动，想起一个人来。这人名叫戴简，是长沙当地知名的高士、隐者。戴简很年轻的时候就以高深的学问和高尚的德行广为人知。因为好儒学，旁及《庄子》《文子》等，通晓治国治民之道，被驻守当地的"镇帅"所看重，认为他是一个堪为国用的大才，便自作主张将戴简推荐到当朝礼部。怎奈戴简并不为高官厚禄的诱惑所动，坚辞不仕，继续过着隐居生活。杨凭是贞元十八年（802）九月自太常卿出为潭州刺史的，来到潭州不久，就闻听长沙有这样一个贤人。依他一贯的性情，必予以结交，并以结交这样的人为荣。

过两年，他发现城东有一处良泉，周边风景秀丽，方圆九里，怡人心脾，便筑堰围池，将其开发成一个曲径通幽的小景区。池造好后，他端详来端详去，觉得如此幽深绝妙的地方只有高人雅士配得上在此居住，曾不止一次指着这片风景对人说："是非离世乐道者不宜有此。"无疑，这地方他自己也很喜欢，但又觉得自己住在这样的地方不太合适，用时尚的话说，气场不合。最后，他决定割爱，把这个地方送给戴简。

戴简得池之后，喜不自胜，花了很多心思于池边筑堂而居。柳宗元到来之时，恰逢戴氏之堂落成不久。此前，杨凭陆续给柳宗元介绍了不少当地的官员和名士，以期日后有一个互动和照应。今天他突然想起了戴简，觉得柳宗元最应该见的就是此人。当下做出决定，带柳宗元一起去游东泉，赏戴氏之堂，顺便拜会一下已在那里安居的戴简。

事前，杨凭给柳宗元详细介绍了东泉和戴简的情况，最后，还说了那句说过几次的话："是非离世乐道者不宜有此。"对于岳父的安排，柳宗元心领神会，其用心之深令他心里无比感激。

本来柳宗元就一直立足儒学，崇尚"先王之道"和"大中之道"，这回遇到一个儒学家，岂不是一份难得的机缘！果然，东泉一会，柳宗元和戴简相谈甚欢。二人从儒学谈到道教，从时政谈到人生，又从修身谈到治国。从正午时分一直畅谈至天色向晚，若不是碍于杨凭和众随行人员需要转道回府，还会继续畅谈下去。如此情形，二人难免都有相见恨晚之憾，从此二人结下非同一般的深厚友谊。

这一天，柳宗元久久沉浸在兴奋之中，彻底忘记了一个时期以来郁结不散的烦闷。回到住处，就着灯光，乘兴写下了一篇颇有闲适和归隐味道的游记《潭州杨中丞作东池戴氏堂记》：

> 弘农公刺潭三年，因东泉为池，环之九里。其岸之突而出者，水萦之若玦焉。池之胜于是为最。公曰："是非离世乐道者不宜有此。"卒授宾客之选者谯国戴氏曰简，为堂而居之。堂成而胜益奇，望之若连舻縻舰，与波上下。就之颠倒万物，辽廓眇忽。树之松柏杉槠，被之菱芡芙蕖，郁然而阴，粲然而荣。凡观望浮游之美，专于戴氏矣。
>
> ……当弘农公之选，而专兹地之胜，岂易而得哉！地虽胜，得人焉而居之，则山若增而高，水若辟而广，堂不待饰而已奂矣。戴氏以泉池为宅居，以云物为朋徒，抒幽发粹，日与之娱，则行宜益高，文宜益峻，道宜益茂，交相赞者也。既硕其内，又扬于时，吾惧其离世之志不果矣。
>
> ……

在这篇记游文字之中，柳宗元不仅对戴氏之堂的景观进行了描述，同时也对堂主戴简进行了重点介绍，最关键的是对戴氏的学养、品格和志向进行了大肆赞扬，字里行间流露出仰慕、艳羡之意。

饱蘸浓墨的笔在宣纸上迅速行走，微弱的响声穿越深深的岁月，放大为一个男人的嗓音：是啊，地方虽然美丽，也需要有与之相称的人来居住。只因有戴氏居于此处，这里的一切才更显古朴优雅，仿佛这山也更高，水也更阔，房屋不用怎样装饰就显得美轮美奂、韵味悠长。戴氏更因在这样的地方居住，以泉池为家，以自然为友，才能得天精地华和山水精神的滋养，德行才能更加高洁，文采才能更加隽永，道行才能更加深厚……

放下纸笔，柳宗元仍意犹未尽，夜色渐深，仍辗转反侧难以入眠。突觉烛影摇动，门扉开启，戴简从门外披衣而入。只见戴简微笑着，脸上放出奇异的光。不知何时已俯首于他的耳边，低语道："当此之时，已不宜辅时及物，应退守为以文明道；文章也不宜直抒胸臆，当以曲笔、故事传世……人不过是山水之间的一念，而山水也不过是人的心境。"宗元觉得此话十分紧要，想要说点什么与之回应，却发现戴简并不在眼前。

柳宗元倏忽醒来，半晌沉吟，说不清是刚做了一个梦，还是一时魂魄出游。回想潭州之行，着实令他无限感慨，某些人和某些事，看似没有深意的巧合，实则更像是上天的刻意安排。莫非是上天怜悯，让自己在这个即将接近贬途终点的临时过站，对身心做一次必要的调适和休整，为下一步正式进入贬谪时光做好铺垫？

离开潭州赶赴永州贬所的那个早晨，杨凭、诲之和杨凭的幕僚们都前来送行，戴简亦在告别队伍之中。众声喧哗，一片祝福和叮咛之声，柳宗元没有听清戴简都说了些什么。车马渐渐远离人群，送行的人们仍目送未散，很快众人的脸以及脸上的表情俱已渐渐模糊，分辨不出谁的脸上有担忧，谁的脸上有痛苦。唯有戴简的脸似乎变得异常清晰起来，虽然看不清五官和表情，却如昨夜一样放射出奇异之光，明亮如一轮明月或一团烛光。柳宗元内心好生疑惑，莫非，今天仍是昨夜梦境的延续吗？那么，此时是戴简在我的梦境之中，还是我在戴简的意念之中？

五

仿佛倏然之间，永州已在眼前。经过了抽筋剥皮般的痛苦跋涉，对这个命定的蛮荒之地，柳宗元不但不再心怀畏惧，反而有了一丝期盼。不管环境有多么艰苦、简陋，他都希望给年迈的老母和年幼的女儿尽快找到一个安稳的栖身之地，不能再让她们把命放在一挂小马车上颠来簸去。

关于这个南夷小州，柳宗元虽然不曾亲自游历，事先却有了一些了解。按照当时朝廷的记录，永州下辖三县：零陵、祁阳、湘源，辖境包含今湖南西南一部和湘、桂交界地区。就是这样远离中原政治、经济中心的"南荒"，同样受到了时代动乱和经济危机的影响。安史之乱以后，稍微富庶一点的地方都被强藩割据，且以种种借口拒不向朝廷纳税，像湖南这种不在强藩控制之内的边远贫瘠之地，便成为朝廷财赋的主要来源地。越是无肉可割的瘦马，越是要遭到毫不留情的刮骨剔肉。因为诛削征求过苛，导致本来就为数不多的居民大量逃亡。

天宝年间，永州尚有户二万七千四百九十四，口十七万六千一百六十八。到乾元元年（758），锐减至户六千三百四十八，口二万七千五百八十三。至元和初，永州仅剩户八百九十四。鉴于当时的统计手段和水平有限，这个数字不一定十分精准，但从其大致的变化幅度看，当时的地方经济已经凋敝到了令人触目惊心的程度。在这样一个破败不堪的小州做一个司马小官能有什么作为，柳宗元心里自是清楚，所以他还没等到官衙打卡报到，就彻底打消了干一番事业的念头。

为了确认一下自己真正的职务和职责，他再次打开印信文书仔细看了看，其全称是这样的："永州司马员外置同正员"。论级别司马是一个六品上的官职，这个职务一般只是个"闲员"，多由"内外文武官左迁右移者第居之"，根本算不上啥正经的官，如果在司马后边再加上一个"员外置"，即编制之外的意思，就更逊一筹。按照朝廷的明确规定，像柳宗元这种编制之外的贬官，是不得干预任何政务的，生活待遇也不及正常官员，仅限于朝廷按期核准的俸禄，甚至连栖身之地都需要自己想办法解决。

没有住处，这一大家十余口人可怎么生活？好在永州刺史韦中丞是一个心地善良的人。他早知道柳宗元即将贬谪永州，事先就为柳宗元做了住地安排。安排，当然不能动用公款，一是不合律，二是州上也没有那笔费用，考虑到宗元的俸禄微薄，讲究一点的房舍他负担起来是个问题，只能让手下小吏出去跑一跑，找一处能住得下、费用又低廉的地方。

韦刺史派出去的人物色了几个地方，回来后向刺史一一做了汇报。最后刺史选择了潇水东岸的一座古寺——龙兴寺。据说这里原是三国时蒋琬故宅，吴军司马吕蒙曾在这儿居住过，后来改为寺院。这里虽然地处郊野，环境荒凉，但有两点比较适合柳宗元居住：一是宽敞，寺内除了重巽和尚与一个小徒，并无更多僧侣；二是清净，这重巽和尚本是天台九祖荆溪湛然的再传弟子，精通佛理，善诗能文，是一个修养深厚、有文化、有情怀的高僧。只因他无意经营，寺内香火清淡，除了几个固定的施主定期供养，平时并没有太多往来的香客。经常到寺内云游、过往的僧人，都是一些慕重巽之名来讲经论道的高僧，为数也不是很多。

柳宗元到来后，深谢韦刺史的用心和好意，欣然接受了这个选择。初入龙兴寺，映入眼帘的委实是一片荒凉："凫鹳戏于中庭，蒹葭生于堂筵。"寺外一片丛林乱石，好在寺院建在一片高地上，从寺院的高地上放眼望去，四周的景致尽收眼底，远处的高山、流水、村落以及农田构成一幅生动的图画，荒芜中自有一番别样的韵致。

重巽是一个儒雅、热心、和善的人。对于柳宗元一家的到来，他似乎还有一点儿意外的惊喜，大约一个远离红尘的清修之人对善缘和知音也有隐隐的期盼。他事先就把寺院西厢的一排房子腾了出来，等柳宗元一到，众亲友就很快安顿下来。位于西厢的房子最大的缺点就是光照不足，正午之后，房间里就见不到阳光了，加之年深月久无人居住，房间里随时散发出阵阵霉味。这让人不得不怀疑那是凝固的岁月在墙角或床底沉积太久而散发出来的气息。

多亏有重巽的殷勤照料，在永州之初那些艰难的日子里，柳宗元顺利地挨过了环境的陌生、情感的寂寞和生活的诸多不便。由于母亲是虔诚的佛教徒，柳宗元自幼受佛教的熏染，十岁就开始接触佛教文化，并且在长安期间与很多佛教界人士有所交谊。值此精神非常苦闷之际，每天相处的又是重巽及其众佛友，置身青灯梵呗，使他很快产生了专心事佛，从中寻求解脱的想法。

重巽则久慕柳宗元文名，希望通过和柳宗元谈佛论道、诗文唱和撞击出更多的智慧和灵性的照见；更希望能把佛学知识传授给这位文章大家，以光大天台宗的门庭。通过一段时间的交往，柳宗元开始由最初的迷茫、徘徊转向积极寻求人生状态的突破，每天思考如何在现实中找到释教智慧与儒家理念的结合点，以期参悟出甚至可以超越"大中之道"的人生大道。

如此，诵经修禅，便成为柳宗元的日常功课。这一个阶段，他确实在与重异交往和学佛悟道中获得了身心的愉悦和超脱。这期间他写过一首名为《晨诣超师院读禅经》的诗，反映了他当时的状态和心绪：

> 汲井漱寒齿，清心拂尘服。
>
> 闲持贝叶书，步出东斋读。
>
> 真源了无取，妄迹世所逐。
>
> 遗言冀可冥，缮性何由熟。
>
> 道人庭宇静，苔色连深竹。
>
> 日出雾露馀，青松如膏沐。
>
> 澹然离言说，悟悦心自足。

这里的超师当然是指重异，从诗中可以看出，柳宗元对重异上人也是敬重有加，并且那时他很可能已经拜重异为师。

二月里的一天，从京城传来一条消息：年方四十六岁的顺宗于正月甲申崩于咸宁殿，宪宗皇帝正式把这一年改为元和元年（806）。没想到，朝廷里的形势变化竟然如此之快。柳宗元听到这个消息时，心里忽有一丝光亮闪过，仿佛很快就会有什么好消息传来。因为改元就要大赦天下，按照惯例所有罪人和犯过错误的贬官都要因为大赦而减免责罚。那几日，柳宗元表面上如往常一样平静从容，心里却时时涌动着近于兴奋的盼望。他在等待突然哪一天朝廷下来一纸赦令，将自己和家人从这蛮荒之地拯救出去。后来，朝廷的赦令确实传到了永州，但赦免的名单里并没有他的名字，看来，他已经成为朝廷恩泽不能覆盖的死角。

当柳宗元怀着悲伤和愧疚的心情将未得大赦的事情告知母亲，母亲却表现出一向的豁达和大度，她劝慰负重的儿子："汝唯不恭宪度，既获戾矣，今将大傲于后，以盖前恶，敬惧而已。苟能是，吾何恨哉！明者不悼往事，吾未尝有戚戚也。"老母的意思是，我都没有感到难过，你难过什么呢？从前你只是对法度不恭敬，才获了罪，今后好好反思、警醒，再不犯过错，恭敬、畏惧法度就是了。明智的人不悲怀过去的事，过去的事情是好是坏都已成为过去，纠结不放又有什么意义呢？母亲的贤德、豁达倒让柳宗元觉得有一些自惭形秽。

不久后，有从京城来巡查的官员带来一个让柳宗元深感震惊的消息，说范希朝被提升为右金吾大将军、充朔方灵盐节度使。想当初，参与永贞革新的当事人，无论核心层还是外围的，无不被朝廷贬谪驱逐，只有范希朝是一个例外。现在看，他不仅没有受到永贞革新的牵连，反而好像立了什么大功。

立了什么功呢？难道当时谋夺宦官军权失败的真正原因正是此人？按正常的逻辑推测，此人应该是宦官集团的内线，只是不知道范与宦官之间原来就有隐秘关系，还是接到委任之后临时起意。总之，这是革新集团在用人上的重要失误。因为这一着险棋的失败，导致革新集团反被宦官集团一举剿灭。如此看，与革新派结怨最深的宦官集团无论过去还是现在都堪称势力遮天，触角无处不在。想到此，柳宗元不由得内心一阵惊惧。

读经之余，烦闷之时，柳宗元就到龙兴寺周围走走看看，观观景，散散心。这一日，他转到了龙兴寺东北角的一个厅堂。客堂里有一块顶着砖而隆起来的地方，宽四步，高一尺五寸。之前，他早听说这里有一块所谓的息壤，也听重巽对他描述过。据说，这块奇特的土地是人们在修建龙兴寺过程中发现的。开始人们觉得这么一块隆起的土，用锹铲平就算了，奇怪的是，铲平后它又会自行隆起，再铲平，再隆起，并且那些拿铁锹铲平它的人陆续都死掉了。永州地方的人迷信鬼神，因此再没有人敢去铲平这块厅堂内隆起的土，就让它那么隆起着，以砖石覆盖了事。

　　其实，所谓息壤从来都是一个传说，没有什么真凭实据。像永州龙兴寺里的这块土，虽然传得神乎其神，柳宗元却不以为然，他认为并不存在不停生长的息壤，泥土不会有人们所说的灵性，更不会索取人的性命。他推测，因为南方多瘟疫，多瘴气，贫瘠之地的人们劳动强度都很高，那些拿铁锹掘地的人，不是死于劳役，就是死于瘟疫，和息壤并没什么大关系。正是一些有话语权的人不愿意承认自然环境和社会环境差给老百姓造成了伤害与灾难，才故意将责任推给自然和神秘力量。世间哪有什么神道和鬼道，正在兴风作浪和制造形形色色苦难的都是人之道。

第六章　境至苦寒

一

　　转眼就到了五月，时值春夏之交，低沉了一个冬天的草木，返过青，也开过花，随着南方气温的骤然升高，开始无拘无束地疯长。大约潜伏在黑暗之中的各种病菌借势猖狂起来，很多上一点年纪的老人抵挡不住病菌的繁殖和攻击，在这莺飞草长的季节一头病倒在卧榻之上。这是民间所说"收人"的季节。柳宗元的老母卢氏也没有幸免。

　　从四月开始，她的身体就有诸多不适，延宕至五月已经卧病在床有一些日子了。柳宗元先后去城镇里几次寻医问药，怎奈寻遍小城也没有找到像样的医生，面对"珍视无所问，药石无所求"的实际情况，只能在不可求中强求，最后寻得一个半懂不懂的乡医来给老太太诊治。乡医仔细号过脉之后，说是老太太经过去冬的长途跋涉，体质变弱，到永州又遇气温陡然升高，外表的湿气和体内的寒凉交相作用，邪气侵正，水土不服，并无大碍，需要调理一段时间。但随着时间的推移，病情却在一天天加重。

有什么办法呢？在这样的穷乡僻壤，人命如草啊！明明知道这样的乡医会耽误母亲的病情，柳宗元却毫无办法，只能继续为母亲熬制那些不知道会不会起作用的草药。诊不对症，症不对药，又无计可施。无用的药汤一日复一日地耽误着母亲的病情，焦躁和恐惧的情绪一日复一日地煎熬着柳宗元的心。后几日，母亲的病情尤为沉重，连吃药都张不开嘴了。到了五月十五日，老太太终于没有逃过这场劫难，撒手人寰。

母亲离世对柳宗元的打击是沉痛而巨大的。面对至亲至敬之人的离去，他的心情如万箭穿心，此时任何文字都无法形容他内心的悲哀、痛苦和愧疚，一切的不幸都归罪于自己这个不孝之子："这是上天在有意惩罚我吗？若不是，为什么要让那么贤德的老母也为自己的失败殉葬，为什么要将那么多的不公和不幸接连砸向我？"

伴随着无法承受的悲痛，一声穿越时空响彻历史的长叹从他的胸膛里发出，他用蘸着血泪的句子表达了饱含痛苦的自责和对人生遭际的怨愤："穷天下之声，无以舒其哀矣。尽天下之辞，无以传其酷矣。"

然而，因为贬官没有离开贬地的自由，柳宗元竟然连送老母回到祖籍安葬的孝心也难尽。只能将老母的遗体暂存于龙兴寺，待周年之后，另择时机送老母回归故里吧！

八月的永州进入一年中最溽热的季节，阳光越发炽烈，湿气越发浓重。人走在路上，如同走在热气腾腾的蒸笼里。

柳宗元到永州之后没有再购置马匹作为交通工具。平日里基本不需要出门，更很少远行。有马也是闲置在那里，干吗还要伺候它草料和饮水呢？况且在寺院中养着一匹或几匹马，也与那清净之地不和谐。往来府衙办事，他主要靠步行，好在路途并不是很远。

在这样的天气里行走，任谁都会走得满身大汗。今天柳宗元从府衙出来全无心思观察街边景物，只是埋头前行，任由汗如水一样从头到脚地往下流，他并不觉得燥热难耐，反觉得心里和周身一阵阵发冷。他流的是冷汗。

被贬十个月以来，柳宗元历经了人生最黑暗的时段，不好的事情和消息几乎是一个接一个，至母亲病故，人生中不幸的事情差不多都逐一落到了头上。"还能糟糕到哪里呢？"有时他一个人躺在床上就不由自主地想，每想到这里就不敢继续往下想了。他觉得作为一个有血有肉有情感的人，如果不是遭了天谴，是不应该再承受更多不幸的，但命运的诡异之处就在于，它总是超出你的想象。

听说朝廷有诏书下来，柳宗元还以为能有点什么意外之喜呢，没想到落下的竟是一记重锤，诏曰："左降官韦执谊、韩泰、陈谏、柳宗元、刘禹锡、韩晔、凌准、程异等八人，纵逢恩赦，不在量移之限。"

"纵逢恩赦，不在量移之限。"就是朝廷不管有什么恩赦，他们都不得调动或回朝。这难道不是很离谱吗？柳宗元无法想象更不能理解。一伙刚刚走上仕途的年轻人，别说一心想匡扶社稷稳固大唐江山，就是纯然的冒进、往上爬，也不致恶于劫匪流寇。劫匪流寇尚在大赦之列，何故要对这一众想干点好事的朝官一贬再贬，打倒在地又踏上一只脚，令其永世不得翻身？究竟有多大的罪过、多大的仇恨，才能让朝廷动用如此剧烈的雷霆之怒？

如果仅仅是那份诏书，还不至于让他感觉如此地暗无天日。随着诏书一道传来的还有另一个可怕的噩耗：尚在丁忧期内的王叔文已经被朝廷诛杀于亡母灵前。这等无大罪而杀的事情也是堂堂天朝所为吗？柳宗元无法想象接下来会有什么事情发生在自己身上。

他一边走，一边在心里历数当初一起推行新政那些人的结局：主导者"二王"俱已惨死，所谓的"八司马"非亡即病，多在远州苟延残喘。

最先离去的是陆质，柳宗元视为老师的人。说来还算是不幸中的万幸，只因早早死在宪宗登基之前，才没有被降罪，保留了生前官职"给事中、皇太子侍读"的称谓。

第二个离去的是王伾。在革新集团里，最遭人诟病也最没有能力的人就是王伾，在革新运动中他所依仗的是顺宗皇帝的恩宠，当一个传递文件、信息的联络员。他生平胸无大志，不善谋略，只知道招收贿赂。对于百姓来说，他是一个贪官污吏值得痛恨，但对于政治集团来说，他却是一个最无大碍的人，只要剥夺了他手中的权力，就什么事情也做不成，什么声音都发不出了。换句话说，最不值得和他大动肝火。按照大唐的刑律，既没有颠覆政权的谋逆之举也罪不当死。就是这样一个人，贬至开州不到一年光景，也死在贬所。

然后就是王叔文，他是改革的主导者，是一个时代的标志，他的死意味着曾经轰轰烈烈的那场变革将被当朝彻底否定，一切的功绩都将被肆意抹杀，永无翻案之日。如果说，王叔文在世时革新派中还有人抱有一丝"起复"的幻想，那么时至今日，已经没有一丝一毫的希望。一个短暂而轰轰烈烈的时代彻底结束了，它将随着主导者的消亡而被埋没于历史深处。

可怜凌准，偌大的年纪先是被贬和州任刺史，甫抵任所，后命继至，左迁连州司马。刚到任所不久，老母即亡。此哀未减，不久二弟又相继病亡。由于急火攻心，哀伤过度，终日哭泣不食，遂至双目失明。六月，自觉大限已近，便求告于州刺史博陵崔君，说他曾研读过《黄帝书》，会切脉视病，感觉自己脉涩而不滑，肾浮以代，况且运与命冲，必死无疑，大约已经活不过腊月了。为此，他请求崔君赏一块无法耕种的荒地埋葬自己。不久，果然一命呜呼！

再说韦执谊。到了贬所，这个从来没有吃过苦头的懦弱文士，不久就病倒于床榻。

大概满朝文武都知道韦执谊素来不喜岭南，担任郎官时曾与同僚到兵部职方司观看地图。他每遇岭南地图，便会闭眼不看，命人将地图拿走。升任宰相后，韦执谊在官衙墙壁上看到一幅地图，马上回头不敢直视。几天后，他鼓起勇气观瞧，发现那果然是一幅崖州地图，心中十分反感，认为不祥。大概就是有人知道他厌恶和惧怕崖州，朝廷中的主事者才特意将其贬至崖州。

从"纵逢恩赦，不在量移之限"的诏令中，柳宗元感觉到有一股久久不散的怨怒仍然萦绕在皇宫之中，当朝仍有一些手握重权的人恨不得这伙革新者一个个全都消失。如此说来，"二王八司马"中余下的诸位，每个人都得在痛苦中提心吊胆，提防着突然哪一天就会有一个坏消息从京城乘快马飞来。

柳宗元想起年初代永州刺史韦彪写的《代韦中丞贺元和大赦表》。

来永州后，柳宗元常常对别人说自己是"俟罪非真吏"，但韦刺史却并没有把他当作"俟罪"之人，而是当作座上宾经常造访和邀约，频繁往来。

这一年宪宗改元，各地官员纷纷上表祝贺以表忠心。不过都是些陈词滥调，毫无意趣和深度。韦刺史知道柳宗元的文章超拔出众，便想借助柳宗元的笔讨好一下新登基的皇帝。也许，他还有另一层考虑，这个表递上去，明眼人一看便知文字出于柳宗元之手，是否还可以让新帝感觉柳宗元的心已经驯服，不再为往朝旧事耿耿于怀？

此意既出，柳宗元也不好推托，只能看在刺史的情面上执笔代言："臣某言：伏奉正月二日制，大赦天下，永贞二年宜改元和元年。太阳既升，煦育资始，霈泽斯降，膏润无遗。臣某诚庆诚贺，顿首顿首。伏惟皇帝陛下仁化旁流，孝理弘阐，纪元示布和之令，肆眚见恤人之心。旷然涤瑕，得以迁善……纶言一降，庶政毕行，怀生之伦，感悦无量。臣某等守在遐远，亲奉诏条，踊跃之诚，倍百恒品。无任感恩忭舞屏营之至，谨奉表陈贺以闻。"

好一篇《代韦中丞贺元和大赦表》，回头看看，尽是对新皇帝的阿谀奉承，满篇尽皆虚饰、浮夸之词，不过就是比一般的官样文章更华丽一些罢了。当时把个韦刺史乐得眉飞色舞，现在自己一字一句地吟咏，却觉得阵阵恶心，如有一只只苍蝇嘤嘤在喉。

二

回到龙兴寺，柳宗元自觉如虚脱般疲惫困乏。想倒头睡去，忘却心中烦闷，谁知倒下后却毫无睡意，一件件往事、一张张面庞轮番交替在眼前晃动。当思绪如风吹过众人的面庞，再一次落到王叔文那张淡定而明亮的脸上时，柳宗元的心立即纷乱起来。

他不敢想象，也想象不出那样一个刚毅的人，将以怎样的态度和方式应对自己的死亡？他会愤怒吗？会仰天长叹吗？会胆怯发抖吗？会一如既往地临阵不乱，保持沉着吗？在生命即将结束时，他会对曾经做过的事情感到懊悔，还是无怨无悔呢？他会感慨命运的乖张和世事的无常吗？那些人是以怎样的方式将他杀害于家中的？

回想那些与王侍郎共同谋划和实施革新大计的日子，每一件事情、每一个细节仿佛都在眼前。弹劾贪官、擢拔新人、为受了冤屈的官员昭雪平反、减免百姓税赋和负担、罢宫市和五坊小儿、丰实国家库府、收中人兵权、抑制藩镇势力……这一宗宗、一件件，哪一个举措不是为了稳固大唐江山,不是为了国家的兴旺发达?难道说作为一个官员,作为一个臣子,不应该如此披肝沥胆为国为君分忧尽忠吗?最后,又为何要把做事的人变成罪人并残忍处死,让他落得个"谋逆之贼"的下场?

柳宗元由王叔文想到了列国时期的苌弘。看来历史的悲剧总是要在一个个朝代里反复上演,人类并不会因为史有前车,就会真的拥有后车之鉴。如王叔文一样忠良、直亮而不会应变的臣子,到头来仍难免如此悲惨的结局。

苌弘者,亦作苌宏,字叔(前565—前492),古蜀地资州人。为中国古代著名学者、政治家、天文学家。其博闻强识,涉猎广泛,通晓历数、天文,且精于音律乐理,以才华闻名于诸侯,曾为孔子之师。

东周景王时,苌弘任上大夫。景王死后,王族内乱,苌弘和卿士刘文公联手,借晋国帮助平乱,辅立王子匄即位,史称周敬王。苌弘忠心耿耿,尽心竭力,又有修齐治平之雄才大略,深得周敬王信任。君臣同心勠力,欲复兴王室。但苌弘的作为和功绩终于还是引起了敌对势力的嫉恨,使了一招离间计,激怒了周敬王,敬王把苌弘放逐到千里之外的蛮荒蜀地去了。

苌弘有口难辩,悲愤交加,没想到自己对周王室一片忠心,到头来却因一封假信,落得如此悲惨的结局!他到蜀地后,郁郁寡欢,不久便剖腹自尽了。苌弘的冤死,引起了吏民的怜惜和同情,他们按当地的礼仪将苌弘安葬,并立碑纪念。三年后,掘土迁葬,苌弘之心已化为红玉,其血化为碧玉,故有"苌弘化碧""碧血丹心"之说。

想到此处,柳宗元只觉气往上撞,血往上涌,心中有太多难以平抑的情绪需要找一个出口释放。可是,一个败阵待罪之人,身处无朋无友的蛮荒之地,有话能向谁说呢?对朝中旧事不说尚不知何时更有莫名之罪加身,倘若有什么不恭不敬之词传入宫中,怕不知何时又惹来杀身之祸。他站起身，绕床踱了几个来回，终于想起要写一篇假托的文章，借古讽今，宣泄一下胸中的郁闷之气。

他边思考边研墨。当墨汁由浅变浓的时候，他内心的情感和文思也如墨一样浓厚起来。他面对无声的宣纸开始书写，与其说这是对着一位忠实可靠的朋友倾心的交谈，还不如说是对着一片虚无的历史，描绘出自己灵魂里最隐秘的图像。

> ……图始而虑末兮，非大夫之操。陷瑕委厄兮，固衰世之道。知不可而愈进兮，誓不偷以自好。陈诚以定命兮，侔贞臣以为友。比干之以仁义兮，缅辽绝以不群。伯夷殉洁以莫怨兮，孰克轨其遗尘。苟端诚之内亏兮，虽耆老其谁珍？古固有一死兮，贤者乐得其所。大夫死忠兮，君子所与。呜呼哀哉，敬吊忠甫！

这一篇以怀古为名的《吊苌弘文》，表面上说的是西周旧事以及冤死的士大夫苌弘，实际上句句说的都是当朝的事情，是为大唐江山社稷卖命尽忠、出师未捷身先死的王叔文。这里他几乎把永贞改革的前因后果都用离骚体诗句勾勒出了轮廓，对王叔文的气节、性格、追求以及历史应该给予的肯定都说清楚了。

是呀，一个瞻前顾后，只考虑个人得失、安危的人能干成什么大事呢？假如朝廷里都是那种精致的利己主义者，国家的事情、皇帝的事情谁去担当？凭着王叔文和革新派众人的学识、智力、位置和口碑，洁身自好，维持着自己的功名利禄，过个消消停停小日子是何等轻松容易啊！何苦要顶着明枪暗箭，牺牲着个人的才华和精力，冒着巨大的风险去搞什么旧制的革新呢！自古平庸之辈和有识之士对这个问题的回答都是截然不同的。柳宗元心如明镜，这一场社会变革虽然失败了，但自己并没有错，王叔文也没有错，错在力量不够、心机不深、经验不足、天时不佐、运气不佳。即便是最后惨遭失败，即便是要付出生命的代价，为了心中的理想、大业和大道，为了不辱没人臣的使命和本分，也是值得的。"古固有一死兮，贤者乐得其所。"柳宗元相信，历史会给这场变革及其推动者、参与者一个公正的评价。

文章写好后，柳宗元大有一吐胸中块垒的轻松，他对这篇借古喻今的小文感到很满意。因为这篇小文，他在险恶的外部环境下，说出了装在心中那些无法言说和不可言说之话。他心里清楚，这篇文章虽然写得含蓄隐晦，但凡了解"二王八司马"事件背景又稍懂文章的人，都能看出文字背后隐含的意思。说是一篇抒发个人胸臆的文章也可，说是一篇替罪人喊冤叫屈、反讽、诋毁朝廷的檄文也行，总之他要把堆积在内心的痛苦通过某种方式宣泄出来。

这篇文章给柳宗元带来的轻松是短暂的，只过了半日，悲伤的情绪又如潮水般涨了上来。在半月有余的时间里，他的心都在情绪的波澜里起落、颠簸，总觉内心有难以抒发的不平。于是，他陆续写了《感遇二首》《咏史》和《咏三良》以诗吊祭王叔文。在诗中，他以"三良"影射"二王"，乐毅暗指王叔文。悲叹王叔文"鸿鹄去不返"，并对革新派失势险境进行了描述："回风旦夕至"，"所栖不足恃，鹰隼纵横来"。也在诗里总结了革新派失利的原因，发泄了对王伾敛财的不满，又斥韦执谊的为人是"蠢蠕"，对革新派内讧深感痛心，还讽刺了宪宗信谗贬贤。在《感遇二首》的结尾处写道："揽衣中夜起，感物涕盈襟。微霜众所践，谁念岁寒心。"由此可见柳宗元当时的心境。

这一夜，当柳宗元写完悼念王叔文的最后一行诗，他已经完全没有了睡意，整个人似乎被掏得空空如也。他站在小窗前久久望着窗外，不确定此夜是月中的哪个日子，是正逢无月的月尾，还是天阴了下来？窗外一片漆黑，看不到星光，也看不到任何物体，只有风匆匆从窗间溜过，转瞬隐没于墙的转角处。对面的树丛传来了窸窸窣窣的声音，黑黝黝的树影配合着风的节奏摇晃起来。一切都埋伏在黑暗之中，任你有多么丰富的想象力也看不透黑暗中到底隐藏着什么，是千军万马，是魑魅魍魉，还是从自己内心里散发出来的恐惧？他突然打了一个大大的寒战！

这是八月的夜晚，柳宗元感觉不到季节的真实温度。俄而，他好像意识到了什么，慢慢转过身，把刚刚写好的诗稿和文章折叠起来，悄悄放在书箱底部。然后，他长叹一声，唉！世间的一切都有自己的命运，包括文章。看来暂时只能让它们在被埋没的状态下沉默一阵子啦！也许有一天它们终会重见天日并被很多人细细解读。那就耐心等待岁月将它们从暗处翻检出来吧！

三

九月的一天，柳宗元又听到了一个意外的消息：谋反朝廷的西川刘辟被擒，正押解京都。看来真是世事难料，这官场宛如你方唱罢我登场的一个戏台，说不准戏中人谁心里藏着什么主意，也捉摸不准谁最后落得个什么结局。

想当初，刘辟奉主子韦皋之命，对王叔文威逼利诱求取三川时，王叔文要立斩刘辟。结果被韦执谊阻拦，刘辟捡了一条性命。回到西川后，他开始与韦皋合谋，向朝廷上表，指王叔文集团为奸佞之徒并力挺太子李纯监国。在他们外攻内应的努力之下，生生地将革新派成员从朝廷驱逐出去。刘辟以为他们配合李纯击败了政敌是在皇帝那里立下了功劳。永贞元年（805）八月韦皋死后，刘辟不经朝廷同意就自立为留后。当时宪宗李纯刚刚即位，出于种种考虑，并没有对刘辟的行为提出异议，并于年底下了诏书任命他为节度副使。

原来，这刘辟和韦皋一样不安分，一心惦记着要统领三川，扩大实力。接到了朝廷任命，他更加志得意满，认为年纪轻轻的宪宗皇帝刚刚登基对他的要求只能迁就，不敢把他怎样。于是就把底牌掀开，公然向朝廷邀领三川之地，企图把整个四川地区都纳入管辖范围。但刘辟没想到，很快，唐宪宗便给刘辟一个答复：不行。

此时的刘辟已经手握重兵，根本不把朝廷放在眼里，他决定自行出兵进攻东川，吃掉东川节度使李康，让亲信卢文若当东川节度使。刘辟的目无朝廷和步步紧逼，让宪宗大为震怒，立马召集文武百官议定对策，下令不惜一切代价对刘辟予以镇压。经过周密考虑，朝廷命左神策行营节度使高崇文率五千骑兵、协同神策京西行营兵马使李元奕、山南西道节度使严砺共同出兵讨伐刘辟。此时，刘辟在东川的攻势还比较强劲，在朝廷军队刚刚向蜀地进发之时，刘辟就已经攻陷梓州，活捉了东川节度使李康。但是刘辟没有料到，这竟是他一生中最后的一场胜利。

在接下来的战役中，刘辟被政府军打得节节败退，毫无还手之力。二月初，严砺打下了剑州，紧接着三月初，高崇文又收复了梓州。从六月到九月，刘辟军在德阳、汉州、绵州、玄武、神泉均遭败绩。鹿头关守军眼见势单力孤，而西面的补给线又被切断，只好打开城堡向高崇文投降。高崇文长驱直入，于九月二十一日攻克成都，刘辟向西而逃，准备投奔吐蕃，在羊灌田被追兵追上，自杀未遂后被捕。

得到这个消息，柳宗元不禁感慨万千，并久久陷入了深思。如果刘辟当初回到西川，不与韦皋公然联合诸藩镇勾结宦官集团攻击革新派，结果会是什么样子呢？革新派或许还能多一点回旋余地，终不至于惨败？

细想，即便当初杀了一个刘辟也可能震慑不了藩镇集团。一个刘辟死了还会有更多的刘辟冒出来。因为朝廷的制度和积弊在那里，必然会纵容和助长藩镇势力，换了谁，换了多少人，藩镇都仍然是藩镇。如果不按照革新派的主张彻底解决藩镇问题，所有的和平稳定都将是短暂的，只要时机成熟，藩镇势力就要为患国家。这是人性的贪婪所决定的，只要个人欲望不受道德和制度约束，就会不断膨胀。其实，刘辟、韦皋等人也不是先天的盗贼世家，刘辟还是进士出身，若不是久居藩镇，不守先王之道，不受制度约束，也不至于如此野心勃勃甚至丧心病狂。

刘辟事件，足以证明两点：一是革新派主张的各项朝政和流弊改革是对的，是符合国家和民众根本利益的。二是革新派擢拔和废黜的一些人员在大方向上还是对的。既然如此，朝廷为什么要对革新派赶尽杀绝？难道他们都不想以国家的长久繁荣为要吗？如果说，宦官和强藩们揣着明白装糊涂，只顾及自己的生存发展和权势，那么宪宗呢？那些喊着为国尽忠的官员呢？难道满朝文武都泯灭了良知，没有一个人肯站出来为革新派说一句公道话吗？

柳宗元想到了这次平息刘辟叛乱的一个重要功臣严砺。或许，他能够站在当事人的角度，为革新派说一句公道话。

唐顺宗即位改元"永贞"后，严砺被擢升为礼部尚书，成为柳宗元的顶头上司。虽然当时严砺并没有直接参与革新派的各项改革，交往也不算密切，但因为差不多同时受惠于顺宗登基，对改革派的成员们还比较亲善。

如今严砺在山南西道节度任上又立了大功，况且他所成就的事情正是革新派众人一心想成就的事情，当然值得好好祝贺一番。于公于私都应该写点什么，表明自己的态度，证明自己虽远在荒州仍心系家国，并没有因为个人受到了贬谪而失去了对公义和大道的坚守。想罢，柳宗元即刻伏案挥毫写下了《剑门铭并序》：

> 惟蜀都重险多货，混同戎蛮，人龙俗剽，嗜为寇乱。……
>
> 惟梁守臣礼部尚书严公，以国害为私仇，以天讨为己任。推仁仗信，不待司死，而人致其命；立义抗愤，不待喋血，而士一其心。……左师出于剑门，大攘顽嚚，谕引劫胁，蚁溃鼠骇，险无以固，收夺利地，以须王师。……

柳宗元想借此提醒一下严砺，革新集团当初对藩镇和刘辟的态度并没有错，看在旧日同朝为官的情分上或可在朝中为改革派说一句公道话，但他在序及铭文中并没有流露出任何个人的情绪和要求。他相信，像严砺这样久居官场的老江湖心里自然明白，如果他愿意，一切都不用明说。

第二天，柳宗元就把《剑门铭并序》寄给严砺，随信又附带了一篇启。他在启中说："今身虽败弃，庶几其文犹或传于世，又焉知非因阁下之功烈，所以为不朽之端也。敢默默而已乎？"柳宗元的意思很明确，就是说自己的文字并不一定有太大意义，但却会因为严砺的功勋被后世传颂而不朽。这是谦辞，但谦卑里埋着深意。

柳宗元想得很多，只是忽略了一个事实，此时的严砺也已经成为藩镇统帅。今日朱门者，曾恨朱门深。身居藩镇之内和藩镇之外，角度、想法、感觉和对事物的评判标准都已经发生巨大变化。更让他想不到的是，严砺当上东川节度使后，本性暴露，人变得十分贪残，甚至到了士民不堪其苦的程度。当时就有官吏在朝廷指责他纵情肆志，擅没吏民田宅百余所，税外加敛钱及刍粟数十万。元和四年（809）三月，严砺死在任上，他死后，御史元稹奉使去两川按察，纠劾严砺在任日赃罪数十万。诏征其赃，以死，恕其罪。

柳宗元花费一番苦心撰写的这篇铭文，一直没有得到严砺的只字回应，似乎这件事从来都没有发生过。

四

冬天来临，永州气温骤然下降，清冷的龙兴寺更加清冷。

九月一过，韦刺史那边便很少再有往来了。虽然偶尔还会派听差送来一些吃食，但很少来龙兴寺与柳宗元见面。表面的理由是事务烦乱难得脱身，但柳宗元心里清楚其中的真正原因。之前诏令中的"纵逢恩赦，不在量移之限"，时时提示各州地方官要与这些贬官保持足够的距离，甚至要严格管控、约束和防范。稍有一点政治敏感性的官员都知道应该与柳宗元保持怎样的距离。若与其过从甚密，轻则受到朝廷的怀疑和恨恶，重则会因为某些谗言而受累、罹祸。柳宗元理解韦刺史的苦衷，并不介意，只是对自己的命运更加担忧。

阴沉、灰暗的天空突然飘下了雪花，柳宗元凭窗远眺，沉郁的思绪瞬间融入一片苍茫。洁白的雪，如被天庭遗弃的落花，身不由己地跌落尘埃，落地后却不能保持原来的形态和样貌，遂化作滴滴泪水浸染了冰冷的红尘。他怀念起昔日的旧友，想到已经不在人世的连州司马凌准，难抑的悲伤袭上心头。一首《哭连州凌员外司马》如久蓄未发的泪水，从内心流溢而出，并诉诸笔端：

废逐人所弃，遂为鬼神欺。

才难不其然，卒与大患期。

凌人古受氏，吴世夸雄姿。

寂寞富春水，英气方在斯。

六学成一贯，精义穷发挥。

著书逾十年，幽赜靡不推。

天庭挟高文，万字若波驰。

记室征两府，宏谋耀其奇。

辒轩下东越，列郡苏疲羸。

宛宛凌江羽，来栖翰林枝。

孝文留弓剑，中外方危疑。

抗声促遗诏，定命由陈辞。

徒隶肃曹官，征赋参有司。

出守乌江浒，左迁湟水湄。

高堂倾故国，葬祭限囚羁。

仲叔继幽沦，狂叫唯童儿。

一门即无主，焉用徒生为！

举声但呼天，孰知神者谁？

泣尽目无见，肾伤足不持。

溘死委炎荒，臧获守灵帷。

平生负国谴，骸骨非敢私。

盖棺未塞责，孤旐凝寒飔。

念昔始相遇，腑肠为君知。

进身齐选择，失路同瑕疵。

本期济仁义，合为众所嗤。

灭身竟不试，世义安可支！

恬死百忧尽，苟生万虑滋。

顾余九逝魂，与子各何之？

我歌诚自恸，非独为君悲！

　　柳宗元通过这首诗，陈述了凌准的身世和生平，对其忠勇才智予以盛赞和记述。深深感慨凌准不但被俗世所弃，更为鬼神相辱相欺的命运，对他的人生遭际和悲惨结局悲愤难平。同为命运的弃儿，同为"身负国谴"的待罪之人，能为朋友做点什么呢？大概只有这点心思和情义啦！但愿岁月流逝，凌君的才学和品格不会因为时人的诋毁而遭到时间的埋没。

　　诚如柳宗元在诗中所言："我歌诚自恸，非独为君悲！"他不仅为了凌准个人，也是为了革新派同仁共同的命运和国家的命运而悲伤。是啊！"我们选择了共同的改革目标，进身朝廷，又因为一样的原因被贬南夷。我们原本期望以仁义普济众生，那必然为愚蠢的人群讥笑中伤。我们到死也未有用武之地，维系正义，还有何指望？死去的，当然一了百了，苟活者，却忧思千万，魂一夕而九逝，何时何处得安？"

　　这一日，柳宗元收到了挚友刘禹锡从朗州寄来的一首长诗《武陵书怀五十韵》。

　　拆信展读，见字如面，仿佛刘禹锡就坐在对面侃侃而谈。这一首洋洋洒洒一百句的长诗，在这个冬日的午后给柳宗元带来了意外的欣喜和慰藉，同时也给他带来了些许的鼓舞。通过这首长诗可以看出，刘禹锡的精神状态依然很好，朗州之贬，似乎并没有给他带来太大伤害，他的才思依然恣肆纵横，他的锐气和棱角也并未被磨灭。人至山穷水尽之时，像刘禹锡一样旷达不羁，何尝不是一种正确选择和难得的境界呢？

刘禹锡的贬地在朗州，他之所以要写武陵感怀，是因为当时朗州下辖武陵和龙阳二县，武陵正在他的辖属之内。刘禹锡《武陵书怀五十韵》序称："常林《义陵记》云：初，项籍杀义帝于郴，武陵人曰：'天下怜楚而兴，今吾王何罪乃见杀？'郡民缟素哭于招屈亭。高祖闻而义之，故亦曰义陵。"刘禹锡为文为诗一向曲折幽深的风格，柳宗元是非常了解的，否则怎么可以称为知己呢？柳宗元看完这个序，心里就有了个谱儿，大约知道刘禹锡要说什么，再三阅读和揣摩整首长诗，他轻轻叹了一口气感慨道："此诗蕴藏甚深，非至近知情之人难解其奥！"

永贞之败已成事实，其参与者尤其是王叔文、王伾、刘禹锡和柳宗元几个核心人物心中一直有一个难解的结。如果不是内中隐藏着更大的阴谋，革新派未必最终惨败，即便失败，也许并非今日之结局。纵观历史，凡无罪之人被无辜杀害，必然会有一只有罪的手隐藏在暗处，操控着事件和历史方向。作为一名有远大抱负的有志者，在意的往往不仅是眼前的成败，而是为人的品格和身后之名。或可杀或可辱，但不可以罪恶和黑暗之名被埋葬于历史。如今，眼看知情人一个个死去，谁能够站在历史的高处，说出曾经的真相？

柳宗元明白刘禹锡的用意，虽然幸存的人俱身如累卵，苟活于险境、逆势之中，不敢也无力敞开那个有必要敞开的历史黑洞，但至少要在时间流程中做一个记号，让愿意追究真相的后来人有一个着手之处和求证之机。

虽然柳宗元平日里有一点忌惮刘禹锡的无所顾忌，但又不得不佩服刘禹锡的骨气和才华。通过这首《武陵书怀五十韵》，更加让柳宗元看到了刘禹锡身怀旷世之才。也许是机缘巧合，也许是历史的有意安排，"义陵"这个地名正好撞到了刘禹锡的怀中，既给他写这首长诗提供了灵感，也为他大大方方地把这首诗留给历史提供了充分、有力的借口。如果把这首长诗比作一枚定时炸弹，那么武陵人口中说出的那句话："今吾王何罪乃见杀？"则是引爆炸弹、震惊历史的一个引信。当然，它也是引爆刘禹锡内心情感，一口气写出这首长诗的核心要素。

表层事件毫无悬念，就是一个在当地发生的历史故事，"项籍杀义帝于郴"。义帝无罪被杀，就是一个不义之举，铁一般的历史事实，铁一般的不容颠覆的结论。触景生情，有感而发，自古是文人的常态。但知道永贞革新和刘禹锡身份的人，却不会把问题想得如此简单。一定会有人想到刘禹锡可能在以义帝影射王叔文，因为王叔文也是无罪被杀。作为革新派主要成员的刘禹锡等人尽管不得不接受革新失败的事实，又怎肯毫无挣扎地任人宰割和编派？他肯定要想方设法为王叔文辩白，或表达自己的悲愤。能够证明王叔文无罪，就能证明革新无罪，继而证明革新的参与者无罪。至于为什么无罪之人被害，正是一个可以激发后人揭开历史真相的兴奋点。

熟悉历史和权力游戏的人，都清楚项羽杀害义帝的真正原因。随着项羽的实力不断壮大，大部分江山都被项羽打了下来，义帝这个有名无实的虚号，就不再具有号令天下义军的功能。项羽的羽翼一旦丰满，义帝反而成了他登上皇位的绊脚石。不除义帝，他就无法名正言顺地当皇帝，即便强行当上皇帝，义帝的存在也是将来的巨大后患，随时有被其他野心家利用的可能。从这一点看，义帝影射的那个无罪被杀之人，并不一定指向王叔文，很可能是多指或另有所指。顺宗也是无罪之人，也离奇古怪地死去，并且他和义帝的情况更加吻合。

尤其在诗的结尾处，"南登无灞岸，且夕上高原"。刘禹锡巧妙地用了一个"灞岸"、一个"且夕临"的典故，把影射对象从王叔文身上转移到另一个更大的目标上去。其实，对顺宗的死，刘、柳早就心领神会，虽然他们也无法确定具体的操作和谋逆细节，但从当时顺宗的身体状况、宦官集团的进攻节奏以及一些事情的变化看，十之八九是非正常死亡。

当革新派众人离开长安之前，顺宗身边的牛昭容和李忠言等人，就已经神秘消失了。连续蒸发这么多人，难道都是巧合吗？不久后，又发生了一件奇怪的事情。永贞元年（805）十月，顺宗让位没多久，有一个叫罗令则的山人从长安来到秦州，说有太上皇的口谕密令，"妄构异说，凡数百言，皆废立之事"。让陇西经略使刘澭发兵，废李纯。结果刘澭告密，逮捕了罗令则，宪宗将罗令则一伙全部杖杀。

从史书记载来看，罗令则等人想拥立的皇帝应该是舒王李谊。但这件事是否李谊直接策划指使不得而知，只是不久后李谊就突然死亡。明眼人完全可以推测得出，尽管李谊在朝廷的政治斗争几乎就是一个毫无威胁的纸老虎，但他没有威胁不等于别人不会利用他制造威胁，最稳妥的办法就是趁机将他拔掉。别忘了，罗令则策动陇西经略使刘澭时正是打着太上皇的旗号。也就是说，只要太上皇在，就可能成为各路举事者举事的旗号，太上皇本身是否有什么想法已不重要，重要的是他已经成为一切不安定因素的导火索。基于这样的推断，新朝幕后操纵者的策略也就明确了：一切有可能发生癌变的瘤子都要果断切除！

更何况顺宗自当太子时就对宦官的跋扈深恶痛绝，继位后又先拿宦官开刀，应该说二者已经结有深刻的宿仇，如今宦官再次掣肘新皇，掌控大权，必定会怀恨在心，找什么借口也要报那一箭之仇。因此，接下来的事情就看似奇怪，实际上并不奇怪了。

下一年正月初八，唐宪宗李纯突然宣布父亲旧病复发，"诏以太上皇旧恙愆和，亲侍药膳"。在古代宫廷的惯例中，很少有皇帝宣布皇室成员病情的。更吊诡的是，第二天，李纯就宣布父亲病死了，是不是太有戏剧性了？唐顺宗的死，疑点重重，不得不让人怀疑。很可能，唐顺宗其实早已死去，甚至在上年十月，罗令则事件之后，就被请上了天。

关于顺宗的离奇死亡，不但革新派几个主要成员深表怀疑，民间类似的推测和传闻也很多。曾被革新集团推荐重用的新秀李谅，被贬出朝廷后，就根据当时的事件写了一篇叫《辛公平上仙》的小说，收录在《续玄怪录》里，以生动细腻之笔，也许是虚构，也许是曲笔纪实，呈现了顺宗被囚禁，以及被宦官、外将联手杀害的经过。估计，当时关于这件事的风声不小，当朝很多官员对此事也有质疑，只是出于个人安全考虑，不敢提及此事罢了。正所谓："含情欲说宫中事，鹦鹉前头不敢言。"这样想来，宪宗对革新派的人畏惧和嫉恨当是深远而绵长的。

五

龙兴寺的时间似乎并不是匀速向前的，至少柳宗元有这样的感觉。一年来，他就在这种时光的变速流动中计算着日子，可是算着算着就乱了，最终还是不能准确地感知时日的长度。当他沉浸在古书和佛经之中，或在赶写一篇文章时，时光就像一条受了惊吓的蛇转眼从某个缝隙中消失得无影无踪；当他闲来无事时，时光则像一条忠诚的狗，望一眼它伏在门口，再望一眼它仍旧伏在门口。

幸好来永州之前，他从亡友凌准那儿尽得陆质治《春秋》的三种著作，让他在这段黑暗时光中得见智慧的光亮和大道的指引，终没有因为仕途的不幸而使他颓废沉沦。来永州后，骤然断了在朝时的繁忙、热闹和浮躁，每日除了与重巽谈佛论道，与表弟卢遵、从弟宗直、宗玄研究一下日常生活，他几乎所有时间都用来研读陆质的著作。

从早年开始，柳宗元就对《春秋》怀有足够的兴趣和敬仰。以他对《春秋》的了解和认识，他认为《春秋》几乎凝结了当时人类的最高智慧，也就是所谓的大道，参透《春秋》的人不仅可以上知天文，下知地理，中间更可以穷人事。确实，孔子本人也曾把修订《春秋》视为第二生命，穷尽心智，呕心沥血，积十四年周游列国之经验，集六十载对世间万物运行规律的参悟和思考，打造了这一传世之作。一开始孔子就没有把它当作一部一般性的史书，而是将它直接定位为探究天地、鬼神、人间大道的帝王之书。孟子曾说："世道衰微，邪说暴行有作，臣弑其君者有之，子弑其父者有之，孔子惧，作《春秋》。"司马迁则说："《春秋》之义行，则天下乱臣贼子惧焉。"所以，古代的有识之士莫不将《春秋》看作知天地、通鬼神、治国理政齐家平天下的玄妙之书。

春秋以降，研修《春秋》的人趋之若鹜，但真正能从《春秋》中悟得真道的人却寥寥无几。柳宗元曾不止一次就这个问题发表过看法："后之学者，穷老尽气，左视右顾，莫得而本，……有吴郡人陆先生质，与其师友天水啖助泊赵匡，能知圣人之旨，故《春秋》之言及是而光明，使庸人小童皆可积学以入圣人之道，传圣人之教，是其德岂不侈大矣哉！"如此，他才肯心悦诚服地将参透《春秋》奥义的陆质称为老师。

柳宗元早年曾于好友韩宣英、吕温处见陆质解《春秋》的二著《微指》《集注》，大受启发。贬谪永州后，通过系统研读陆先生所治《春秋》，终于找到了打开《春秋》秘籍的钥匙，渐渐悟得天地、鬼神、人事之道，如醍醐灌顶，如拨云见日。世道的兴衰和人的成败，果因天命吗？人的生死、运势的转换果关乎鬼神吗？直到今天才明白，天地间根本就没有什么鬼使神差和宿命，一切都取决于道。因为道不可见，人们就有了种种的妄断和猜测。天有天道，人有人道，一切皆因道而变化！

想起人生的种种成败得失，很多感悟有如泉涌："人不知惧，恶可有为？知之为美，莫若去之。非曰童昏，昧昧勿思。祸至后惧，是诚不知。君子之惧，惧乎未始……君子不惧，为惧之初……忧可无乎？无谁以宁？子如不忧，忧日以生。忧不可常，常则谁怿？子常其忧，乃小人戚……皆知敌之仇，而不知为益之尤；皆知敌之害，而不知为利之大……"唉！想到此，他只有一声叹息，如果很早就懂得这些并自觉践行，或许事情又是另一个样子。

这是冬末的向晚时分。室内光线开始转暗，柳宗元放下手中书籍，慢慢踱步到朝向庭院的窗前。重巽师父要在这个时辰静修，做他的下午课。整个院子一时如同没有人烟的空院。母亲的灵柩就停在对面东厢的一间小屋子里，这光景让他深感凄凉，一种被放逐旷野的孤独感油然而生。他第一次清晰地领会到了"囚"的内涵。对他来说，囚并非置身于无法回转的狭小空间，而是置身无限的空旷，空旷得无论如何奔跑都跑不出去。并不是你没有申告的权利和自由，而是任你把喉咙喊破，你的声音也无法传给任何人。这是一种任你随意奔逃，都无法逃脱的牢笼。

这寺院，虽在白昼，却如在深夜般寂静。柳宗元正站在窗前沉思，突然听到寺院大门一声长长的呻吟，估计是有人从外边进来。片刻后，只见从弟宗直从外边提着一个大笼子进来，笼子里装了七八只鸟儿，他还看不清那是些什么鸟。去秋以来，他的身体每况愈下，经常失眠健忘，眼花，腿肿，四肢无力，毛发萧条，吃了很多药丝毫不见起色。尤其视力下降迅速，过去可以连续半日一直看书，如今却不到一个时辰就觉精疲力尽，眼前一片模糊。

提着鸟笼的宗直并没有回房间，而是朝柳宗元这边走来，径直进了他的房间。

早晨，宗直去寺外闲逛，遇到一个提笼卖鸟的人，鸟是永州一带常见的鹧鸪。鹧鸪体型大如鹌鹑，肉厚而味美，所以当地人多捕来充当副食，而不是用来观赏。听说，这鹧鸪肉对病弱之人具有强体补气的作用，宗直就心有所动。想到一个时期以来，柳宗元的身体因为忧惧交加和当地湿瘴之气的侵袭，状况越来越糟，药石调理不但无效，反而越来越虚弱，就特意买了几只鹧鸪准备做汤给兄长补补身子。

永州这地方，风景秀丽却地广人稀，从北方迁居来的柳家人并不适应这里的气候。眼见卢遵、宗直、宗玄和小小的和娘身体都在一天天变糟，柳宗元既愧疚又心痛。自前年八月以来，宗直跟随自己从长安出来，一路对老母卢氏和家人细心照料，全不顾自身的饥寒、疲惫和身体健康。宗元看看宗直瘦骨嶙峋、面黄肌瘦的样子和有点激动的表情，心里一酸，泪就在眼眶中打起了转，差一点就流出来。

半晌哽咽，柳宗元怔怔地看了一会儿笼中那几只徒劳拍打着翅膀的鹧鸪，似有所悟，最后用商量的口吻无力地对宗直说："还是把它们放还山林吧！"

宗直当时并不解宗元的用意，但他相信亦兄亦师的宗元说这句话必有缘故，一定是今天的事情触及了他内心的隐痛。虽然不确定是什么，但他深知宗元内心有太多打不开的结。除了他自己慢慢破解那些心结，作为兄弟实在是无能为力。宗直能做的只是好好陪伴兄长，能让他开心就尽量让他开心，如果不能让他开心，就陪着他一同忧愁。于是，他没有问为什么，默默地走出宗元房间，走到宗元的窗外，当着宗元的面，亲手把一只只鹧鸪从笼子里捉出来，双手投向天空。

第二天清晨，宗直刚刚起来，柳宗元就把他新写的一首诗拿来给宗直过目。宗直接过来仔细观瞧，见是一首题名为《放鹧鸪词》的诗：

> 楚越有鸟甘且腴，嘲嘲自名为鹧鸪。
> 徇媒得食不复虑，机械潜发罹置罦。

羽毛摧折触笸籔，烟火煽赫惊庖厨。

鼎前芍药调五味，膳夫攘腕左右视。

齐王不忍觳觫牛，简子亦放邯郸鸠。

二子得意犹念此，况我万里为孤囚。

破笼展翅当远去，同类相呼莫相顾。

读罢此诗，宗直心领神会，知道兄长是以鸟自喻，托鸟言情，也是在对自己解释昨天放掉那些鹧鸪的真正原因。兄长内心的苦，他怎能不知。

鹧鸪这种鸟儿，在中国的南方几乎随处可见，看似平常，但它却在中国古代传统中具有精神和物质的双重属性。市井中的人们把鹧鸪当成常食常有、不见穷尽的肉；而文人们却把它们当成一种吟咏不尽的文学主题。鹧鸪的鸣叫声很是独特，听起来很像人语中的"行不得也哥哥"。文人敏感，宁静中突然听到这么一声神示般的忠告从天空中传来，谁能不动心？故古人常借其声以抒写逐客、流人之情。

柳宗元如此的心性和遭遇，比之一般文人，就更容易触景伤情、托鸟言事。想那可怜的鹧鸪，虽有灵犀在心，能与人情相通，怎奈命运不济，有人看重的只是口中的肉和利益，设罗网将它们捉住关在笼子里，任其如何冲撞扑打，除了撞断了自己的几根羽毛，终于还是无法改变悲惨的命运。最后还要被人拔了毛，投入釜鼎加上调料给煮了，吃了。这不正是柳宗元自我处境的写照吗？当年年少气锐，不识几微，投身永贞变革，但欲一心革新弊政，举利除弊，结果却自罹罗网，等待他的不正是那口翻滚着热浪的沸鼎吗？

谪迁永州以来，柳宗元也曾多方相求，向京兆尹许孟容、淮南节度使李吉甫等人写信，陈述苦衷，希望朝廷念其年轻莽撞并且其才可用，予以原宥重用。不但写信给好友崔群等人，甚至还给勾结宦官镇压永贞革新的严绶、永贞革新的政敌武元衡、迫害柳宗元岳父杨凭的主谋李夷简等人投诗献文，以求提携。这些人不是先父旧挚，就是曾经相熟的旧友，一个个都大权在握，但凡能在皇帝面前多说几句好话，冰释前嫌，都可能早日改变自己的命运。但寄过去的文启俱如泥牛入海，久久没有回音。正所谓："贵在深山有远亲，困厄闹市无人问。"其实，柳宗元心里很清楚，人处危境如染瘟疫，人们唯恐自己这待罪之身会牵连他们，躲犹不及，哪敢再保持联系。"哀荒穷毒，人理所极，故亲遗忘，况于他人。"

夜深人静，柳宗元常常一个人辗转反侧，像一头瘦弱的老牛反刍那样，咀嚼这酸苦的人生，而种种况味一旦落于纸上，则无不令过目者唏嘘："伏念得罪以来，未尝有故旧大臣肯以书见及者。何则？罪谤交积，群疑当道，诚可怪而畏也。是以兀兀忘行，尤负重忧，残骸余魂，百病所集……非独瘴疠为也。"灵肉交困，而精神的痛苦更甚于肌体上的病痛。身处如此境地，无怪乎柳宗元要把自己与那笼鹩鹆的命运关联起来。

"还是把它们放还山林吧！"当柳宗元对弟弟宗直说出这句话的时候，他感觉自己的心也和这些得救的鸟儿一同飞上了蓝天。

自由是一种多么珍贵的东西呀！它就和空气一样，拥有的时候是那么可有可无，一旦失去，却觉得须臾不可或缺。俄而，他再次回想起那条三番五次来托梦的鱼。如果当时能把别人的事情当成自己的事情，或许只是举手之劳，或许就是那么轻飘飘的一句话，就可以拯救一条生命于危难之中。如此，自己又和那些身居高位而拒伸援手的人有什么两样呢？甚至连他们都不如。

六

这一天，柳宗元应新朋友吴武陵之邀，为其父写《濮阳吴君文集序》，突然觉得心意浮动，似乎有什么事情需要立即着手去办，却一时想不起来是什么事情。便若有所思地放下笔，从抽屉里翻出从前经常使用的铜镜。揽镜自照。这一照竟把自己吓了一跳，镜中那个面色憔悴、毛发凌乱、双颊深陷却两眼浮肿的人就是柳宗元吗？他不敢相信那就是现在的自己，一个刚刚三十六岁的生命怎么就凋零成这个样子？

去年，他还以为自己的健康情况变坏是暂时的，不会长久持续下去。那时，刚遭贬谪，水土不服，"荒乱耗竭，又常积忧恐"，加之母亲病故等一连串打击，放在谁身上，都免不了会有一个不小的滑坡和变化。他曾以为，随着对环境的适应和身心的逐渐调理、恢复，身体会渐渐好转。可是随着时日的延宕，情况不但没有改善，反而越来越糟糕了。

吴武陵是年初从长安被贬放永州的，一到永州就拜会了柳宗元，这让柳宗元在困厄中感受到了些许的慰藉和温暖。对这位去年刚擢进士并拜翰林学士的才子，柳宗元早有所闻。那时，虽然与这位小自己十多岁的后生交往不深，但对吴武陵的为人为文还有一些了解。对吴武陵的文笔，柳宗元的印象是："一观其文，心朗目舒，炯若深井之下仰视白日之正中也。"评价可谓甚高。不仅才学，其为人也是早有了解，那是公认的耿直、豪放、有正义感。昔日，淮西节度使吴少阳闻其才遣客郑平邀之，将待以宾友，吴武陵拒不答应。后来吴少阳儿子吴元济反叛，吴武陵又遗书斥责。从中可见，他和柳宗元一样鲜明和坚决地反对藩镇，不但不因小利为之所用，还公开斥其反叛。有着这样背景、经历和观念的两个人，永州一见，又岂止"他乡遇故知"可以形容！相同的命运和遭遇，相近的才干、性情和见解，让两个人初见即成至交。

在前日的深谈中，柳宗元提到了自己拟完成的一部作品《非国语》，吴武陵则抱有非常大的兴趣和期待，通过对这部书创作思路和基本立意的大致了解，他认为这部作品的问世不但对当世会有较大影响，对后世也将产生深远影响，属于"道"的范畴，并非一般意义上的文可以比拟。另外，他还就此和柳宗元交流了许多治世之道，当然也谈到了"士"在逆境和顺境中应该保持的气节、姿态和使命。这些都非常契合柳宗元的想法。

与吴武陵的一席畅谈，对柳宗元来说，不啻暗夜里突然擦亮的一支火柴，火光未必多大，却奇迹般照亮了他困顿的心。持续度过了一段混沌、低沉的时光之后，柳宗元顿觉被一种力量唤醒，他的情绪随之振奋起来，决定将自己这段人生逆境过出醒世的意义。

柳宗元终于想起来，自己停笔起身并非要找那枚铜镜，而是要找以前的文章手稿。没想到，一转眼就把要做的事情忘掉了。这样的情况已经持续了很长一段时间，开始时他自己也感到很忧虑，怕用不了多久就得死在这南夷瘴疠之地。对此，他在给岳父杨凭的信中写道："自遭责逐，继以大故，荒乱耗竭，又常积忧，恐神志少矣，所读书，随又遗忘。一二年来，痞气尤甚，加以众疾，动作不能。眊眊然，骚扰内生，霾雾填拥惨沮，虽有意穷文，而病夺其志矣。每闻人大言，则蹶气震怖，抚心按胆，不能自止。"月深日久，带病运行已经变成了柳宗元的新常态，横竖就这一条命，能支持多久就是多久吧，也没有兴致和精力忧虑那么多啦！

当初从长安匆匆出来，没来得及也没办法带太多东西，书籍更是百不足一，若不是卢遵和宗直二兄弟拣一些重要的书籍带来，怕是在这穷乡僻壤连学问也做不成，文章就更别提了。入得龙兴寺，家里已经连续遭了四场大火。每遇大火，柳宗元都是光着脚跑出来，房子烧成断壁残垣，居家什物被焚毁一空，仅仅是没有烧到人，一部分书籍散乱毁损，一部分不知去向，以至于他一想到火就害怕，心惊肉跳之余，整日混乱迷茫，口不能言，又怎么能全心投入写作呢？多亏了几位贤弟有心，顾完家人，总是成功地将那些如同命根子一样的书籍抢救出来一部分。如果没有书，这困苦寂寞的时光就更无法打发啦！

很庆幸，经过一番翻箱倒柜，柳宗元把《国语》和昔日所做的《非国语》文稿都从一个角落里找到了。接下来他要按照吴武陵的建议集中精力，潜心思考，把这部规模不小的写作工程完成好。

就在这时，女儿和娘悄悄从外边进来了。

一直以来，这个孩子都是柳宗元心里的痛。每次看到她瘦弱的身体、忧郁的神情和柔顺、懂事的眼神，柳宗元都百感交集。这孩子命苦。如果不是母亲出身低微，也不至于五岁就和母亲分开，过着没有母爱的童年；如果不是父亲不幸流贬，也不至于小小年纪就要远徙他乡，受这等颠沛流离之苦。因此，柳宗元总会在心里狠狠地自责："都怪自己这个不称职的父亲，只知道恪守士大夫的清规戒律，只知道对世俗压力的屈从，却没有士大夫的地位和力量，更没有平民、良人的潇洒和勇气。"每当小和娘温柔地偎在他怀中，或触摸到她单薄的肩膀、细嫩的脸颊，柳宗元的心就会激灵地战抖一下。那是一种愧疚、心疼、怜爱兼而有之的复杂心情。烦闷时，他会拉着女儿的小手在寺院外边走上一阵子，或陪她玩耍一会儿，也会在精力旺盛情绪好的时候，给她讲一些人生道理。

和娘最近病了好长一段时间。请了几个医生来看，总看不出病因，药是不断地换着吃，就是不见效。只见她身体逐渐虚弱，精神也逐渐萎靡，病情好两天坏三天的，好时高兴一小阵子，还没等高兴完，病情又加重了。不知道是什么原因，是与她奶奶的过世有关呢，还是北方人到了南方就不好活命?

今天早晨,她的情况好一些,这会儿就起来到父亲这里来了。一来,就依偎在柳宗元身边,半晌,弱弱地对父亲说:"要不,我侍奉佛吧,皈依了佛,我这病或许能好。"

几年来,一家人住在寺院,天天与僧人打交道,思想和观念都有巨大的改变。奶奶在世时和娘就已经和奶奶天天礼佛,当地人迷信,认为医药无效时可能就是天生的佛缘。和娘年纪小且有心计,就把这件事记在心上,慢慢认同下来。

事已至此,柳宗元也无计可施,只要和娘的病情能有好转,就算去专门侍奉佛又有何妨!柳宗元没有用语言回复女儿,只是微微点了一下头。

和娘离开后,柳宗元立即放下手中的事情,去找重巽上人。当他把女儿的状况和愿望说与重巽,重巽也觉得此事重大,要好好斟酌一下,他需要在静心礼佛过程中寻找正确答案。

三天后,重巽来找柳宗元。他认为和娘是一个慧根深的孩子,小小年纪能提出如此愿望并非毫无缘由,冥冥中或有一段奇特的佛缘。他建议先为和娘换一个名号,至于最后的选择,要观察一段时间后再做。于是,和娘从此就不再叫和娘,而叫佛婢,意思是给佛做婢女终生伺候佛祖。

又过了一些日子,和娘的病情进一步加重,孩子走路两腿已有飘忽之感。柳宗元心生恐惧,没有了主意,又找来重巽上人。这一次重巽来了一个干脆的,直接为佛婢削发剃度,让她正式出家当了尼姑,以示其诚。法号就叫初心。

因为一场难以医治的病就让女儿小小年纪削发为尼,柳宗元心里很不是个滋味。看着女儿天真乖顺的模样,他虽然脸上笑着,心里却在流泪。更让柳宗元伤心的是，佛祖也没有留下这个女孩的生命，数月后，她以一个尼姑的身份死在了龙兴寺。

抱着已经没有了气息的女儿，看着她苍白的小脸和光光的头，柳宗元放声号啕，他要把他的哀怨之声传达给高高在上的天，传达给远在西天的佛，问问他们谁能救人于非命，谁能主持人间的公道？

柳宗元蘸着心里的血、眼中的泪，给早夭的女儿写了《下殇女子墓砖记》：

> 下殇女子生长安善和里，其始名和娘。……其母微也，故为父子晚。性柔惠，类可以为成人者，然卒夭。殓以缁褐，铭用砖甓，葬陵东郭第二岗之西隅。铭曰：孰致也而生？孰召也而死？焉从而来？焉往而止？魂气无不之也，骨肉归复于止。

逝者长已矣！女儿未嫁而夭折只能就地入土安息，老母的遗体仍滞留他乡，却需要回长安与父亲柳镇合葬于万年县祖坟。

这日，柳宗元请来重巽，召集众兄弟商议母亲归葬的事情。大家一致认为此事不能再拖下去了。既然柳宗元仍不能离开永州为母亲扶丧，那就由表弟卢遵、从弟宗直一同护送老太君的灵柩回长安下葬吧！

吉日一到，在龙兴寺停了一年的柳母灵柩终于启程北归。柳宗元泪如泉涌，一边流泪一边发出痛彻心扉的悲声："灵车远去，而身独止；玄堂暂开，而目不见。孤囚穷絷，魄逝心坏。苍天苍天，有如是耶？"

母亲的灵柩在他的视野中彻底消失了，他举目远眺，突然发现身边骨肉相连的亲人，唯剩下自己孤零零一身，这世界竟如此地空空荡荡！

第七章 情寄山水

一

柳宗元在龙兴寺的房间位于西厢最北，只有一个北窗，屋子里整日难见一丝阳光。阴郁的环境给他原本沉闷的内心又增添了一层沉闷。为了在视觉上给自己透一点阳光和亮色，他决定在屋子的西侧加开一扇窗，"凿西墉以为户"。这一凿不要紧，顿时打开了另一个境界。"户之外为轩，以临群木之杪，无不瞩焉。不徙席，不运几，而得大观。"

龙兴寺建在高处，只要没有墙壁遮挡，放开目光就可以高瞻远瞩，真是方便至极。不用离席，更不用搬动桌椅，只要从书案边扭头一望，目光就迅疾飞越窗下的树梢，抵达远处的西山。无限风光尽收眼底，顿觉心开目明，胸怀畅悦。原来，人生竟然如此奇妙，只要稍作改变就可进入另一种境界。

永州初期，柳宗元过了一段幽居生活，每日只靠这扇西窗放飞自己的目光。时间一久，西山竹林下神秘的暗影，草木间偶尔闪现的粼粼波光，还有窗外飘来的鸟语花香，似乎都如老朋友一样向他发出无声的呼唤。他意识到不应该总是把自己关在屋里。别人把自己的人生逼入角落，自己不应该继续把自己再往角落里逼。好歹要走出去，体验一下牢笼之外的乐趣。

这些天，他终于悟出一个道理，朝廷把自己驱逐到这个蛮荒之地，又不给安排具体事务，就是要靠这种巨大的压力让被贬官员构筑起自己的精神牢笼。囚住你的心，囚住你的灵魂，让你自己折磨自己，惩罚自己。在这种情形下，只有自己能解救自己，纵然无力改变现实环境和物质条件，至少在精神上要想办法冲破无形的桎梏。

母亲和女儿相继离世之后，柳宗元觉得生命变得更加虚空，并因空而轻，甚至轻得如一粒尘埃，无法踏踏实实地落在地上。龙兴寺，几年来收容了他，给他提供了起居、安歇的窝巢，如今却成了他的伤心地，对他构成了巨大的压力。寺内的一草一木、一砖一瓦都铭刻着他不愿意面对的往事和记忆。每有一物入眼，都会让他想起母亲与女儿在世时的情景。特别是那间独居的小屋，有时让他一刻都无法停留，仿佛多驻留片刻，这个已经冻僵的生命就会转瞬成冰。只有走出这座寺院，与那些陌生的山水、鸟兽、草木、风物为邻为伍时，他才能挣脱往事和记忆的困扰，也不再是那个顶着罪名的贬官。他多么希望自己不是一个身负重轭的人，哪怕是林中的一只飞鸟、小兽，甚至草木、石头也好，都可以尽享一丝丝的自由和尊严。

他迷恋上了四处游荡。最初，他一个人独自出行，可近可远，可繁可幽，目光被市井百态或奇妙风景所牵引，便超越了自我，关注起天地、人间的事物。后来遇到了娄图南，遇到了吴武陵，遇到了李幼清、元克己和南承嗣，当地的刺史也参与进来，他们开始结伴出行，"其隙也，则施施而行，漫漫而游。日与其徒上高山，入深林，穷回溪，幽泉怪石，无远不到。到则披草而坐，倾壶而醉。醉则更相枕以卧，卧而梦。意有所极，梦亦同趣。觉而起，起而归；以为凡是州之山水有异态者，皆我有也……"一有空闲和兴致，他就入山林，觅泉溪，寻怪石，探索自然的奥秘，思索人际之外潜隐于自然万物中的道，足迹几乎遍布永州周边的山山水水。此时，他以山水为财富，以草木为朋友，以天地为胸襟和精神世界。

最早与柳宗元频繁往来并结伴出游的人，是他旧日相识的京都名士娄图南。娄图南本出生于官宦之家，他的曾祖父娄师德是武则天时期的名臣。柳宗元未满十八岁时，便在长安耳闻娄图南的文名："仆未冠，求进士，闻娄君名甚熟，其所为歌诗传咏都中。通数经及群书，当时为文章，若崔比部、于卫尉相与称其文……咸推让为先登。"虽然才高八斗，怎奈娄图南生性清高，坚决不在科举过程中搞请托、干谒那一套，遂连续失利，最后只博取一个秀才的功名，终与进士无缘。之后，便彻底看破红尘，决绝转身，漂泊江湖寻仙访道，求取长生不老之药。当他越过江河湖海，走出豫章，到了南海，又由桂林出发向南游历，路过永州时，与柳宗元偶然相遇。

娄图南与柳宗元二人都是满腹经纶的名士才子，而且此时各自都有一肚子对世道、人生的怨尤，都有满腹志不得致、道不得行的郁闷和委屈。柳宗元是"既困辱，不得预睹世之光明，而幽乎楚越之间，故合文士以申其致"。娄图南是"志乎道，而遭乎理之世，其道宜行，而其术未用，故为文而歌之"。二人聚在一起"好音怜铩羽，濡沫慰穷鳞"，互相安慰、惺惺相惜，大有相见恨晚、感念命运安排之意。

遇到柳宗元，娄图南也如同在漂泊的旅途上遇到了一个情感和信念的驿站。他决定在永州住上一阵子。一来可以在永州寻访像重巽这样的高僧大德；二来也可以陪伴柳宗元一段时间，尽知已的情分，两人可以尽情地互道衷肠，畅叙友情。

娄图南把住处安置在离龙兴寺不太远的另一个寺院开元寺。这样，两个人既方便见面，又有独立的个人空间，可分可合，聚散自如。这二人，一个是闲云野鹤、无拘无束，一个是无职无权、无所事事，说来都属于有闲之人。自此，便情投意合，形影不离，开始一段密集而难忘的交往。每日里你来我往，不是娄图南到龙兴寺约上重巽上人一起喝茶聊天；就是柳宗元去开元寺拜访娄图南，一起探讨佛理、道术、谈古论今；要么就结伴出游，共同游历山水，饮酒赋诗，宣泄才华。

柳宗元来永州的这段时日，虽然一直因为仕途的坎坷而情绪低落，毕竟还是一个拿着国家俸禄的人，整天啥也不干，自觉愧对这份俸禄，更愧对用血汗钱供养自己的一方百姓。他常常自我反思，觉得作为地方官员，还是应该尽力为当地做一点事情。由于手中并无职权，他省吃俭用自掏腰包，捐款在法华寺边上建了一个西亭。为留个念想也好，为尽心尽意也好，一可为这边远小城增添一处景致，二可让上香的百姓有一个纳凉观景的场所。

九月将尽，柳宗元想起了西亭。这天娄图南一到他的住处，他就提议一起去法华寺西亭转转。这时，柳宗元家里已经雇了帮助料理家务的下人，可以伺候他和娄图南出行。他们来到西亭，欣赏过亭内的楹联、雕刻，便坐在亭内放眼远眺。亭子就建在湘江之滨的一座小高地上，视野开阔，放眼越过浩浩汤汤的湘江水，西山的景色倏忽间撞入眼帘。

之前，柳宗元走过永州周边不少地方，西山似乎也曾匆匆路过，可能是身在山中不识山或匆忙疏忽的缘故，并没有留意它的景色，更没有发现它有什么特别之处。如今站在西亭从这个角度看，竟然别有一番韵致。看来，对自然景观的认识，也有个角度和深度的问题。一味凭借主观臆断或浮光掠影的印象难免走眼误判或错过。怀着一探究竟的好奇之心，柳宗元立即命仆人在前开道，他要与娄图南从这里过湘江上西山。

渡过湘江，正好有一条小溪叫作染溪，从这里注入湘江。染溪从西山上流下，在丛林间辟开一条树木稀疏的通道。他们沿着染溪行走，沿途斩除密集的低矮灌木和杂乱生长的茅草，把那些陈腐的枯枝败草集中到一处点火烧掉，去芜存菁、清除有害的遮蔽，漂亮的树木和美丽的鲜花便显露出来，一条引导人们攀向高处的小道呈现于他们眼前。

柳宗元和娄图南跟在仆人身后，时而动手清除一些杂草树枝，时而指导一下仆人正确的方向和方法。攀至半山，柳宗元回头望了一眼身后的路，内心生出了一阵莫名的感动。他感慨于上天造设万物，用心竟然如此良苦和精密。天地万物存在、生长、运行以及之间的相互作用难道不都和人类一样遵循着同一个道吗？道和理又岂是仅藏于人事和人心之中呢？

登上山顶，更是让人目明心朗，境界大开。他们找一处芳草密集的平地坐下，舒展开四肢，放飞自由的目光。目光所及似乎不仅是永州，附近几个州的土地尽皆在西山脚下，大有"一览众山小"的感觉。坐看山下那些高高低低的地貌，山谷、深池，看起来简直是孩童们玩耍时堆砌起来的小土堆、小沟槽、小水坑和小洞穴，而那些远方的景物却近在眼前。但见青山白水相萦绕，视野最远处的景物与天际相连接，那些密集的景物像是谁特意聚拢、重叠地摆放在一起，推送到眼前，供人们观赏。眼前的景色真可以称为上天最完美的创造啊！直到这时，才真正体会到西山原来竟如此之高，如此之挺拔俊伟、卓然耸立。这哪是那些小山、小丘可以相提并论的！如果不是今日突发灵感，这么壮丽的景观就可能被彻底忽视了。

平日里不觉得西山高，一个原因是被树木遮住望眼，另一个原因是人在西山之上被西山的山麓所托举。不认为西山特别，是因为没有深入西山腹地探幽索隐，不知道西山的内涵和蕴藏。看着看着，柳宗元感到自身和悠悠的长天、苍茫大地以及自然万物融为一体，无穷无尽，浩瀚无边，生命进入既虚空无物又饱满充盈的另一种境界。

"快拿酒来！"柳宗元吩咐仆人马上备好酒菜。为了这非同寻常的一天，为了眼前展开的另一重人生境界，他要和挚友娄图南好好庆祝一下。今日开心，柳宗元拿起酒杯一饮而尽，一杯接一杯，很快就喝醉了。不知不觉太阳已经下山，暮色昏暗，像汹涌的潮水，从远处一步步逼近，直到天黑得什么都看不见，他依然不想回去。此刻的心灵平静得像是凝固了一样，身体也仿佛消融于万物之中。

酒醒后，柳宗元才发现自己之前的游览都是近山不知山、临水不识水，并不是真正的游览。想起以前游山玩水的情景，他不禁莞尔一笑，那是什么呀？到处胡乱走，走到哪里席地而坐，倾壶牛饮，每喝必醉。醉了，几个同游的人就相枕而睡，醒时想什么，做梦就梦什么。睡醒了就起来，起来就回家，像个无心无肺的游魂一般，什么好风景看过都如同没有看过，什么美好的事物都要空空地辜负。想来，那只可叫醉生梦死、暴殄天物，怎么可以叫游览或经历呢？如果说人生果有真正的游历，或许只有从今天开始。

二

初游西山之后，柳宗元大有斩获，回来不久就写了一篇《始得西山宴游记》。一气呵成之时，并没有刻意琢磨如何谋篇布局，如何循规蹈矩，反正把内心想说的话都说了，把最想表达的意思表达清楚了，并且表达得还算曲折跌宕、意味深长！

自魏晋以降，这类纪行文字并不鲜见，但多数都是一些小制作、小格局。再有那些序呀、记序呀等等，甚至都算不得正文，只是附庸或附件而已。至于文字，要么平淡如水、一览无余，要么是辞藻华丽、空无实物。文字如果仅仅停留在那种境界，不写或不刻意为之也罢。今日清晨，酒气尽消，柳宗元要好好端详一下乘兴写下的文字，冷静审视一下它到底有没有点存在的意义。

柳宗元边审视自己的文字边比对古人的文章。从郦道元的《水经注》，到贺循的《石箕山记》、慧远的《庐山纪略》，再到王羲之的《游四郡记》等，他总是觉得古人的同类文字少了些什么。如果把那些文字看成地理著作，关于地形地貌的描写又不够详尽，缺少了精密、细致；如果看成文学著作又少了人气在里面，情景交融不够，只见山水形貌而不见山水内在的精妙和灵魂。尤其不见人的情感、情绪和心智、灵魂运行其间。都说是山水非人事，无法载道，果真如此吗？柳宗元倒认为世间万物都遵循着同一个道，它们只是形态不同、外在特性不同、表现方式不同，其兴衰荣辱生灭优劣媸妍以及万事万物间的生克关系最终都要遵循这个共同的规律。并非草木无情、山水无道，只是书写自然的人心中无情、无道，不能够精微体察、深刻理解所面对的事物罢了。

如此想来，柳宗元对自己的这篇文章就有了明悟。仿佛发现了通往另一种境界的入口，悄然间，有丝丝袅袅的自鸣得意自内心升腾而起。他盼望着娄图南和吴武陵两位文友今日能快点到来，心情很是急切。他要让两位深懂文章精要的大家说说对这篇新文章的看法，以期自己关于山水游记文章的想法能在他们那里得到验证和肯定。

先一步到来的是娄图南。秀才认真看过此文后，微微一笑，沉吟半晌才发表看法。娄图南认为，宗元笔下的山水，大体可用四个词来进行概括，那就是文辞精妙、恣肆汪洋、神思幽深、气象万千。论文章当是文采空前，既不失古人的典雅，又远超古人此类文章的框范，循古而不泥，卓然而超凡，可开一代记游文章之先河。凡文中草木皆有生命，凡所涉山水俱如有神，草木有灵，文有诗情也！但娄秀才话锋一转说了个"然"字。他认为宗元的文章虽神采飞扬，句句关涉草木山水，但句句都没有离开世事和自己的襟怀，满篇充盈着不平之气。说好要放下的一切，原来都没有放下，终究是对人事抱有幻想，心有不甘，情有不愿。说是道，也是道，但与他的道显然并非一道。说完这番话，娄图南轻轻叹了一口气，头似摇而非摇。

其实，娄图南能说出这番话，并不完全是从文而论，经过长时间相处，他对柳宗元已有深刻了解。关于处世态度和赋予诗文的功能，两个人很早就有不同看法，即便他们喝酒唱和中所吟之诗常常是同一主题，吟出来的调子却相去甚远。毕竟，诗是人内在之声的外化，对一个成熟文人，无论其诗文的创作方式和品质如何，内里藏着的观念都不会有太大的改变或突变。娄图南的志向是访仙问药，所以他的诗文主张一向是隐逸、闲适和纯粹的超然，诗文，仅仅到诗文而止；而柳宗元则坚持文以明道，在《娄二十四秀才花下对酒唱和诗序》中表述得很清楚："形于文字，伸于歌咏，是有其具而未得行其道者之为也。"虽然他也会触景生情，借酒抒怀，但却不以为诗文尽到诗文为止，一切表现形式都只是一个承载更多、更深内容、意义的器。他内心惦记的是"奋其志略，以效于当世"。这一点，娄图南心里清清楚楚，柳宗元终究还是柳宗元，可惜了冰雕玉琢的一个旷世才子，竟然深陷于红尘泥淖不得解脱，不能自拔。

柳宗元却始终认为，自己和娄图南之间只是情与趣相同，志与向并不相合。这固然不影响两个人的友谊，却也是一个不小的遗憾。有一次，娄图南因病卧床，柳宗元特寄《酬娄秀才寓居开元寺早秋月夜病中见寄》诗相慰：

> 客有故园思，潇湘生夜愁。
> 病依居士室，梦绕羽人丘。
> 味道怜知止，遗名得自求。
> 壁空残月曙，门掩候虫秋。
> 谬委双金重，难征杂佩酬。
> 碧霄无枉路，徒此助离忧。

这首诗，寄托了柳宗元对娄图南的关心、牵挂，表达了对好朋友的深刻理解，但也对他满世界寻仙找药的做法提出了自己的看法。何苦呢？凭娄君的人品和才学到哪里还不赚口饭吃，何苦搞得如此穷困潦倒，都三十大几了，还居无室宇，出无童御，孤身一人。世间哪里有碧霄云天的来去之路啊？求道的结果只有无穷无尽的漂泊，只有故乡不得归，好友不得聚，"徒此助离忧"。

吴武陵到达龙兴寺时，已近正午。他进屋时，柳宗元和娄图南两人正在商量第二天的出游计划。吴武陵一听说要继续游览西山，自然很高兴，他还是前一阵子刚到永州时，在两个州衙小吏的陪同下，匆匆地走马观花一番。其实，他本来对山水的兴趣并不太大，他感兴趣的只是和大家一起出游，在轻松自在的环境里谈论古今大道。西山，因为几个人都去过，就不一定要重复昨天的路线了。这次他们要开辟一条新路线，向西山的纵深地带探索。至于人员嘛，可以多带几个，只是最近几天宗直身体欠佳，就让他在家里休息吧！

商量完出游计划，柳宗元并没有忘记把文章拿给吴武陵品评。吴武陵对这篇文章的看法和态度，显然与娄图南大不一样。柳宗元的文字似乎让吴武陵很兴奋，甚至边看边忍不住朗诵起来："……凡是州之山水有异态者，皆我有也，而未始知西山之怪特……其高下之势，岈然洼然，若垤若穴，尺寸千里，攒蹙累积，莫得遁隐。萦青缭白，外与天际，四望如一。然后知是山之特立，不与培塿为类。悠悠乎与颢气俱，而莫得其涯；洋洋乎与造物者游，而不知其所穷。引觞满酌，颓然就醉，不知日之入。苍然暮色，自远而至，至无所见，而犹不欲归。心凝形释，与万化冥合。然后知吾向之未始游，游于是乎始……"

在吴武陵眼里，柳宗元的文章不但前无古人，在当代的文人中也无可匹敌。这样的文章，当视为一种独特的创造。如果山水风光是上天的创造，那么宣纸上的山水境界则是柳宗元一手造就的。西山的景致吴武陵是见过的，虽然风光不俗，却远称不上奇特。没想到，那么平平淡淡的山水在柳宗元笔下却活了起来，不但千娇百媚，姿态横生，令人向往，令人陶醉，而且确确实实呈现出了独特的个性和特质，是耶，非耶？是，也不是！不是，也是。这正是柳宗元文字的魅力和奇特之处。

吴武陵与娄图南看法一致的地方是柳宗元的山水看似句句风景，实则句句是人。他笔下的山水都有着自己的命运，而它们的命运，似乎又都与柳宗元的命运以及这些贬谪之士的命运相似。当吴武陵读柳宗元的文章时，明显感觉到了自己的情感在随着文字的跳动而共振、共鸣。这哪是无人光顾、无人赏识的寂寞山水呀，显然就是他们这群被抛弃、被流放的拘囚之徒，质无人识，才无人用，道无以行。越读，吴武陵的心里越觉气闷，他深深领会了这些宁静、华美、绚烂的文字下潜藏着的苦闷、哀怨和愤怒，也深刻领会了柳宗元在写这篇游记时内心的波澜。平静很久，他说了一句："文中有人，亦有道。"这算是他的一个结语。

两个人从不同角度发表的意见，柳宗元都认真聆听和分析。虽然话语中难免有一些溢美之词，但也都有真知灼见。从文章的风格上、取向上或艺术评价上，两个人的意见都还中肯，这就给出了一个基本定位。至于文章的意义和价值，他心里已经有了谱。他知道，文有文运，人有人运，虽说人的命运和文章的命运都不能握在自己手里，但至少决定文章命运的人或时间相对公平一些，会以内质为标准，并不像人的命运，如飞絮、漂萍，不知道会落到何人手中，也不知道究竟会由什么所决定，更不知会因为什么而改变。

估计这次出行的路比前次要远，一行人约好第二天要早早动身。这次不走上次走过的路了，他们要游一游从前听人说过的钴鉧潭。朋友们边走边聊，热热闹闹地绕到西山山口。从山口进入，只几百步距离便到了钴鉧潭边。从永州城那边看钴鉧潭，这潭就隐在西山背后，似乎遥远，其实往来非常方便。

关于潭的形成，也是起于冉水。当冉水从高处落下，恰逢山石阻遏，便在这里形成了一个巨大的回旋。由于水势湍急，水流撞击到山石之上，流沫飞溅，声如沉雷，激起的涡旋如一个巨大的车轮在飞速旋转。就这样，一脉带着能量的山水因为受山体岩石之阻，郁结成潭，潭水涨升漫延开去，足有十亩之阔，直到水位上升至山体的缺口，才继续向下游进发。潭水晶莹、清澈，四周长满了树木，又有山泉从高处的岩石上流泻下来，渺渺然如人间仙境。

众人走到这里，被钴鉧潭的美景和氛围深深吸引。他们索性不再继续前行，遂席地而坐，在这里消磨了整整一个下午的时间，天色向晚才依依不舍而归。因为意犹未尽，接连几天，他们都到钴鉧潭边游览消遣。

这天早晨，突然有人找上门来，要和柳宗元商量事情。原来，这钴鉧潭上边住着一户人家，有几亩薄田勉强支撑度日。虽日日临潭而居，又哪有心情观赏潭上风景。这潭虽然早就被人发现并游览，但来者寥寥无几。这穷乡僻壤多的是风景，少的是衣食，人人都在疲于奔命。不用说，有人盯住这个潭游览，肯定是有钱、有闲又十分喜爱这个潭的人。于是，这块田地的主人就跟踪柳宗元找上门来，告诉柳宗元，他早先家境还算殷实，才购置了这块土地。近些年由于官府的各种租税多如牛毛，外债累积，实在负担不起，打算搬离此地，去无主的深山开荒度日。他提了一个建议，如果柳宗元对这个地方感兴趣，肯出很少一点钱就可以买下这几亩薄田。

这不是件两全其美的事情吗？没钱的人可以不再有人天天催债，有钱的人可以坐在自家门口天天看风景。这确实是一个不错的主意，柳宗元虽然称不上有钱人，但是总比一个接近破产的农民要强。他毫不犹豫就同意了田地主人的想法。

最重要的是，这块属于自己的土地，让柳宗元感到在这人世间，自己终于有了一块立足之地。所以在《钴鉧潭记》中，柳宗元写道："孰使予乐居夷而忘故土者，非兹潭也欤？"是什么使我乐于居住在蛮夷之地而忘记故土呢，不就是这个钴鉧潭吗？

三

从钴鉧潭向西再走二十多步，水深流急之处有一道鱼梁。鱼梁上有一座小丘，上面长着竹子和树木，并布满了形态各异的石头。每一块石头都那样生动活泼，仿佛它们并不是存在了很久，而是刚刚破土而出，从地底下钻出来似的，一个个争奇斗怪，尽显生命动感。有些重叠着的向下的，好像牛马俯身在小溪边喝水；有些高耸突出向上的，又好像熊罴在奋力登山。

如此鬼斧神工的一组天然雕塑，看得柳宗元目不转睛。想自己从少年起就随父亲宦游四方，每走一地都要到周边转转，什么奇异的崇山峻岭、幽泉怪石没见过？可就是没有见过如此美妙的景物，如果不是从喧闹的都市被驱逐到如此荒芜的远州，哪有机会领略如此神奇的绝世之物呢？如果仅仅停留在钴鉧潭边，不再前行，恐怕也将与这小丘擦肩而过。难道一切都是命运的安排吗？看来，这小丘也有它自己的时和运啊！

小丘方圆不足一亩，在群峰的包围映衬之下，宛若一个小巧玲珑的尤物，可爱至极，似乎都可以装到笼子里提走养为宠物。想到这里，柳宗元又动了拥有这小丘的心思。于是向周边人打听这小丘的主人是谁。这里的人莫名其妙地看看他，不解他的用意，用不屑的口吻说："唐氏之弃地也！"好嘛！他自己也是唐室之弃士。这小丘的主人姓唐，几年之前就不想要这块地了，只是叫价出售几年始终无人问津。大概主人做梦也想不到，还有人对这个无用的小丘如此欣赏、如此感兴趣。听说主人要出卖此丘，柳宗元迫不及待地问售价多少。"只要四百钱。"这个价格真是让柳宗元大喜过望，简直就是白菜价。

唉！凭着这小丘优美的景色，如果把它放到京都附近的沣、镐、鄠、杜等地，喜欢游览观赏的人士一定会争先恐后来买它，别说四百钱，就是每日递增千钱怕都抢不到手。如今被抛弃在这荒僻的永州，如此廉价还一连几年都卖不出去，竟然落到农民、渔夫都瞧不上眼的境地。这里的人太不识货了，小丘放在这里简直太可惜啦！

"我买！"柳宗元立即做出决定。此刻，他不仅被小丘的绝美所吸引，更主要的是，他对被遗弃的小丘有了很深的同情，不只喜欢，更有怜悯。说买，没有一刻耽搁，马上通知小丘的主人前来办理交割手续。

此刻，柳宗元觉得，他并不是买来一个小小的荒丘，而是搭救了一个被遗弃的生命。

从打探主人，到询问情况，再到询价、成交，这一系列的动作，李深源、元克己等人都在场，见证了全过程。在整个过程中，柳宗元几乎没有征求任何人的意见，非常干脆果断地一气呵成。等一切都定妥，才想起来回头问在场的朋友，这个交易是否划算。众人笑了笑，异口同声予以称赞。大家都知道，柳宗元的内心正充满欣喜，实属难得，已有一两年没见过他有如此无忧无虑的时刻了。所以，这会儿大家不仅要称赞、鼓励并和他一起高兴，还要继续帮他延续这愉快的心情。

接下来，大家陪柳宗元来到小丘，一起动手，像对待一个流浪多年终于归来的王子一样，为小丘精心收拾、打扮起来。第一天他们集中力量对小丘环境进行了彻底梳理，用镰刀、锄头，铲去杂草，砍掉那些乱七八糟的树，点起一把大火，把这些遮蔽美好、障人眼目的劳什子统统烧掉。让养眼的佳木、美竹呈现出来，让峭拔、多姿的奇石显露出来，让荒芜的小丘展现出它俏丽的真容和奇特的天资。第二天，对裸露出来的奇石进行一番洗刷，让它们的轮廓、质地看起来更加清晰，形态更加生动、活泼。

待拾掇完毕，再展目观瞧，似乎四面的高山，天上的浮云，潺潺的溪流，飞禽走兽的遨游，全在为这小丘的重见天日而欢呼，而呈巧献技。十天时间内就拥有了两处美景，柳宗元感到由衷地高兴。现在，可以放下手中的劳作和朋友们好好享受一下这自然的美意了。于是，他们或枕石或席地随意而卧，静静品味这美妙的意境。清澈明净的溪水泛起明艳的波光，仿佛在与他们的目光互动，潺潺的流水声传出愉悦的声音。身处这悠远寥廓、恬静幽深的境界，令人心旷神怡。

如此赏心乐事，自当好好庆贺一番。柳宗元吩咐仆人置酒菜于溪石之上，按当地的风俗行令畅饮，这是另一种形式的曲水流觞。行令时投木筹于流水，每人手里拿三根十寸左右的木筹，逆水投入水中，木筹能过洄水不止于小渚，不沉于底，则不饮，反之则饮一杯。此次饮酒行令，数娄图南运气最差，刚刚开局就连连被罚。这个很有意思的细节事后被柳宗元记在《序饮》中："客有娄图南者，其投之也，一洄一止一沉，独饮三，众大笑甚欢。"柳宗元虽"病痞，不能食酒"，此时却忘记病痛，"至是醉焉"。用柳宗元自己的话说，这叫"合山水之乐，成君子之心，宜也！"饮至晚上，看不清漂浮的木筹了，他们"遂损益其令，以穷日夜而不知归"。

直到几天之后，柳宗元一直沉浸在愉快的情绪中，似乎彻底忘却了几年来的忧愁。他要把在小丘上与自然的再一次遇见和强烈的感触写成文章，以作永久纪念。可是，文章叫什么名字好呢？他反复沉吟，最后落在纸上竟是《钴铒潭西小丘记》。嗯，这文章的题名是平淡了一些，可又有何妨？只要内容不平淡就不影响它仍是耐人寻味的好文章。假如是一个国色天香的绝色美人，谁还在乎她画眉深浅或脂粉厚薄呢？

四

早晨，突然有下人递来父辈故友许孟容的书信。被贬出京以来，他和长安朝官的音信几乎完全断绝了，无论亲，无论友，没有一个人敢跟他有书信往来，人人自危，怕受牵连。这封书信是几年来除岳父杨凭之外的第一封书信。他仿佛在严冬里被一缕春风拂过心头，拆信时激动得两手都在颤抖。

许孟容曾是父亲柳镇最亲密的几个朋友之一。当年，他和父亲同朝为官，在朝廷做给事中的小官，闲暇时经常到家里走动，与父亲唱和诗文，谈论朝政。父亲去世后，柳宗元按照当时的风俗写了《先君石表阴先友记》，许孟容的名字赫赫然排在前列。至今，他还清楚记得自己所写的简短文字："许孟容，字公范，吴人。读书为文口辩。为给事中，尝论事。由太常少卿为刑部侍郎……先君之所与友，凡天下善士举集焉。信让而大显，道博而无杂。今之世言交者以为端。敢悉书所尤厚者，附兹石以铭于背如右。"

柳宗元离开长安时，许孟容已经是尚书右丞了，虽然当时他没有参与永贞革新，但对革新派的人并不反感。他是一个刚正不阿、敢说敢为的人，柳宗元相信，如果不是外部形势过于危险，他不会这么久不理会自己的。

在当时的官场上，许孟容可是个明星人物，故事多，关注他的人也多。据往来于京城的官员讲，这些年他始终没有因为职位和形势的变化而改变一贯的原则和品格。当初做给事中时"凡十八年，门下无议可否者"，因为仗义执言"四方想见其风采"，如今仍正直、勇毅未改。

最近，又有一个关于许孟容的新故事在朝野上下传播。宪宗登基后，由宦官执掌的神策军日益骄横放纵，府县根本控制不了他们。有一个军吏李昱向富人借钱八百万，三年了还不肯归还。许孟容派官吏捕来盘问，跟他约定了一个还款期限，并要求他："不按期归还，必要处死！"闻此言，全军皆惊，因为满朝文武没有哪个官员敢以这样的态度跟神策军说话！如果听从了许孟容的命令，神策军的面子往哪里放？于是，李昱的长官不但不秉公处理手下，反而把许孟容告上朝廷。宪宗为了平息事端，下诏把李昱交付给军队处治，先后两次派遣使者去督促，许孟容都没有听命。上奏说："不听从皇命，我应当处死。然而我是在皇上身边任职的，应当替皇上抑制豪强。钱还没有全部缴纳，李昱我坚决不能交出去。"皇帝只好赞许他坚守正义，答应了他。

许孟容的信给柳宗元传递了两个信息，一是许孟容还没有忘记和摒弃他，信中仍对他的才华和品质大加赞赏，叮嘱他在官道上行走要多一些沉稳和耐性，少一些急躁和轻率，鼓励他虽处逆境也不要气馁消沉，要自强不息，益加修炼。还有一个信息，对柳宗元来说，属于不幸的消息。岳父杨凭因为被李夷简弹劾由京兆尹贬为临贺尉，许孟容正是接替杨凭任京兆尹的。信在路上走了两个多月才到了柳宗元手上，他这才知道岳父被贬的事情。看来，岳父被贬出京后还没来得及给自己写信，或写信的时间稍晚，信还在路上。从时间上判断，许孟容一到京兆尹的任上就写了这封信。

读完许孟容的信，柳宗元心情十分复杂。正当他神思恍惚之时，吴武陵来到了他的门前。他忽然想起来，今天和众人约好要一起重游西山钴鉧潭。

路上，柳宗元将许孟容信中之事原原本本告诉了吴武陵，两个人各自感慨了一番。好在柳宗元知道岳父杨凭是个旷达开朗的享乐派，走到哪里都不会灰心丧气。目前的处境如此，也无法过多纠结了。就这样说着走着，不知不觉来到了钴鉧潭边。

一行人绕过钴鉧潭，在潭西小丘边指指点点，欣赏、品评一番，继续前行。从小丘向西走一百二十步左右，前方出现了一片茂密的竹林。隔着竹林，有淙淙的流水声断续传来。声音清脆而空灵，如佩玉与佩玉相撞，清脆悦耳，异乎寻常。这不免引起柳宗元极大的兴趣，他立即叫人来，砍掉挡在前边的竹子，开出一条通往水声的小路。就在前行不到二十步远的石崖之下，出现了一个晶莹剔透、清澈见底的小潭。

小潭的潭底由一整块石头构成，在靠近岸边的地方，石底向上翻卷露出水面，构成了高出潭水的石岸。石岸高低起伏、错落有致，有的地方高耸，有的地方凹陷，有的如独立的岛屿，看上去犹如精心雕琢而成。潭上有青葱的树木和苍翠的藤蔓，蒙盖缠绕、摇动相连，长短不一的枝条下垂飘荡。

小潭的景致美得令人窒息，因为一时不知道用什么词语来赞美，大家谁都不说话，只是睁大眼睛呆望着小潭。柳宗元也不说话，但他心里并不是无话，而是有很多话想说。他不说，是因为他有另外表达的方式，他要通过一种无声的语言充分、透彻地说。

虽说"水至清则无鱼"，这清澈的潭水中却有鱼。百十条鱼在水中，仿佛无依无凭地游在天空之中，一会儿静止，让你觉得它们是漂浮在那里没有活气的静物；一会儿又迅疾游往一个方向，似乎它们猜到了人们的心思，故意游那么一会儿证明它们是有生命的。这清清亮亮的潭水，让柳宗元联想到了人的心境。这潭水，多像一颗干净、纯洁的心灵啊！那么，那些鱼呢，它们是从何而来，它们的存在又象征了什么呢？它们是天、是地或是人投射在潭水中的某种灵感、意念或美妙的想法吗？这就是所谓的意境了吧？当人的心灵和眼前的景物交融互感之时，就与自然达到了你中有我、我中有你，难分彼此、相互映照的境界。

大家在小潭边坐下来，七嘴八舌地评说着潭水的妙处，柳宗元静静地凝望着潭水，感受着这潭水的凄清与寂寞。潭水由澄澈映衬出了幽深，由幽深而造就了宁静，由宁静而透露出寂寞，由寂寞又散发出丝丝凉意，凉意逐渐凝聚、积蓄，最后变成了透骨的冷。坐了一阵子，柳宗元感觉到由外而内然后又由内而外的凄清与凄凉。此时，他意识到了自己的心情逐渐低落起来，意趣渐消，此环境不可久留啊！赶紧起身，带众人一同离去。

柳宗元反复玩味着这次出游所得的一个句子："潭中鱼可百许头，皆若空游无所依。"遂喜形于色。终究是一介文人，会把一个美妙的句子当作人生珍宝，久久把玩并为之欣喜，为之忘忧。几天后，他的另一篇山水游记《至小丘西小石潭记》问世了，文章里自然有这个被后世一直铭记、传诵的佳句。

五

自从买了钴鉧潭上和潭西小丘两块地，柳宗元就开始筹划着在这里建设自己的家。一段时间以来，只要有闲暇，他就会到这一带转一转，看看周边的地形地貌、山水风光。

俄而，他有了一个新的想法："治理一个国家要人尽其才、物尽其用，建设一个完美家园也是同样道理，应该合理安排、调度好一草一木、一泉一潭、一土一石，尊重和彰显它们的特质，充分发挥好它们的功能和作用。不了解、考察清楚它们的优长和特质，怎么能做到物尽其用呢？想自己自幼喜好和钻研先王之道，原指望在朝为官可得到一个行道的机会和舞台，没想到还没等大展身手，就触犯了权倾朝野的利益集团，被长贬于南夷，还逢恩赦不在量移之限。看样子，以先王之道治理国家或某个地方的想法此生大概难以实现了。他们不让我参与政务，我以心中之道来建设和管理自己的家总不会有人干涉吧？在儒家思想体系里，格物、致知，正心、诚意，修身、齐家、治国、平天下，除了治国、平天下两项无可作为，其余的都还在把握之中啊！"

当这样的想法成为柳宗元内心的冲动和动力时，他来西山的频率和游历的深度就与日俱增。他要发掘这些被弃置在偏僻山野中的一切。

经过一段时间的踏查，柳宗元基本上熟悉了西山一带的地形和景物。沿着冉溪坐船向西南大约十里，路上有五处令人称道的好地方，他都一一去过了。综合对比，没有哪个地方可与钴鉧潭相媲美。从冉溪口步行向西，能够令人称道的地方也有八九个，但比较起来又是西山最美、最有意味。

不知附近是否还有更美妙的风景了，今天，他们要坐船沿朝阳岩向东南方向探索。一路行走，沿途只要遇到看似不错的地方，他们就停下来，流连片刻。过芜江后，他们一共发现了三个风光极其优美的地方，其中之一就叫袁家渴。

楚越之地的语言中，把倒着流的水称为"渴"，读音和"衣褐"的"褐"字相似。袁家渴其实就是永州东南潇水中一段幽静而宽阔的河谷。平时这里人迹罕至，一江风光就那么空置着。袁家渴上游与南馆山峰相接，下面则与百家濑相汇。其间有很多的沙洲、河汊、流溪、清澈的水潭和微微露出水面的沙渚，众多景观交错出现，时隐时现。静逸的平潭泛出深黑的水色，奔流的河水又卷起白色的波浪。船在向前行驶的过程中感觉就要走到尽头了，但一转弯迎面又展开一幅宽阔的画卷。

行走间，河中倏然出现一座小山，仿佛从水中刚刚冒出。举目相望，小山上秀竹丛丛，遍布美石。山体上分布着许多大大小小的岩洞，在山体与河水的交界处铺陈着一层白色的碎石。山虽不大，却生满了各种各样形态各异的树木和青草，树木大多是枫、柟、石楠、楩、槠、樟、柚等，草以兰草和白芷为主。如此美景大家怎甘心停船远观？还没等柳宗元发话，早有人吩咐船夫靠小山停下船来。船还没有停稳，就有心急的人一跃跃到了山脚下的石头上。

一行人里，喜欢采药炼丹的李幼清最关注也最熟悉植物，没走多远他就发现了一种永州地方很少见的植物，只是他叫不上什么名字。此花外观样貌非常奇特，看起来颇似合欢，却是蔓生，伸展出去一大片，纵横交错地在水中石头上缠绕着。就在大家被美景诱惑着东跑西窜时，柳宗元独自站到了一处较高的石头上，昂首伫立，似在远眺，又似在聆听，风吹起他的衣袍，让他看起来如一尊石人。

当他下来的时候，小厮恕已调皮地问他刚才看到了什么。柳宗元笑了笑说："观风。"风有什么好看的呢？几个人还真都没有留意这里的风，便不约而同用好奇的眼神望向柳宗元。柳宗元看出众人的心意，微微一笑说出了自己的发现："每风自四山而下，振动大木，掩苒众草，纷红骇绿，蓊葧香气。冲涛旋濑，退贮溪谷。摇飏葳蕤，与时推移。"听过这番话，娄图南不由得摇头感叹："宗元奇才，可言不可言说之景。"

柳宗元也轻轻叹了一口气说："可惜，如此绝美的风景尚不为人知。大约永州本地的人还从未来这里游览过。让如此精美的杰作被弃荒野，绝非造物者的本意，既然我们首先发现了它，又怎敢独自享受，还是把它写出来公之于世吧！"

从袁家渴上来，往西南方向走，不远就到了钴鉧潭。还没有百步，他们又发现了另外一处风景。

景观不大，是一道天然石渠。为了行走方便，当地老百姓已在石渠上架了一座简易的小桥。他们来到桥边，低头仔细向下观看。只见从山上流下的山泉水，清澈透明，稳稳地流过石渠，样子十分好看并发出时高时低的潺潺水声。石渠是天然形成，没有任何人工痕迹，其宽窄高低并不是很匀称，也不算太长，总共只有十几步的样子。但也因此更加生动有趣，既保留了渠的样貌与功能，又没有失去古朴自然的野性。水在这样的石渠里流过，虽然没有颜色也仿佛被染成了翠绿。

石渠向前延伸，前方出现一块巨石，看似挡住了水流向前的道路，不料石渠却遇石而俯冲，在大石下边凿出路来。水穿过大石继续前进，遇一石泓，其上长满菖蒲，周围还有青苔包围。石渠突然来了一个折转，向西复向北，把水流引向一处不是太高的石崖。流水没有心机，也无所畏惧，虽临石崖却毫无退却，一头跌入下方的小水潭中。小潭方圆百尺，潭水清澈，有不少鲦鱼在其间游来游去。过小潭，水流继续向北蜿蜒前行，仿佛没有尽头，但最后还是流入了袁家渴。石渠两边，生有各种奇怪的石头和树、奇异的花朵、美丽的竹子，可以在树荫下坐着纳凉。轻风吹拂，树梢似无摇动，风声却回旋在山谷之中，经久不息。

如此韵味无穷的景致，又激发起柳宗元内心的波澜。在钴鉧潭一带，这个石渠的规模虽不算太大，却可谓绝佳的园林景观，日后如果腾出精力清理一下，装扮装扮，或可成为一处流传后世的经典美景。相信后来者凡有见此石渠者，必会因其天然、独特而盛赞天工之精巧和用心之良苦。

从石渠桥上向西北方向走，他们又发现了一处不错的风景，其情形和这边的石渠差不太多。大家略看了一会儿，柳宗元见天色已晚，虽尚余游兴，还是率众转身离去了。

六

在龙兴寺寄居的时间太久了，柳宗元越来越感到此处不适合继续居住下去了。自从在西山脚下买得两块喜欢的美地，他就尽快离开龙兴寺，拥有一个真正的家。自元和四年（809）九月以来，柳宗元不但密集出游西山，而且在所购之地上陆续开始新家的规划和建设。今天建一个亭子，明天修一段围墙，后天再开辟一个甬道，大后天运来一批建筑材料……渐渐地，坐落于西山脚下的院落一点点有了模样。第二年，他已经像燕子衔泥般，按照自己的想法和喜好筑成了一个堪称完美的安身之巢。

由于时间较短，新家初建，整体工程还没有彻底完成，暂时只能叫家，还不能称作家园。这时，他的生活比以前要舒适多了，可以像以前一样在附近到处走走，也可以以新家为起点去更远的地方游览。

从去年开始，柳宗元的精神状态渐渐恢复了一些，不再像初来永州时那样惊惧与烦躁。环境幽雅，山静，水静，心也静，他开始坐下来写那些早就打算写的文章。偶尔，在新家里招待一下前来拜访的朋友，因朋友不多，基本上耽误不了他太多时间。烦闷时，还是要出去走走，但活动范围大都集中在新家附近不大的区域之内。地，不过以西山为中心；水，不过以冉溪为中轴线，即便向四周延伸一段距离，也十分有限。如今的冉溪，可以和他的家在称谓上互代，他家就是冉溪，冉溪就是他家。

说起这冉溪，面积实在是不大。在地理上，不过是西山和潇水之间一条很小的支流，除了冉溪附近的住户，几乎没人知道它的名字。就是附近的百姓，对冉溪的称谓也不是很一致。有人管它叫冉溪，原因是以前有个姓冉的人在这里住过，因此借用这个人的姓将这条溪流命名为冉溪；也有人管它叫染溪，据说这溪水能够染色，以它的功能进行命名，故称之为染溪。

某日，柳宗元在冉溪边上散步，想起冉溪的称谓，觉得有必要为这条小溪起一个固定的字。"可是，起个什么名字确切呢？想自己从前追随别人大刀阔斧改革朝廷弊政，因此获罪，被贬至潇水，不是很愚蠢吗？听说古时就有人给一条河谷起名为愚公谷的，何不效仿古人，称自家这条溪水为愚溪呢？对，就叫这个名字，我要世人和后人都知道，这条溪是因为我的缘故而被称作愚溪的。"

一不做二不休，既然自己是愚人，溪叫愚溪，干脆附近所钟爱和喜欢的一应景物都打上"愚"的标记算了。让人们既知其所属，又知其称

"愚"的原因。于是,柳宗元把之前在愚溪上面买下的那个小丘就取名为愚丘。从愚丘往东北方向走六十步,有一处山泉,取名为愚泉。愚泉一共有六个泉眼,都处于山下的平地,泉水都是自下而上喷涌。各个泉眼中的泉水合流之后弯曲着向南流去,日久成沟,叫愚沟。

至此,柳宗元还觉不够。他要在愚沟末端再造一处景观。运土堆石,在狭窄的地方堵住隘口,筑成了一个不小的水池,可供游人观赏,也可供农人干旱时取水浇地。不用商量,池也叫愚池。愚池的东面就是寓所了,就取名愚堂,而房前那个亭子也不能无名,取名当然是愚亭。那么,大水池中央露出的那个岛就是愚岛了。环顾周遭,家园内外嘉木异石参差错落,碧潭流泉相映成辉,举目尽是奇特、美丽的绝佳山水,如今都被柳宗元冠上了一个"愚"字。这些名字起好后,他站在愚亭上吹着和煦的微风,感受着人与自然的和谐,越发觉得满目皆"愚",唯有这风是聪慧的。

古人有云:智者乐水。反过来说,喜欢水的人都应该是智者才对。柳宗元在想,为什么自己如此愚蠢还要喜欢水呢?那只有一个理由,此水和其他水不一样,其他水是智者喜欢的水,而此水只能供自己这样的愚者喜欢。你看这溪水,水道如此之低,农人根本无法利用它灌溉;水流湍急,中间诸多浅滩和石头,根本无法承载船只;溪流幽邃浅狭,没有太大的容量,就连蛟龙也不屑于屈居此水,水无龙就不能制造云雨,就不能造福于世人。你说这溪水不是和自己一样吗?既然如此,"则虽辱而愚之,可也!"这就是命运啊,接受吧!说你愚就愚吧!

这个傍晚,柳宗元内心颇不平静。没想到一个喜文乐道遍读圣贤之书的人,最后竟然落得个以愚自嘲的境地,连美丽的山水都要跟着受辱。冤不冤呢?昔日宁武子曾说:"在国家昏庸无道的时候就表现得很愚蠢。"这是聪慧之人假装糊涂。颜子说:"整天也没有发表过不同于老师的见解，好像很愚笨一样，这是睿智之人假装很愚笨，他们都并非是真愚，而是真聪明。"那么自己也是像古人说的那样不愚装愚吗？想到这里，他忍不住连连摇头，聪明人怎么能走到今天这个境地？"凡为愚者莫我若也！"世上愚蠢的人中我是之最！

他的情绪糟糕到了极点。不久，他稍微平复一下情绪，将目光投向远处，看落日在树梢上染出一片鲜艳的酡红，看流水安恬自得徐徐流淌，听水声风声里夹杂着悦耳的鸟鸣从远处传来，他的心又渐渐安宁、平和起来。最后长长一声叹息："山水之道何异于人道、世道呢？虽然这溪流没有造福于世人，却善于映照世间万物。清莹透彻，能铿锵作响发出金石般的声音，让愚蠢之人听了心窍顿开，欢喜愉悦。我虽然与俗世不合，但还能写写文章，囊括百态，洗涤万物，聊以自慰，并为后来人留下醒世之言。也罢！"

就在柳宗元乔迁新居的第五个晚上，他做了一个长长的奇怪的梦。

一位皓首童颜目光炯炯的老者，来到柳宗元的面前，自称是这里的溪神，表情似怒非怒，语气似斥责又似询问。更没有三言两语的客套，开口就直入主题："你为什么要侮辱我，给我加一个'愚'的名称？"

关于这个问题，柳宗元最近一个时期不断地在思考。管这条溪水叫愚溪，自有充足的理由，但说来话长，怎么可以用三言两语就能说得清楚呢？他刚想组织一下语言慢慢回答溪神这个问题，没想到溪神性子很急，抢过话头继续说了起来：

"如果我实实在在为愚，你给我加上这样的名字也无所谓，可我现在真的愚吗？我听说闽地有一条河，能产生一种有害气体，人闻到这种毒气，身体就会发热高烧，上吐下泻。水里面又有暗礁，奔腾不息，南来北往的船只都被撞坏了。水里还有一种鱼，牙齿像锯一样，尾巴像刀剑的刃，身上长了四只兽蹄，吃人的时候，一定要把人咬断后抛起来，面向天空把人吞下。如此，这条河便得了一个'恶溪'的名字。

"西海那边有这样的一条河，水浅无力，连根草芥都不能浮起，将芥草扔到水里，慢慢就沉下去了，一直沉到河底，'弱水'的名字就由此产生。

"在秦地有一条河，水中搅着很多烂泥，还夹杂着沙子和碎石，从近处看，就好像是一堵墙壁一样，深浅缓急都分不清楚，在与渭水汇合之后，它的污浊就更加明显了，所以人们称之为'浊泾'。

"雍州西面有一条河，幽暗险峻，有着黑漆一样的颜色，至于它发源于哪里，已经无人追问，仅凭那令人恐怖的黑，就得了一个'黑水'的名字。

"恶、弱，分属于六极之一；浊、黑，又很难听。但它们之所以一直被这么叫着，且世世代代流传下来从未改变，是因为它们的实际情况就这样，名副其实。而我的情况是水清澈而优美，又得到了你的喜爱，还可以浇灌园圃，承载船只，早来晚走的人们都要从这里渡过。你能在这里居住，让我感到荣幸，然而却毫无根据地用这样的名字来侮辱我，把我叫作愚溪，对我非但没有一点感激、敬畏，反而肆意诬蔑我，是什么道理呢？这个难听的名称，难道一直这样叫下去吗？"

溪神说到这里，停了下来。柳宗元知道该自己回答问题了。由于成竹在胸，所以他在陈述时不慌不忙，有条不紊：

"愚的情况你确实是没有的，但是像我这样愚的人就偏偏看中了你，这个名称你有什么办法回避呢？你还记得那个'贪泉'吗？有人喝了这个泉水之后就变得贪婪起来。是水贪还是人贪呢？财宝不是到了人的手里吗？为何不把'贪'的名字加给人，反而加给泉，叫'贪泉'呢？物，就是要因人而命名啊！如今，偏偏是我这个愚人居住于此，即便你不愚蠢，却也要因为我愚而被冠以'愚'的名字！看来，只要我在这里不走，你要改变愚溪名称的想法，就不能实现了。

"我听说贤明的君王当政的时候，聪明人受到提拔重用，愚蠢的人就会隐藏起来。受到重用的人要留在君王身边，隐藏的人就应该远离京城。你所在这个地方，离京城有三千多里路程，偏远闭塞，只有触罪而被遗弃的愚蠢之人，才能来你这里玩耍，与你为伍为伴。这是个聪明人永远都不会来的小溪，怎么能得到一个'智'的名称呢？上天为什么不让那聪明尊贵、控制国家、主宰天下的人们哪怕经过你这里一次，而只是让我一个人待在你身边呢？这不就是天意吗？你还有什么可说的呢？"

听了柳宗元一席话，溪神眨了眨眼睛，觉得好像是那么回事，于是很不情愿地说："你说得有一些道理。那我还要问你，你究竟愚到了什么程度，连我也被你牵连？"

柳宗元说："你想要透彻地了解我愚的情况吗？这样说吧，纵然把你流经的所有长度加在一起，也比不上我所要讲的话长；将你的水全部用干，都不能将我的事情写尽。在这里我姑且就给你讲个大概吧！我的愚主要表现在不识时务，在寒冬腊月，人们都穿皮袄，只有我茫然不知，还在穿单衣；在暑热夏季，人们都到外面去吹风，只有我懵懵懂懂独自去烤火。我任意奔驰，不知道太行山不同于四面八方的平坦大道，却毫不设防地随人狂奔，结果车毁人伤；我随兴漂游，不知道吕梁水不同于平缓的河流，却无所畏惧地张帆向前，结果桨折舟沉。我脚踏入陷阱，头撞上木石，身冲进荆棘丛中，跌倒在毒蛇蜥蜴身上，都不懂得惧怕小心。又不能区分丧失和获得，进用时不感到满足，黜退时不懂得谨慎，心灰意冷、孤寂昏暗，以至难以自拔。难道这些还愚得不够吗？"

听了柳宗元这一席话，溪神顿时变得沉默不语，半晌又不无感慨地说："唉，你确实太愚了，足够影响到我！"然后，溪神颓然把头低下，无奈地叹气，痛哭流涕，挥手告别。

转眼，溪神已踪影皆无，柳宗元也倏忽间从梦中醒来。醒来后，久久难以成眠，遂起身把梦中之事一一记下。写罢，又反复看了两遍，隐隐约约地，仍有哭泣声传来，仔细辨认一下方位，似乎就在自己体内。

看来，溪神已经彻底向命运低头，以后不会再来梦里找麻烦啦！柳宗元开始静下心来，一边著文立说，一边慢慢修葺、完善着自己的家园。

两年之后，柳宗元已经把冉溪的家建造成一座初具规模的私家园林。这日，他又想起石渠和石涧两处景观，想把它们整合、吸收到愚溪景观带里。因为石渠是当时永州刺史的私产，柳宗元找到刺史，从刺史手里把石渠的产权头了下来。

十月的一天，仆人在清理石渠时发现了一个"石泓小潭"，柳宗元欣然前往观看，顺路向北走，又意外地发现另一处风景"小石城山"。小石城山距离稍远，并不在他家的园林体系之内，但他对美好的山水没有偏心，不管山水景观属于谁，凡美好的，他都会发自内心地喜爱，像对待朋友一样，予以深刻的性灵关照。

酷暑一过，天气渐渐凉爽，柳宗元觉得近日体力和精力都比较充沛，就想坐下来写点东西。写什么呢？还是把与自己生存状态有密切关联的山水写尽吧！前年乘兴写了几篇山水游记之后，由于一系列伤心事情的干扰，就没有再继续写同类文章。回想起来还有些意犹未尽，一些想说的话没有说完。近日重游袁家渴、石渠、石涧、小石城山，几处景观各有其玄妙之处，其形态、其境界皆可记可说，便利用一段时间，陆续将《袁家渴记》《石渠记》《石涧记》《小石城山记》撰写出来。

在写到最后一篇游记《小石城山记》结尾时，柳宗元再次想到了那个关于宿命的话题。都说人间的事情是有上天掌控的，确有其事吗？柳宗元直接在文章里表达了自己的看法："唉！我怀疑天帝的存在已经很久了。但现在，我有时却真的认为造物者是存在的。可是，又奇怪他为什么不把美好的景物设置在中原地区，却安放在这蛮荒之地，历经千百年不能向人们展示它的技艺，这实在是劳而无功。如果真有神明绝不应该这样的呀！按照这个逻辑去推测，大概他是不存在的？有人说，好风景是专门用来安慰那些贤明却受辱遭弃之人的；也有人说，这个地方的灵秀之气，只创造这些奇妙景物并不创造伟大人物，注定人才少石头多。种种玄机奥妙真是让人难以揣测呀！"

当最后一个字落在纸上时，柳宗元长长舒了一口气，想说的话都说了，是否有人懂得，是否有人喜欢，就交给岁月吧！他数了数来永州后纯粹的记游文字，共计八篇。一大沓稿子放在那里，他用手拍了拍，觉得已经完成了一件大事。关于大唐的山水，关于永州的山水，关于自己内心的山水，已经尽力了，也写得差不多了。

第八章 文以明道

一

近日，柳宗元又把两年来基于《国语》一书所作的《非国语》手稿认真阅读、修改了一遍。上次吴武陵来时，也提及了这部作品。虽然当时书稿已基本完成，但他觉得文章中还有一些地方需要商榷和推敲，所以没有急着拿给吴武陵看。经过几个月的反复斟酌、修改，现在他认为可以拿出来与几个知已的朋友讨论一下了。

自贬谪永州以来，柳宗元虽朝夕忧虑，但并没有因为处境恶劣、前途叵测而动摇自己的信念，放弃心中的大道。在他心里，"道"才是他此生最大的使命，才是他认同的立命之本。如果说，一个人生下来就有什么天赋的话，柳宗元的天赋无疑是在文章辞赋上。但他认为，文章辞赋对他来说，并不重要，那些才能充其量不过是一种载体，只是手段和途径，并不是承载之物本身。他看重的只有文章所载的道，那才是他终极的追求。

在长安时，他虽恃才著文、行事，但并未因此而自傲，正如他本人所说："仆之为文久矣，然心少之，不务也，以为是特博弈之雄耳。故在长安时，不以是取名誉，意欲施之事实。"他讲这些，不是说文章毫无用处，文章好坏毫无意义。毕竟，文不行，道不显。他对文章的态度是客观的："言而不文则泥，然则，文者固不可少也。"他对文章的功能定位也是明确的，那就是不能为文而文，文章的意义并不在文章本身，而在于经世致用。好文章往往不在文章怎么写，而在于写什么，写到什么程度。文章绝不应该是单纯的技巧和文字游戏。

在《答韦中立论师道书》中，柳宗元说："当初我年轻又不懂事，写文章时把文辞漂亮当作工巧。年纪大一些，才知道文章是用来阐明'道'的，因此不再轻率地讲究形式的美观、追求辞采的华美、炫耀声韵的铿锵，不再把这些当作可资炫耀的才能了。凡是我所呈给您看的文章，都自认为接近于'道'，但不晓得果真离'道'是近还是远。您喜爱'道'而又赞许我的文章，也许它离'道'不远了。所以，我每当写文章的时候，从来不敢漫不经心地随便写作，恐怕文章浮滑而不深刻；从来不敢偷懒取巧地写作，恐怕文章松散而不严谨；从来不用糊涂不清的态度写作，恐怕文章晦涩而又杂乱；从来不敢用骄傲的心理写作，恐怕文章盛气凌人而失之狂妄。加以抑制是希望文章含蓄，尽兴发挥是希望文章明快；加以疏导是希望文气流畅，加以精简是希望文辞凝炼；剔除污浊是希望语言清雅不俗，凝聚保存文气是希望风格庄重不浮。这就是我用文章来辅佐'道'的方法。"

到永州之后，柳宗元不再天真地幻想能在现实中推行"辅时及物之道"，但还是寄希望于"不可陈于今，则直垂于后"。每有闲暇，他仍旧把精力集中在对"辅时及物之道"的思索和参悟上。

柳宗元发现，只要把注意力集中在"道"的思悟上，便可以暂时忘却自己的处境。久而久之，他开始刻意回避对现实处境的感知和玩味，更多地专心于以文明"道"。如此，这件事情竟然在客观上成为他医治内心惆怅和疼痛的一剂良药。

就这样，他一边读着古代先贤的著作，一边从浩如烟海的言论、观点中寻找着接近真理的"道"，也就是他所说的"大中之道"。这部《非国语》就是围绕《国语》中他认为谬误和有违先王之道、"大中之道"的观点进行批驳和校正的理论文章。走走停停、断断续续之间，已经写出了六十七篇。

书稿完成之后，他一直有一些"狐疑犹豫"。毕竟，所有文字都是对先人观点、言论的质疑和否定。在当时的文化背景之下，几乎没有人敢对前人的书说三道四，更别说直接否定，他写下这些文章显然就是在冒天下之大不韪。因为"恒恐后世之知言者用是诟病，伏而不出者累月"，所以文章在手里压了几个月之久，一直没有拿出来与人讨论。就连他非常信任的吴武陵，都没有马上与之讨论、分享，足以看出他的小心、谨慎。

丑媳妇难免见公婆，迟早也要拿出去见人的，更何况这些文章并不一定"丑"，只是有一些与众不同的看法罢了！这些看法在当时的审美和评判标准下，很可能遭到诟病，但这不会影响柳宗元对文章和观点的自信。他所要做的是，即便在群起而攻之的情况下，也要让反对的人无法颠覆自己的观点。为了使文章更经得住现世和历史的推敲，他保持了一份十分谨慎的态度，最后还是决定把《非国语》先寄给好朋友吕温和吴武陵，再听听他们的意见，最好是能够得到他们的斧正和补充。

特别是吕温，如果从学派的师承关系上论，吕温是陆质的弟子，也是柳宗元事实上的引路人。虽然按世俗辈分柳宗元不能称自己为吕温的弟子，但至少要称其为师兄。柳宗元认为吕温是不可越过的一个人，这部文稿无论如何都要征求他的意见。

想当初，正是通过吕温，柳宗元才有机会习得陆质的《春秋》之说，也正是受吕温的影响和指导，才由《春秋》而涉足"儒道"和"大中之道"的。在谈到吕温时，柳宗元总会这样说："宗元幼虽好学，晚未闻道，泊乎获友君子，乃知适于中庸，削去邪杂，显陈直正，而为道不谬，兄实使然。"

吕温之所以被柳宗元如此看重，不仅缘于学术，也有才气和情感上的原因。

论及学术，当初在长安，提起吕温的文采谁人不知谁人不晓？如果从家世论，吕温祖上皆以文学至大官，他本人也始以文学震三川，整个家族是地地道道的文学世家。吕温有一篇《三受降城碑铭》，其中一段描述三城情势的话："分形一据，同方而守，东极于海，西穷于天，纳阴山与寸眸，举大漠以一掌，惊尘飞而烽火耀，孤雁起而刁斗鸣，涉河而南，门用晏闲。"可谓大气磅礴，气冲霄汉，字里行间透出一种逼人的气势和昂扬向上的精神特质。吕温二十八岁时，作《诸葛武侯庙记》言"民不思汉，惟活元元"。其民本思想，与柳宗元"利安元元"浑无二致。其《古东周城铭并序》里说："为仁不卜，临义不问。无天无神，唯道是信。兴亡理乱，在德非运。"公然向被奉为儒家经典的《左氏》展开挑战。与柳宗元一样，吕温也主张无天无神，唯以《春秋》大义为人生信念。种种理论主张和思想轨迹表明，能准确描述柳宗元和吕温之间关系的词，只有"志同道合"。

二人另一层关系是战友或同党，当年，吕温因与王叔文厚善，被认为是"可为相"之大才。贞元十九年（803），吕温得王叔文推荐任左拾遗，并成为王叔文集团中的一员。第二年，吕温随御史中丞张荐出使吐蕃，留居一年有余。永贞革新失败后，"二王八司马"或遭杀戮或被贬僻地，唯独吕温因外使得免，幸运地成为漏网之鱼。不仅如此，还援例晋升为户部员外郎。元和三年（808），吕温升任刑部郎中兼侍御史。因与御史中丞窦群、监察御史羊士谔等弹劾宰相李吉甫勾结术士惑乱朝政之事，先后被贬为均州刺史、道州刺史，一年后又改贬衡州刺史。在道州、衡州任上，吕温打击豪绅，体恤百姓，惩治腐败，使二州上下面貌焕然一新，政绩卓著，深受人民热爱。

柳宗元开始伏案给吕温写信，他打算将信随《非国语》文稿一起交给吕温：

四月三日，宗元白化光足下：

近世之言理道者众矣，率由大中而出者咸无焉。其言本儒术，则迂回茫洋，而不知其适；其或切于事，则苛峭刻核，不能从容，卒泥乎大道。甚者好怪而妄言，推天引神，以为灵奇，恍惚若化，而终不可逐。故道不明于天下，而学者之至少也……尝读《国语》，病其文胜而言庬，好诡以反伦，其道舛逆。而学者以其文也，咸嗜悦焉，伏膺呻吟者，至比六经，则溺其文必信其实，是圣人之道翳也。余勇不自制，以当后世之讪怒，辄乃黜其不臧，救世之谬。凡为六十七篇，命之曰《非国语》。既就，累日怏怏然不喜，以道之难明而习俗之不可变也。如其知我者果谁欤？凡今之及道者，果可知也已。后之来者，则吾未之见，其可忽耶？故思欲尽其瑕颣，以别白中正。度成吾书者，非化光而谁？辄令往一通，惟少留视役虑，以卒相之也。……

柳宗元在信中说:"最近有很多人在谈论治国之道,却没有一个人在谈及和遵循'大中之道'。他们的观点都以儒术为本源,迂回蜿蜒,不着边际,所云难辨;有些虽比较接近现实,却都不免过于苛刻严肃,没有回旋余地,最终还是与大道不合。更有甚者,热衷于发表怪僻的言论,呼唤天神,自以为很是奇妙,仿佛要脱离人世了,结果还是无法捉摸。如此,大道不能够彰显于人前,认真学习研究它的人就更少了。我自与兄结交,始对中庸之道略知一二。在兄影响下,我才探究、接近了大道的真谛,经常想要将自己的想法著书成文,但总是心存疑虑,不敢动笔。现在我遭到了贬谪,让天下人耻笑,住在这荒芜的地方,名字被写在囚册之上。看来,大道是无法亲自践行、实施了,要想用它来治理国家显然已不可能,我只能将前人的论说,结集写成一本小书,以便将内心想法记述下来。过去读《国语》,总是怨恨它文辞华丽,内容繁杂,颇多怪论,违背正常的道理,它讲的道理都不十分正确。然而,学者们却偏偏因为那些华丽的文辞而喜欢它。牢记在心,不断吟诵,甚至列入了四书五经的行列。沉浸于华丽的文辞之中,自然就会接受其中的言论和观点,因此,圣人的大道也就只能隐藏起来不能彰显了。我胆大狂放,不能克制自己,宁愿被人讥笑,也要消除其不善之处,把世人的偏见纠正过来。我一共写了六十七篇文章,起了一个《非国语》的名字。完成之后,每天也高兴不起来,因为大道是很不容易讲明白的,而且流传的习俗是很难改变的。真正能够了解我的人在哪里呢?现在有兄台这样少数探求大道的人,还应该能够了解我,至于后世,就很难说了。在我看来,能够真正把我的毛病指出,让它和圣人之道区分开来,并且帮助我将全书完成的人,不是你化光兄还能是谁呢?我现在就派人把文章给你送过去,希望你能够稍加留心,帮我把它进一步完善。……"

柳宗元给吕温的信很长,且掏心掏肺,毫无保留,非知己怎可如此坦诚?

对柳宗元的文稿，吕温非常重视，一刻也不曾怠慢，花了逾月时间，一字一句推敲琢磨，在理论框架和文章细节上提出了很多意见，使这部了不起的著作更臻完美。他果然没有辜负柳宗元的信赖："如其知我者果谁欤？"

捧读吕温的书信和布满标注的文章，柳宗元眼前再次浮现出吕温那温暖、亲切的脸庞。

只可惜，命运无常，两年后，吕温死于衡州。痛失良友，柳宗元悲痛万分，在很短的时间内以火山喷发的方式，将他对吕温的情感全部诉诸文字。先后写了《唐故衡州刺史东平吕君诔》《祭吕衡州温文》《同刘二十八哭吕衡州》和《段秀才处见亡友吕衡州书迹》。特别是《段秀才处见亡友吕衡州书迹》写得尤其情真意切。

吕温病逝后的第三年，吕温的旧日门下段秀才被刺史崔能邀至永州。柳宗元在段秀才处见到吕温的遗墨，顿时触物伤怀，泪如雨下，遂写下了一首绝句：

> 交侣平生意最亲，衡阳往事似分身。
> 袖中忽见三行字，拭泪相看是故人。

二

柳宗元在给吕温的书信中，把创作《非国语》的初衷、过程、规模以及自己对这部书的期待都说得很清楚了。可是，这究竟是怎样一本书呢？

他在这部书的序中就开宗明义，直接指出："左丘明的《国语》，文辞博大精深、奇异杰出，的确是世人所特别喜爱而不忍释手的一部书，可是它有很多论述是荒谬的，不符合圣贤的观点。我担心世上的读书人沉迷于它的文采而分不清是非，这就不能通过中庸之道达到尧、舜之道。于是根据这个道理，写了《非国语》。"

所谓《国语》，就是指春秋时期鲁国太史左丘明所作的《国语》。这是我国较早的一部史书，记载的是西周末年和春秋时期各个国家的历史事件，其中包括周、鲁、齐、晋、郑、楚、吴、越等国，大部分都是贵族统治者的言论，所涉及内容十分庞杂，几乎涵盖了天文、地理、国家治理、文化、习俗等等人类生活所触及的各个领域。该书主要推崇的是儒家"克己复礼"的统治思想。

柳宗元这部《非国语》正是针对《国语》的批判性论著，所涉领域也相当广泛。通过林林总总的是非辩论，柳宗元的真正目的是为自己所坚持的"道"进行阐释和辩护。他在文中所说的尧、舜之"道"，即是他所说的"先王之道""中道"或"大中之道"。这是他一直坚持并宣扬的一种朴素的唯物主义和法治思想，与儒家提倡的反对社会变革的"中庸"相对立。然而，即便是儒家的代表人物，他也同样尊崇尧、舜，把他们当作圣君形象来尊奉。柳宗元选择尧、舜之"道"作为理论基础，表明他与儒家思想既有交集，也有很大不同。

《非国语》开篇第一章就讲了一个密国的故事。说周恭王到泾水河上去游玩，密国的康公随行，同时有三个女子一同陪伴游览。密国康公的母亲说："一定要把三个女子献给恭王。大家把美女献给你，你有何德何能来消受如此美貌的女子呢？小人物积蓄太多不配拥有的东西，就会败亡。"结果康公并没有献出美女。一年后，恭王果然灭掉了密国。《国语》里表达的意思是康公的母亲是一个明白道理的贤良之人。而柳宗元认为，持有这种观点必然对后世之人特别是国家的治理者产生很坏的影响。为什么这么说呢？首先，拥有和享受三个女子本身就是荒淫无度的事情，而康母却认为儿子德行不够无福消受。她的意思无疑是当一个人拥有了很大的实力，具有很高的德行就可以享受了！潜台词就是当一个人的权力大到无以复加时，就有资格为所欲为了。那么，这样的德行是什么德行呢？并且，康公之母不但不劝诫儿子终止不当行为，反而让儿子以三个美女向恭王献媚、行贿，这就更不是什么正道啦！如果一个社会都是这样没有原则和是非标准，哪里还会有道义和礼仪可言？

纵观柳宗元《非国语》中的篇目《不藉》《三川震》《大钱》《无射》《问战》《命官》等等，虽然都是家国之中的日常之事，但最终都落在了观念、理念和是非标准等道的层面上。有很多都是直接涉及国家治理、社会管理、法制、制度等现实问题。

周幽王二年（前780），西周地方的泾水、渭水和洛水流域都发生了地震。周朝的大夫伯阳父说："周朝将要灭亡了！"为什么呢？他说："天地之间的阴阳二气，不能离开它原来的位置，如果位置错乱，就会出现地扰动天、百姓扰动朝廷的事情。阴气受到阳气的压抑不能对外释放，阳气受到阴气的阻碍不能蒸腾上升，于是发生了地震。自然现象是人类社会的投射，地震就预示着阴阳错位，国家的秩序要乱。君王代表乾阳之天，而百姓代表坤阴之地，现在三川一带发生了地震，就意味着阳气逆行处于阴气的位置，阴气则上犯阳气占据了阳气的位置。这样一来，水源则会被堵塞，命脉断绝，国君即将被百姓颠覆而失位，国家一定要灭亡。并且，国家灭亡的期限不会超过十年，因为十是数的一个极限，天要抛弃一个国家，不会超过这个极限。"果然，在这一年，三川水枯，岐山崩塌，八年后，周幽王被西戎所杀，周朝从镐京迁都洛阳。

针对伯阳父的观点，柳宗元认为，山、河只是天地间的自然之物。

阴和阳是游动在天之间的元气。阴阳两气运动，自行停止、自行聚合、自行流散，不会与人类社会有相互感应和相互对应的关系。山川自行激荡、干枯、崩塌、决裂，并不是为人类设置的。自然界的物体本来就有互相吸引和互相排斥的现象，那些牵强附会的人，不是耳目闭塞，就是思想糊涂。用锅烹煮食物，汤水一定会沸腾蒸汽弥漫，把食物煮烂；从井里打水浇灌园地，水一定会冲击喷射，冲坏土石。只是老妇人、老农的一个小动作，就改变了物体的形态，又何况天地间的阴阳二气！此二气没有边际，没有穷尽，弥漫无际、纵横交错在天地之间，有时聚会有时离散，有时互相吸引有时互相排斥，像车轮像机械那样不停运转，人们无法预料和左右一旦运动起来将有什么情况发生。

柳宗元认为伯阳父所说的"水源堵塞了，人们缺乏财物，国家一定灭亡"似乎有那么一点点道理，可他的荒谬之处就在于把人们困苦和国家灭亡的原因归于天意、归于三川的变异。这是刻意回避了人的因素，一个国家的衰落不是天要抛弃它，而是国家管理者和管理体系出了问题。至于说"天要抛弃一个国家，不超过十年"就更加荒唐了！

《狐突》讲的是当国家管理层出现矛盾和问题时，作为一个臣子应该持怎样的态度，什么是忠，什么是奸，什么样的人才是后人应当效仿和尊崇的楷模。

晋献公时的骊姬是史上最著名的妖妃。晋献公一共生有八个儿子，其中以太子申生、公子重耳和公子夷吾最贤德。然而晋献公非常宠爱骊姬，因此渐渐疏远这三个儿子，并打算废掉太子申生，立他和骊姬所生之子奚齐为太子。献公十七年（前660），晋献公有意刁难太子申生，命他带兵讨伐东山，命狐突辅佐行动。按照当时的规矩，太子是奉事宗庙祭祀、社稷大祭和早晚照看国君饮食的人，所以叫作冢子，带兵打仗并非他分内的事情。带兵打仗之事，往往由国君和正卿来承担。对申生来说，这是一件非常尴尬的事情，如果遇事都要请示，就失去了王储的威严，并且路途遥远也来不及；如果不请示就擅自发令，又给人留下了对父亲不敬、不孝的口实。若循礼而行，国君的继承人不能带领军队出去打仗。申生心里清楚，父亲晋献公背后还有骊姬和弟弟奚齐，无论自己怎样做都会进入别人事先设计的陷阱。不听父命，是不敬；自作主张，是不孝；离间父亲对奚齐的爱和奖赏，是不忠；废掉别人取而代之，是没有节操。思来想去，除了听天由命，别无他法。无奈之下，他只能带着军队来到稷桑。翟人出来迎战，太子申生想要开战，狐突谏言说："不可以擅自开战。"申生说："父亲派我来，并不是因为喜欢我或信任我，他是要测试我。如果我不战即返，罪过可就更大了。大敌当前，我只能迎战，反正最后总是一死，还不如像个英雄一样死去，死后还能落下好名声。"于是便带领军队开战，在稷桑一举打败翟人。返回后，关于他的谗言果然越来越多。狐突知道申生处境很危险，就躲在家里不出门了。《国语》里还借助君子之口称赞狐突"善深谋"，意思是他很有远见很有谋略。

这个故事，让柳宗元再次想起永贞革新，有人为了国家的前途命运不顾个人安危地往前冲；有人冷眼旁观、隔岸观火、明哲保身；有人则从中作祟，陷害忠良，博取个人利益。这历史什么时候真正进步过呀？如今发生的事情，从前早已发生过。针对这段故事，柳宗元批驳道："古时所说的'善深谋'，是你处在亲戚和辅佐的位置，就该将君主引至正道，做不到就要为君去死，绝不能丢弃应尽的道义。而今狐突，论职位，是辅佐出征的重臣；论亲戚关系，是晋献公的岳父。在陪太子出征时，并没有尽到职责，看到太子要败落就关门躲起来，这本是奸诈之举！还说这是'善深谋'，以后如何给辅佐君主的人做榜样。除狐突外，还有大臣丕郑称：'君心就是我心。'里克说：'我保持中立。'如此看，晋国根本就没有什么良臣，所以贤德的太子申生肯定免不了被杀的命运。"

另一篇《命官》说的也是晋国旧事。晋文公时，按照亲戚的远近关系来任用朝廷官员。胥、籍、狐、箕、栾、郤柏、先、羊舌、董、韩等大贵族出身的人，担任国君身边参与国家机密的高官。姬姓中有才能的人担任管理宫廷内务的官，异姓中有才干的人担任边远地方的官。这是最典型的任人唯亲，柳宗元对此深恶痛绝。

纵观历史，展眼当朝，有多少尸位素餐的无能之辈占据着朝廷的险要位置，又有多少经世之才闲置、浪费在荒村远地。如此无道之举，不仅让明珠埋没于尘沙，耽误有才之人的成长与发展，更会严重耽误国家的发展。为此，他批驳道："任命官员究竟是应该根据才能，还是姓氏？晋文公想要建立霸业，却不懂改变坏传统，提拔天下英才，反而按照族姓亲疏决定官员职务的高低，未免太浅薄、俗陋了。如果将军、大夫必须从世袭旧贵族中选拔，即便不能胜任，还要任用他们吗？将军、大夫不从异姓中选拔，即便异姓中有能者完全可以胜任的，难道仍然弃之不用吗？由此，晋国的政治生态就可想而知了。"

纵观《非国语》中的六十七篇文论，皆与柳宗元倡导的"中道"有关。在行文上，他尽力规避了文辞上的华彩和雕饰，篇篇写得质朴无华，但篇篇表述简洁清晰、说理透彻。在这样的文章中，他意不在文，而在"道"，如果文采太盛而吸引了读者的目光，在他看来是很危险的事情。与其让华丽的文辞喧宾夺主，莫如隐藏它们，不让它们现身。柳宗元一生中，这类文章占有很大比重，比如《贞符》《时令论》《六逆论》《断刑论》《封建论》《褅说》等等，所有这类文章几乎都具有一个共同特点，那就是只见"中道"而不见文采。

《非国语》成稿之后，除吕温外，柳宗元又给吴武陵写了内容大体一样的拜托信，希望吴武陵以其认知和学识对《非国语》提出中肯意见。在信中，他再一次强调了自己的为文理念："夫为一书，务富文采，不顾事实，而益之以诬怪，张之以阔诞，以炳然诱后生，而终之以僻，是犹用文锦覆陷阱也。不明而出之，则颠者众矣。仆故为之标表，以告夫游乎中道者焉。"所谓的"用文锦覆陷阱"，就是用形式上或技巧上的花拳绣腿遮掩内容上的空虚苍白或乖张谬误，把后人引向文章的歧途或离道而去。

当《非国语》逐渐传开，果然有人对柳宗元提出了质疑，他们很奇怪，柳宗元曾经很用心地钻研《春秋》之道，也对佛教和道教感兴趣，如今却写了一部离经叛道的《非国语》。有些人在追问，究竟应该如何评判柳宗元的文章呢？他的理论根基是什么？他的学说究竟属于哪一个门类、哪一个派别呢？

针对诸般质疑，柳宗元毫不掩饰地公开了自己研究的密码："以《尚书》为参照，以求文章质朴无华；以《诗经》为参照，以求文章具有永恒的情理；以"三礼"为参照，以求文章内容合理；以《春秋》为参照，以求文章是非明确、褒贬分明；以《易经》为本原，以求文章能够反映出事物的发展变化。这就是我吸取'道'之源泉的方法。而参考《穀梁传》，则是为了加强文章的气势；参考《孟子》《荀子》，以使文章条理通达；参考《庄子》《老子》，以使文章汪洋恣肆；参考《国语》，以使文章增强情趣；参考《离骚》，以使文章能够情思幽微；参考《史记》，以使文章显得语言简洁。"

这就叫博采众长，独树一帜。由此可知，他所尊崇的"大中之道"是综合了儒、释、道以及先王之法的思想体系和施政理念。

三

　　自从吴武陵贬永州以来，柳宗元多了一个贴心的朋友。虽然二人年龄相差很多，但在学养、思想和情感的成熟度上却并无二致，基本上可以用"思想默契、情深意浓"来概括。柳宗元对这个忘年小友格外器重，每有思想或情感上的波动，总是第一时间与吴武陵沟通、倾诉；若有新文章，吴武陵更是第一个读者。此外，柳宗元也推己及人深深同情吴武陵的遭遇，向岳父杨凭推介吴武陵，希望能寻机举用他。柳宗元在《与京兆杨凭书》中说："去年吴武陵来，美其齿少，才气壮健，可以兴西汉之文章，日与之言，因为之出数十篇书。庶几铿锵陶冶，时时得见古人情状。"吴武陵对柳宗元更是敬爱有加，不但"每以师道"事之，只要是柳宗元的文章他"必大光耀以明之"。两人在永州居住的地方相距不远，即便在柳宗元没有迁居愚溪时，两人也只有一水之隔，一个潇水东，一个潇水西，往来频繁，至为亲密。有时，几日不见就觉得时隔很久，但逢朋友聚会，一定要有吴武陵在场。有一次吴武陵因病没有参加聚会，柳宗元就感到了忧伤失落，感慨之余便写了一首诗《初秋夜坐赠吴武陵》：

　　　　稍稍雨侵竹，翻翻鹊惊丛。
　　　　美人隔湘浦，一夕生秋风。
　　　　积雾杳难极，沧波浩无穷。
　　　　相思岂云远，即席莫与同。
　　　　……

　　这日，吴武陵问了柳宗元一个奇怪的问题："您说，树木表皮长着怪异却有条不紊的纹理，是自然形成还是造物者的有意安排呢？这和人的贤与不肖、寿命短长、人生的贵贱是一个道理吗？"

柳宗元一笑，说出了自己的看法。他认为凡物都是自然形成的，如云的千变万化、花的气味色彩各不相同一样，不是谁有意识决定的。什么圣王天命、符瑞之说都是一些好怪之徒的歪理邪说、荒谬愚昧之论，全不知何为大道，真正违背了以德理政这个根本。只可惜当世蒙昏僻邪之说和淫巫迷信之风充斥、笼罩政坛、文肆。那些掌权者为天子求士，本来应该以仁义为标准，却提升坏人，压制好人，这是有意识地做违背自然的事，且千百年来，习以为常。以至于使用人才时忽升忽降，一升而浊者皆来，一降而清者尽去。如此，尧舜的美德智慧怎能德泽广远，没有大道的支撑又怎能保证国运长久？

对柳宗元的看法，吴武陵深表赞同。他同样有感于当世的污浊，朝野上下不明道、不行道更不尚道，才使得崇道、明道之人不受重视和珍惜。他提出这个问题，正是有意把话题引到"道"上来。

接下来，吴武陵话锋一转，提到柳宗元写了一半的《贞符》。虽然永贞元年（805）起了个头，但后来境遇和情绪都发生了始料未及的变化，原本理清的创作思路和主旨不得不搁置下来。几年来，他虽然不时想起这部作品，但因身心疲惫、心气不足，看不到这篇文字的意义，便没有下决心坐下来续写。至今，序言部分还没有彻底完成。

说话间，柳宗元从箧中寻出旧稿递与武陵，并告诉武陵，他打算以诗的形式表述这篇《贞符》，目前这些文字只是个诗序。虽然只是个诗序，但已经开宗明义地表达了主旨。从总体上看，这应该是一篇能够体现柳宗元政治思想和哲学观点的作品。文中列举大量史实，批判了盘踞在史学领域中的种种神学迷信思想，指出"符命说"纯粹是"妖嚚淫昏好怪之徒"的胡说，是"淫巫瞽史"捏造的欺人之谈。文章以历史进化论的观点，叙述了人类社会的形成和发展，总结了古代各王朝兴衰的原因，明确提出帝王"受命不于天于其人；休符不于祥于其仁"和"正德受命于生人之意"的论断，充分体现了柳宗元以德治国、以"利安元元"为务的民本思想。

这篇尚未完成的文字，引起了吴武陵的极大兴趣，他把稿子拿在手上，前后对照，反复翻看、研读，眼中时而流露出兴奋之光，时而眉头微蹙似有疑问。柳宗元熟知吴武陵进入思考状态时的外在表情，也不搭言，一边翻着手边的书，一边时不时用眼睛的余光扫吴武陵一下，时刻准备着回答他提出的问题，或听听他读后的感觉和意见。

许久，吴武陵抬起头问柳宗元："这么说，董仲舒的所谓三代（夏、商、周）受命之符，都是骗人的啦？"

柳宗元早就料到吴武陵的关注点可能在此。对于先哲的理论体系或思想观念，很少有人敢提出质疑，都是稀里糊涂不加怀疑地相信，不信，自然要有一个充足的理由。吴武陵的话一出口，柳宗元就表明了观点："岂止是董仲舒，就是司马相如、刘向、扬雄、班彪、班固所鼓吹的'受命之符''天命论'等，也都是诳乱后代的虚妄之词，不足为凭，不可迷信。"

其实，这个问题吴武陵可问可不问，因为在柳宗元的《贞符》序中，已经表述得很清楚了，他再一次追问，只是要当面确认一下。至此，他对柳宗元的文采和思想的认识又有了进一步的提升。吴武陵发现，一个可以超越前人，行于后世，且一旦在现实中推行便可促进社会进步和人们思想观念转变、进步的理论体系，已在柳宗元头脑中形成，这就是他自己所说的"中道"。放下文稿，吴武陵向柳宗元抱拳致敬，激动地说："小子才疏学浅，但就我判断，这个作品于前于后都具有很重大的意义，先生不应该因为意志消沉不继续完成它。"

听了吴武陵一番话，柳宗元也是"不胜奋激"，决心尽快完成这篇作品。想想自己长久地泯没蛮夷之地、不被人知、不被重用的状态，与其这样在忧惧消沉中无所作为，不如做一点或许有意义的事情。万一所倡导的大道被人接受，施与人世，此生也死而无憾了！

告别时，吴武陵对柳宗元说了一件事，是关于李幼清的。李幼清，字深源，原来是睦州刺史，新近被贬至永州。因为对自己的遭遇深感冤屈，李幼清便每日沉默寡言，闷闷不乐，虽然经常随柳宗元和吴武陵等一同出游，但终不能冲淡其心中的郁结之气。柳宗元和吴武陵对李幼清被诬陷而遭贬一事都深感不平，但一时也不知如何劝慰是好。这吴武陵偏偏又是个"刚健之士，怀不能忍"，便"踊跃其诚，铿锵其声"写了一首诗为李幼清鸣不平。诗写好后还觉得不够，来找柳宗元，求他再为此诗作序，壮其声势。多一份同情和呼吁，以期让李幼清得到更多的关怀和温暖，感到自己并不孤单无助。此外，他还有另一层考虑，借助柳宗元这个大手笔作序，没准还可以在历史上留下那么一笔呢！

吴武陵一说，柳宗元立即欣然接受。刚好柳宗元也有意把李幼清这个冤案记录、议论一番，为弱者鸣冤叫屈，呼唤正义，将其当作以文干预现实，以文明道、弘道的一种方式。

四

李幼清的父亲李抱玉曾任郑、陈、颍、亳四州节度使。李幼清是李抱玉的小儿子，曾在镇海节度使李锜下辖的睦州任刺史，本是一位颇有政绩的官员。不幸的是，他的睦州正归镇海节度使李锜管辖。

这李锜本是一个野心很大又十分狡诈的强藩，贪盗公财，集结朋党，谋反之心日益膨胀，进行叛乱活动已长达十余年之久。凡他辖内的一切地方，都欲收于麾下，为己所用。可是各地官员都由朝廷任命，哪个官员死心塌地忠于朝廷，他也没有办法。为此，他曾多次试探李幼清，意欲拉其入伙。怎奈李幼清是个正直之人，并不想和他一起反对朝廷，所以一直对李锜的利诱无动于衷。不能用，则清除，是李锜的一贯手法。稍后，李锜罗列了几个罪名，将李幼清诬告到朝廷，想利用朝廷之手把李幼清除掉。

皇帝派御史前来核查此事，住在了睦州。为了阻挠核查，李锜对御史采取严格的限制措施，从大门口到公堂，都由私人兵丁严守。皇帝派来的兵卒都不能插手，全部在那里闲置着，采不到任何证据。一段时间之后，李锜正式起兵叛乱。然而朝中仍有大臣坚持采用李锜的诬告状，降罪李幼清。皇帝颁诏将李幼清贬到了循州（今广东惠州市）。在李幼清被贬谪的路上，上百名李锜的人马在楚、越交界处拦截，意欲除掉他。李幼清仗着有点武功在身，奋力逃脱，幸免于难。没过多久，盗贼之首李锜被擒，在社垣外被斩首，但李幼清却也没有得到昭雪平反。虽遇天下大赦，朝廷也没有让李幼清官复原职，只将他量移至永州，不过是换了一个地方而已，此处距离长安还有千里之遥。对此，李幼清本人倒是没什么怨言，吴武陵作为朋友，却对这种不公平的事情无法容忍，愤然提笔为李幼清鸣不平。

如果一个国家政治清明，治理有道，大权在握的官员们有起码的责任、良知和道义，怎么能出这等不公、不正、不义之事？柳宗元提起笔来，稍作深思，义愤盈胸，像钟鼓被无形之槌击打一样，声音不知不觉地就发了出来：“若钟鼓之考，不知声之发也。”没多久，一篇情绪饱满的《同吴武陵赠李睦州诗序》告成。写罢，柳宗元仍觉不足，在文中某处又添上一笔：“今天子即位三年，大立制度。”吴武陵接过文稿，着重看了柳宗元后添上去的这句话，沉吟半晌，却不知他这一笔的深意何在。

李幼清遭贬后，一度情绪消沉，迷上了服气之术。服气，也作"食气"，是中国古代的一种养生法。晋代嵇康《养生论》说："呼吸吐纳，服气养生。"后来被道家承袭，成了所谓"修仙"之法。这时服气术，渗入许多虚妄的东西，不单纳气，还食丹石。据《晋书·张忠传》载："恬静寡欲，清虚服气，餐芝饵石，修导养之法。"到了唐代，服气之风在士大夫中盛行。眼见李幼清服气以来，"貌加老而心少欢愉，不若前去年时"。日渐苍老，精神愈加萎颓，柳宗元非常焦急。为了帮助李幼清走出人生误区，归于正道，在为吴武陵作完诗序之后，又特意为李幼清作了一篇《与李睦州论服气书》。书中重提吴武陵对李幼清"列仙、方士皆死状"事。指告他说："兄之为是术，凡今天下欲兄久存者皆惧，而欲兄速去者独喜。兄为而不已，则是背亲而与仇。"书中所言，句句贴心，鼓励李幼清要"卓然自更，使仇者失望而栗，亲者得欲而忭"。更激励他要归于"中道"，建功立业，"流声誉于无穷，垂功烈而不刊"。

吴武陵离开后，又有被贬永州的武官南承嗣来访。在经常与柳宗元一起游聚的人里，南承嗣是最不通文墨的一个人。但南承嗣是一个忠勇、厚道之人，虽不能与之谈诗文、论"中道"，却可以听他讲很多奇闻逸事和藩镇、军界的故事，也可以被他逗得开怀大笑。

南承嗣，魏州顿丘（今河南省清丰县）人，名将南霁云之子。安史之乱中，叛军围攻战略要地睢阳，太守许远与前来救援的真源令张巡及部下南霁云等率领军民抗敌，从至德二载（757）正月到十月近一年的时间里困守孤城，牵制了叛军兵力，有力地支持了郭子仪、李光弼在关中、河东地区经营收复长安的军事行动，使叛军无法顺利进犯作为朝廷财赋来源地的东南地区。但因孤立无援，邻近诸军将领拥兵自重，坐视不救，睢阳终于沦陷。

睢阳被困期间，南霁云曾杀出重围向贺兰进明请求救援，贺兰因不愿为张巡、许远损伤自家兵力，不肯出兵援救。虽然贺兰并不打算出兵救援，但看中南霁云的英勇和豪壮，有意将南霁云留下，纳为己用。便陈设酒宴，具备歌舞，招待南霁云。南霁云来至席间情绪激昂地说："我南霁云来的时候，睢阳城内的人已有一个多月没东西吃了。我即使想一个人吃，道义上也不忍心这样做，即使吃，也咽不下去。"于是抽出随身佩带的刀砍断一个手指，鲜血淋漓，示于贺兰。满座的人无不震惊，都感佩得为他掉泪。

南霁云明白贺兰终究不会出兵，遂恸哭而返。快出城时，抽出一支箭射向佛寺高塔，箭射在塔上，有一半箭头穿进砖里。他说："我这次回去，如果打败了叛贼，一定回来灭掉贺兰！这一箭就作为我报仇的记号。"只可惜，睢阳终究孤城难守，最后，几个守城将领全部被俘，张巡、南霁云当即慷慨就义，许远被运往洛阳囚禁，途中被杀害。

南霁云死后，按古例"忠烈胤也"，即奖赐为国而死有功人后代的惯例，南承嗣承父荫，七岁为婺州别驾，赐绯鱼袋，历任施州、涪州刺史。贞元末年（805），南承嗣由施州转任为涪州刺史。元和元年（806），刘辟反叛时，南承嗣"昼不释刀，夜不释甲"。他说："我忠烈胤也，期死待敌。"面对如此忠勇刚烈之士，连敌人都畏惧三分："彼忠烈胤也，尽力致命，是不可犯。"没想到，他最后没有败给强敌，却败给了刀削之吏的诬陷！

南承嗣此来，是请求柳宗元为先父写一篇碑铭。这样在历史上有重大影响的事件和人物，其褒贬毁誉总是涉及当时政治的清浊和世风的善恶，当以有道和无道而论。柳宗元欣然应允，用骈体写了《唐故特进赠开府仪同三司扬州大都督南府君睢阳庙碑》，以南霁云为中心，展开了国家管理制度以及忠义的主题。

两年后，南承嗣逢赦量移去澧州做长使，柳宗元又为南承嗣写了《送南涪州量移澧州序》。柳宗元在这篇序中勉励他"凡君子之志，欲其优柔而益固，愤悱而不忘"，以图大业。后来还代南承嗣写了"从军状"和"效用状"，以求"效死戎行"，可惜南承嗣却从此再没有被朝廷重用，终生未得施展的机会。

五

十月将至，秋风又起。虽然气温还不至于给人带来太多的凉，但柳宗元却觉得从内到外都散发着莫名其妙的冷。自从把家迁至愚溪，耳中不再有车马之声，眼中亦少见往来的人影。值此冷冷落落的深秋，甚至鸟儿也停止了鸣叫和追逐，宁静的山居，寂寥的院落，更给他的内心平添了几分凄凉。傍晚时分，他一个人来到愚亭之上，望着清澈的愚溪水和苍茫的远山，久久发呆。

柳宗元想起去年春天和刺史崔敏游宴南池的情景，曾经的一切历历在目，仿佛就在昨天。零陵城南的山、山上的树木、天上的云朵、潺潺的溪水、宁静的池塘、池边因风摇曳的楠树和翠竹、林中清脆的鸟鸣、池中的菱角、荷花和蹦跳的鱼儿，那些不曾停息的欢声笑语……一切竟如梦境，忽然而聚，忽然而散。

当时，也不知崔刺史为什么突发奇想要搞那么一个聚会，"于暮之春，征贤合姻，登舟兹水之津"，几乎把永州的知名贤士和亲友都请到了一起。柳宗元是以姻亲的身份参加的，或者说是以"贤"和"姻"双重身份参加的那个聚会。说姻亲，是因为崔敏的后夫人是范阳卢彤之女，她与柳宗元母亲是同辈姊妹，算是柳宗元的姨母。因此，崔敏也就是柳宗元的姨父。说"贤"，崔敏从未把柳宗元当作"罪臣"对待，而且经常与他讨论问题，邀他参加游宴。在他眼中，柳宗元只是一个州府里的官员、晚辈，并且是一个有思想、有才华、有抱负的高端人才，所以格外器重。

这也是老天不灭苦命人。多年后，当柳宗元回首永州这十多年贬官生涯时，让他感到庆幸的是，所经历过的六任永州刺史没有一个对他落井下石或把他当罪臣相待。元和元年（806）为韦刺史，当时有岳父杨凭刺潭州下辖永州，虽相交很短，却有诸多关照。元和二年（807）杨凭迁京兆尹，冯叙冬末刺永州，三年（808）春即离开，短暂的碰面并没有太多交往。元和三年至五年（808—810），崔敏为永州刺史，是宗元的长辈姻亲。元和五年崔敏死于永州，姐夫崔简调任永州刺史，未及上任，便获罪另贬。元和五年至六年（810—811），永州刺史空缺。元和七年至八年（812—813）韦彪为刺史。元和十年（815）的永州刺史为崔能，又是柳宗元的姻亲。几任贤能友善的永州刺史，不但给柳宗元提供了宽松的政治和生活环境，也乐意采纳柳宗元提出的施政建议，以其卓著的政绩，为柳宗元的从政主张和所倡导的"中道"提供佐证，使他的一系列理论文章获得有力的实践支撑。

特别是崔敏，在永州刺史任内大刀阔斧对原有的贪官污吏进行整肃，采取了一系列革除弊政的措施减轻百姓负担，改善地方文化、经济环境。他的第一件功绩是修整部吏，将革除弊政与精简机构、裁减冗员结合起来，打击开除欺压、鱼肉百姓的贪官污吏数百人。当时永州属于小州，人丁少，地域仅辖有三县，被开除的腐败分子竟达数百人之多，可见其力度之大，没有足够的勇气和决心是断然做不成的。第二件功绩是破除妖言惑众的迷信。当时永州城乡有许多妖师、巫祝，这些人利用群众的愚昧，用迷信妖术控制群众的生老病死，给群氓戴上精神枷锁，肆意愚弄，像吸血鬼一样，牟取资财。崔刺史下令坚决取缔并捣毁妖师巫祝的神坛千余室，捉拿其罪大恶极者治罪。在当时妖师巫祝迷信、佛道文化风行的时代，这不仅是为民请命施政理念的胜利，更是唯物论思想观念的胜利。由此可知，崔敏和柳宗元的世界观和理政思想有着大面积的重合。

去春聚会时，崔刺史的身体和精神状态还很好。柳宗元在《陪永州崔使君游宴南池序》中还在说"况公之理行，宜去受厚锡"，希望他造福一方之后离开永州去享受丰厚的待遇。没想到短短一年多的时间，崔使君就病故在永州刺史任上。他亲手栽种的花草树木，都好好地活着，他修建的亭榭依然遮蔽着游人，他建立起来的秩序有条不紊地运转着，唯独他不在了。他亲切的音容笑貌、铿锵有力的话语和凝重坚毅的目光，转眼已成永远的记忆。以往的情景再也不会重现了！在《南池序》的结尾处，柳宗元还在感慨："余既委废于世，恒得与是山水为伍，而悼兹会不可再也，故为文志之。"像谶语一样，果然就"不可再"了。想到这些，柳宗元顿感一阵难过，"心焉若抽"。

这正是："良时不再，斯乐难常，今奈其何，顾慕感伤。"对于崔敏的离世，柳宗元深感悲痛。他的悲痛不仅在于世事无常，更在于命运的乖张。在这荒芜的永州，一个知近之人的离去，不能不让柳宗元内心平添了数重忧虑：一是情感上少了一个寄托，今后谁来接替崔敏？未来自己的处境又将如何？二是政治上少了一个同盟。这"妖巫淫祠遍地、恶吏庶狱猖獗"的蛮夷之地，离开一个"宽以容物，直以率下"的正直之官，搞不好所有的歪风邪气又将死灰复燃。三是"道"上少了一个知己和欣赏者，如果换了一个奸佞之徒放在自己的头上，命运之辙又不知偏向哪里。悲痛惋惜之余，柳宗元不仅为崔刺史写了《唐故朝散大夫永州刺史崔公墓志》，而且怀着真挚的感情写了一篇《祭崔君敏文》，对崔刺史的经历、品性、理念、政绩进行了高度评价。

还好，柳宗元忧虑的事情并没有发生。崔敏死后，将要接替他做永州刺史的正是柳宗元大姊之夫崔简。元和五年（810），连州刺史崔简调任永州刺史。

崔简能到永州来，柳宗元当然是很高兴的。谁知天有不测风云，还没等崔简从连州走到永州，就被湖南观察使李众诬以贪污治罪，长流驩州。崔简的弟弟崔策当时正就学于柳宗元门下，准备第二年应举。听说哥哥被人诬告，毅然放弃了参加科举考试，赴京上告。经过调查审理，朝廷罢了诬告者李众、卢则等人的官，但并未给崔简翻案平反。

又到了一年风雪季。这日柳宗元正坐在愚溪家中望着窗外的风雪，为崔家的事情而悲愤、感伤，娄图南突然来向柳宗元辞行。

或许是怕在柳宗元身边多待一会儿会失去辞别的勇气吧？还没等身上的落雪清扫干净，娄图南就低着头向柳宗元说出决定离开永州的想法："少好道士言，饵药为寿，未尽其术，故且求之。"他要去淮南的道观里正式出家当道士。

对柳宗元来说，这一年真是伤心难过的一年啊！四月女儿和娘殇，九月恩君崔敏死，如今娄图南又要远走淮南。虽然，娄秀才的离去早在意料之中，但在情感上柳宗元一时还是难以接受。听娄图南说出离开的打算，柳宗元半晌无语，一缕凄凉、孤独的思绪久久回旋在心头："唉！身边的人亡的亡，走的走，——离去，只把我一个人遗弃在这荒山野岭！"

回首三年共处的时光，柳宗元对娄图南深怀感激。一个心不在世俗的人，竟能够为了朋友，陪他度过这么长一段荒芜、寂寥的时光，那需要怎样的深情厚谊！柳宗元多希望两个人能志同道合地长久陪伴啊！

怎奈，两个人情谊虽厚却不能同道。个人心中虽然都有"道"，彼此的"道"却不能相通。为了寻求两个人在"道"上的融合，柳宗元曾花过很多时间研究道教、道术。不但深入地研究过《老子》《庄子》的思想，更涉猎过有关道术层面的著作和案例，甚至对很多修道服丹、服气之人进行观察和研究。经过不断探索论证，柳宗元竟然发现并打开了儒家和道家相通、兼容的入口。他认为，道家和儒家在高层面上并不矛盾，甚至可能相融为同一"真道"，关于"有为"和"无为"、"出世"和"入世"完全可以通过一个微妙的"度"实现转换。只有进入到"术"的层面，道家才进入一种荒谬的、有害无益的状态，很多人正是因为迷恋炼丹服药才断送了性命。遗憾的是，娄图南在这个层面上却表现出不可扭转的执着。柳宗元曾不止一次与娄图南沟通、交流，但终究无法说服和改变他。当然，他自己更不会因为娄图南的坚持而改变人生走向。他的"道"虽然也无法行于现世，但他始终坚信，将来必有一天被人们认识、接受和发扬光大。

其实，早在一年之前，柳宗元就敏感地发现了这个问题。感情归感情，志向归志向，既然朋友执意离去，再怎样挽留也毫无意义。只是三年来的相濡以沫、患难与共，说分离就分离，他实在情有不舍。他深为娄图南这样一个文才超群的人不求进取而惋惜。即便是分手时刻，他还在对娄图南进行劝勉，希望他有一天能改变人生态度，为朝廷贡献聪明才智，"余既异其遁于名，而又德其久留于我也，故为之言"，柳宗元甚至直言不讳地说："今将以呼嘘为食，咀嚼为神，无事为闲，不死为生，则深山之木石，大泽之龟蛇，皆老而久，其于道何如也？"一个人如果以不死为生，就算真能活得很久，于社会、于大道又有什么意义呢？柳宗元说这些时并无意打击娄图南，而是在明知不可挽留时的最后挽留。

娄图南将要动身，柳宗元夜不能寐，作《送娄图南秀才游淮南将入道序》送他："夫君子之出，以行道也；其处，以独善其身也。今天下理平，主上亟下求士之诏，娄君智可以任职用事，文可以宣风歌德，行于世，必有合其道而进荐之者……"这是柳宗元一生中为数不多的长文，洋洋千余言，有回顾，有道情，有希望，也有规劝。核心内容无外乎深刻的遗憾："君子出来当官的原因，就在于要成就一番大的事业。君子隐居起来独处，就是为了独善其身。现在天下太平，有着开明的政治，皇帝多次颁下诏书，搜寻有贤能的人，娄先生具备了为官从政的才能和智慧，拥有能够宣扬风雅歌颂政绩的才学，这个世界上，一定会有喜欢他这种风格并愿意推举他的人。娄先生这么着急要去做隐士，我认为还不是时候。难道是觉得自己老了，想要偃旗息鼓？还是觉得尽管自己还年轻、还有从政的锐气，但由于身体的瘦弱想要安心保养？这两种想法都是很顽固而且很武断的……"

分别在即，柳宗元满怀感伤，作《酬娄秀才将之淮南见赠之什》，诗中深情写道：

> 远弃甘幽独，谁云值故人。
>
> 好音怜铩羽，濡沫慰穷鳞。
>
> 困志情惟旧，相知乐更新。
>
> 浪游轻费日，醉舞讵伤春。
>
> 风月欢宁间，星霜分益亲。
>
> 已将名是患，还用道为邻。
>
> 机事齐飘瓦，嫌猜比拾尘。
>
> 高冠余肯赋，长铗子忘贫。
>
> 琬晚惊移律，暌携忽此辰。
>
> 开颜时不再，绊足去何因。

海上销魂别，天边吊影身。

只应西涧水，寂寞但垂纶。

娄图南的离去，让柳宗元倍感孤独、寂寞，很多天都无法从娄图南离去的失落和忧伤中解脱出来。窗外又清清冷冷地飘起雪花，他偶尔抬头望一眼窗外，仿佛娄图南仍旧会像前次一样，踏雪而来，哪怕是特意为辞行而来也好。至少，还能再见上一面。当他回想起自己在送别诗里写的那句"只应西涧水，寂寞但垂纶"时，眼前又出现了一个凄清的画面：一条落雪的寒江，一叶飘摇的小舟，一个孤独的渔翁，一条钓鱼的竹竿，就那么静止在江上，静止在岁月深处。古有姜太公直钩钓于渭水，他是在钓匡扶周朝的大运，而自己脑海里这个孤独的渔翁，他在那里钓什么呢？果腹的食物、寒冷中的一丝温暖，还是命运的回馈或奖赏？他拿起案头的笔，挥毫写下了一首流传后世的诗《江雪》：

千山鸟飞绝，万径人踪灭。

孤舟蓑笠翁，独钓寒江雪。

诗写罢，他觉得整个屋子似乎在寒风中摇晃起来，宛若时间的河流里一叶失控的小舟。

第九章 苍生之念

一

元和四年（809）的秋末冬初，是一个特殊的时间节点。柳宗元同时感受到了两种季节的交错变换。寒风从北方吹来，秋天退去，凛冬一步步逼近；柳宗元的风，却由正南的乾阳之位时不时地传来丝丝暖意。自十月接到许孟容的第一封书信后，裴埙、顾师闵、萧俛、李建等也陆续和柳宗元恢复了书信往来，冻结了三年之久的京都人脉开始一点点融化、疏通。虽然仍没有冰消雪融的迹象，但至少让人相信冬天不会永远延续下去。

至元和六年（811），很多过去与柳宗元有很深嫌隙的朝官也恢复了与柳宗元的书信来往。时任江西节度使的武元衡来信对柳宗元进行抚慰。这年四月，曾经弹劾过岳父杨凭的李夷简竟然也写信表示关怀。柳宗元一时还揣摩不透这些来信背后的用意，但至少能感觉朝廷对革新派贬臣的怨怒已经渐渐平息。六月，又有同宗叔父柳公绰以御史中丞出为湖南观察使。路过永州时，特意来看望了柳宗元。其时，宗元又为叔父写了《代柳公绰谢上任表》。

元和八年（813）之后，曾怀疑自己的阳山之贬与刘柳有关的韩愈，也恢复了与柳宗元的通信往来。几年前，就有人传韩愈曾把被贬的原因归于刘柳，其有诗云："同官尽才俊，偏善柳与刘。或虑语言泄，传之落冤雠。二子不宜尔，将疑断还不……"遂与柳宗元、刘禹锡断绝了往来。柳宗元不知道现在他是否前嫌尽释，但是，朋友终归是朋友，一个人做事情能够问心无愧也就是了，本无仇怨，何来嫉恨，能够继续往来，岂不更好！更何况韩愈现在春风得意，而自己正处落难之时。

元和八年，韩愈自国子博士一职迁为比部郎中、史馆修撰。这是一件十分难干的工作，且不说浩如烟海的史实记录和资料整理工作多么浩繁，单说宰相、大臣甚至皇帝的直接和间接干预，也很难让一个史官圆满地完成秉笔如实记录当朝历史的职责和使命。为此，韩愈内心生发出诸多的顾虑和畏难情绪。履职不久，即有一个刘秀才作书给韩愈，以史官职守相勉，韩愈遂公开作《答刘秀才论史书》予以奉答。

本来是一封无足轻重的书信，韩愈完全可以置之不理，他为什么要郑重其事地回答一番呢？这一举动引起了当时很多人的猜测，或许韩愈内心的纠结无处倾诉，需要找一个机会展示自己的困惑；或许在修当朝历史时涉及永贞革新这段非常敏感的纷争，一时难以下笔，先以书信表明自己的处境和态度，投石问路。

韩愈是一个心思缜密的人，写完《答刘秀才论史书》后又给柳宗元写了一封信，并把《答刘秀才论史书》同附信中。信中说"为史者，不有人祸，则有天刑"，并多有懈怠史职之议论。收到韩愈的论史书信后，柳宗元反复阅读并认真地揣摩了韩愈当时的心理状态以及给他写这封书信的真正用意。韩愈知道，合格的史官当像太史公一样，以不可摧折的正直甚至身家性命保证史书的真实。对于史实，不管是过去的还是当下的，都不应该受权势干扰而有所虚饰和篡改，有一些问题，虽然朝廷已经有倾向性的意见，但真实性、公正性的原则不能被这样那样的理由所改变。然而，摆在面前的现实却让韩愈大为头疼，当朝的皇帝、诸多位高权重的大宦以及虎视眈眈的强藩在盯着他的手腕，看他究竟将笔尖往哪里偏；革新派残存的见证者，特别是像柳宗元、刘禹锡这样既是旧日朋友又精通文理的人，也在关注着他，看他是否能把心摆正。柳宗元心里清楚，韩愈这个时候致书论史，称自己不想碰这个烫手山芋，实质上就是行事之前的吹风，潜台词就是："我虽然负责修史，但这个事情我负责不了，如果将来的史书有与实际不符之处，责不在我。"

柳宗元理解韩愈的心情，也知道他的处境艰难。但什么叫"不辱使命"，既然历史的重担落在了你的肩上，你就得接着，不能没有限度地瞻前顾后和徘徊不前。大约是朋友做得久了，柳宗元虽然和其他官员说话客客气气，与韩愈说话却更多是直截了当。他开始拿起笔，给韩愈回信："正月二十一日，某顿首十八丈退之侍者。前获书言史事，云具《与刘秀才书》，及今乃见书稿，私心甚不喜，与退之往年言史事甚大谬。若书中言，退之不宜一日在馆下，安有探宰相意，以为苟以史荣一韩退之耶？若果尔，退之岂宜虚受宰相荣己而冒居馆下，近密地，食奉养，役使掌固，利纸笔为私书，取以供子弟费？古之志于道者，不若是……"

这封信，是元和九年（814）的正月写给韩愈的。他认为韩愈现在关于史的论调，与从前的态度和观点已经完全不同了，信中的话简直不像从他韩愈嘴里说出来的。柳宗元揣摩其中定有一些复杂的原因。一开头，柳宗元就表示了不同意韩愈信中的观点，话说得也很不客气："如果情况果然像你信中说的那样，那么退之在史馆一天也不应该待下去。如果你确认宰相的用意就是随便一个史官的头衔来荣耀一下你韩退之，我认为你不应该白白地领受宰相给你的荣耀，在史馆里挂一个虚名，接近机要地方，享受俸禄，使唤手下官员，利用公家的纸笔为私人写文章和用所得的收入来供给子弟们作费用。古代有志于为政治理想奋斗的人，可不是这样……"

在这封长信中，柳宗元主要从三个方面规劝韩愈要放下包袱如实记录当朝历史。第一，不应该惧怕如实记录史事而受到惩罚、遭到天祸。一个人都没有胆量去担任只是纸上褒贬的史官，如果担当实职，御史中丞、御史大夫什么的，决定人的奖罚、升降甚至生死，岂不是更不敢吗？第二，不要说记录的官员、事务浩繁。"我一个人，怎么能把他们的事迹都写清楚？"各朝各代的史官所面对的是同一种情况，都这么想，各朝的史书都将不复存在。真有抱负的话，哪会把工作和责任都推到手下人身上呢？哪需要等到别人督促催逼以后才勉强去履行史官的职责呢？第三点，就是不要相信鬼神一类的事情。这些事情本来就是荒诞不经和虚无缥缈的，明白道理的人从来不谈这些，像退之这样聪明的人为什么还要谈论和惧怕这些东西？

捎走了这封书信后，柳宗元仍没有将这件事彻底放下，因为修史之事，和对革新派以及柳宗元个人的褒贬有直接的关系。他并不希求韩愈把革新派的人写成历史的功臣，但至少要真实记录、客观评价这一事件和相关的人物。现在韩愈担任史官，柳宗元知道他一向对革新派有个人的成见，怀有敌意，而且当朝皇帝和重要官员也对革新有很深的成见，都会不遗余力地把他们的想法叠加到这个新任史官的身上，所以柳宗元担心这段历史可能会被严重歪曲。

一个多月的时间很快过去，柳宗元正在考虑如何继续和韩愈把这个话题说下去，韩愈的另一封书信又到了。柳宗元打开书信认真品读，这次韩愈的口气完全不同于上一封书信，这次，他是写了一篇从前没有见过的奇文，是神气活现地在纸上对自己讲道。

韩愈在信中对柳宗元说："你了解天的学说吗？我替你讲讲天的学说吧。现在人遇到疾病、痛苦、劳累、饥寒等无法忍受的事情时，就会仰起头对苍天呼喊道：'伤害人民的人兴盛，保护人民的人遭灾。'然后，又仰头对天呼喊道：'你为什么这样不公平呢？'他们之所以会这样，就是没有完全了解天的意愿。

"瓜果、食物腐败之后，虫子就会在里面生长；人的血气循环紊乱堵塞，就会长出脓疮、肿瘤、瘘痔；树木朽烂之后，里面就会生出蛀虫；草腐烂了，上面就有萤火虫盘旋，这些都是因为自然界的事物受到毁坏之后才出现的。和外物受到损坏，会有虫子从中生长出来一个道理，元气阴阳受到损害之后，就产生了人类。

"虫类产生后，它们用牙齿吃东西，在物类上面蛀凿挖洞，自然万物更受到损害。如果有能除去这些虫类的人，他就是对自然万物有功的人；而使它繁衍、生长的人，他就是自然万物的仇敌。

"人类产生后，损害元气阴阳的行为也非常严重：人们开垦田地，砍伐山林，挖掘水井，掘墓埋人，挖坑建厕所，建造房屋、城池、楼宇、寺庙，疏浚河道、沟池，钻木取火来烧，将金属熔化，制作陶器瓦器，刻制玉石，让天地万物憔悴得不能顺其自然地生长，人们兴冲冲地干着这些，破坏、伤害、摧残的行为从没有停止过。这些行为对元气阴阳造成的祸害，不比虫子造成的祸害更大吗？我想有谁消灭这种人，使他们一天天、一年年地减少，那么祸害元气阴阳的行为就会逐渐减少，这就是对天地有功；使这些人繁衍、生长，就是天地的仇敌。

"现在人们不能完全了解天，所以才做出这种呼喊并且抱怨的举动。

我想天听到他们的呼喊和抱怨后，反而还要大大奖赏那些有功的人，大大地惩罚那些祸害元气阴阳的人。你认为我讲的话怎么样？"

看过韩愈的信，柳宗元非常诧异，觉得说这些话的人并不是韩愈，或者韩愈已经不再是从前的韩愈。想当初，退之也曾为百姓之苦舍身请命，也曾意气风发地弘扬和坚守"中道"，如今为何竟有如此的论调？这封信让柳宗元想起了很多事情。回想起上一封信中退之的一些话，似对自己参与永贞变革之事，话里话外大有斥责之意，当时并没有往深处想。现在两封信联系起来看，隐藏在字里行间的用意已经很明晰了。他是在为接下来的曲笔就史做理论铺垫！这一次，他又要把责任推给上天或天命。

如果按韩愈的理论，那些因命运不公而哭天喊地的人，都是因为受到了天的惩罚，而不自觉；而那些身居高位者、既得利益者或某些最后胜利者都是受到天的奖赏的人。这显然是将人事的因果归于虚无缥缈的天。如此，掌握话语权的人完全可以把因行不义导致别人不幸的责任推给天，名曰天罚；也可以将因行不义而获得地位与利益的原因归于天，曰天赏。更让人无法理解的是，把开垦田地，砍伐山林，挖掘水井，掘墓埋人，挖坑建厕所，建造房屋、城池、楼宇、寺庙，疏浚河道、沟池，钻木取火来烧，将金属熔化，制作陶器瓦器，刻制玉石，而让天地万物憔悴的罪责归于那些劳动者。请问，是谁在背后驱使着这些劳动者？为了向天与地献功，把这些人都一一消灭掉，那些坐食其利的达官贵族谁来养活？可怜天下的劳力者和弱者，受斩杀、宰割还要歌颂那些加害者的天德？天地本是按自己规律运行的一团元气，它只管生植，不管人事，"天之道在于生植，其用在强弱；人之道在于法制，其用在是非"。如果将天道和人道混为一谈，就一定会有人把人道上的是非责任推给天道，这样一来，法制便形同虚设，人世间的是非曲直也无法分辨。如果把这样的观点推为史观，那么历史又哪里会有真相可言？

抛开个人的褒贬与得失不谈，如果让这样的观点行于当世，于大道何益？于苍生何益？柳宗元越想越生气，于是，他提笔对韩愈的观点进行了批驳："你讲的确实雄辩而且有文采，但我还是给你说出我的结论吧。那上而玄的东西，人们称它为天；下而黄的东西，人们称它为地；满满地充斥在天地中间的东西，人们称它为元气；寒冷、暑热的东西，人们称之为阴阳。这些东西虽然大，但与瓜果、疮痔、草木没有区别。假如有谁能除去消灭那些凿洞的仇敌，这天地是客观事物，它们会报答吗？使仇敌繁衍、生长，它们能够发怒吗？天地，是大瓜果；元气，是大疮痔；阴阳，是大草木，它们怎么能赏赐功劳，惩罚罪恶呢？功者自功，祸者自祸，都是人之所为，期望得到天地的奖罚岂不荒谬；至于通过呼喊和抱怨，期望得到天地的同情和恩赐，也是十分荒谬的。因此你要相信只有仁义永存于天地之间，生生死死罢了，怎么将存亡得失寄托在瓜果、疮痔、草木身上呢？"

感愤之余，柳宗元把这些想法都体现在一篇文章之中，名曰《天说》，并以书信的形式寄达韩愈。写完这封后，他觉得仅仅自己这么说说还不够，又将这些看法和韩愈的书信一同转给了刘禹锡。

自从出长安之后，刘禹锡成为柳宗元精神上最大的依托和安慰。每当心中的块垒难释，每当偶尔有什么意外之喜，每当有什么感悟和发现，宗元都要写信与禹锡分享。刘禹锡的乐观、放达和信念上的坚定往往给柳宗元以极大的鼓舞和慰藉。患难之中的相互抚慰、相互支撑，使他们建立起了不是兄弟胜似兄弟的坚固友谊、深深信任和真挚的感情。这样一个与大道与苍生有深刻关联的大问题，当然要听听禹锡是什么看法。

对柳宗元的书信，刘禹锡十分重视，就天道与人道的问题进行了认真思考，并写了二千余言的长篇大论《天论》。刘禹锡在他的《天论》里说："我的朋友河东柳子厚写了《天说》来反驳韩愈的言论，文章确实有文采，大概是因为由感慨而发论，所以没有说完整天与人之间的关系。那么，我现在来替他补充完善一下。"

刘禹锡在这篇文章里明确提出：自然的运行是有规律的，它无所偏袒。天与人实在是毫不相干的。雷霆震击到牲畜、树木身上，并不是因为它们有罪；春雨滋润毒堇、苦荼，并不是选择了善类。柳下跖、庄蹻一直被看作奸邪盗贼的代表人物，怎么就很顺利？孔丘、颜回作为圣贤之人，怎么还遭受困厄？这些都说明天是苍苍茫茫而没有什么主宰的。天主宰生长，而不主宰人间的是非和道义。它只是按照自己的规律运行，决定着生长、种植等事情，顺应这个规律就吉祥，违背它就有灾凶。所以智者、圣人只考虑世间之事，只考虑如何顺应自然规律。

自然有自然的规律，国家的治理有国家治理的规律，二者没有对应关系。君子也像自然界一样，有自己的道，有自己的行为准则，并时刻遵循。小人只计功利，变化无常。事实证明，可怕的不是天，而是世人的种种违背礼义道德的举动。因此，荀子反对那些祈求天神的迷信仪式。

先王之道和"礼义"才是决定一个国家是否昌盛的"天"，如果天子、诸侯不把它们看作珍宝，道和礼义如果不在一个国家实施，那么一国的功业声誉也就不会显赫。因此，国家的命运决定于怎样对待礼制，统治人民的人，推崇礼制、尊重贤人，就可以称王统治天下；重视法治、爱护人民，就可以称霸做盟主；贪图私利、多用欺诈，就很危险；用权术损害、搞垮别人，自己就会彻底灭亡。作为国君应该重礼尊贤，这样才可以做天下之王。

最后，刘禹锡也做出了和柳宗元如出一辙的结论："天之能者生植也，人之能者法制也……法制与悖乱，皆人也。"如此，就在理论上彻底堵住了统治阶层揽功诿过于天的后路。

这场在柳宗元、韩愈、刘禹锡之间展开的关于天人之间的大讨论结束后，柳宗元还是觉得意犹未尽，他继续在这个主题上思考、挖掘，陆续写了《天对》《断刑论》《时令论》《褅说》等理论文章，从多个角度对天命论的观点进行批驳，构筑起一个朴素唯物主义的理论体系。

二

这场持续了很久也在当时产生了很大轰动效应的辩论渐渐接近尾声时，柳宗元又开始了他的四处巡游。自从他的家迁至愚溪之后，他之前精神上的焦虑、紧张和身体上的浮肿、乏力等症状大幅减轻。睡眠充足之后，精神状态也好很多，在读书和写作之余，他尽力到周边走一走，了解一下当地的风俗、文化和民情，以广博自己的见闻，增加自己文章的丰富性和"及物"的深度、力度。

这一天，他早早起身，带了个随身的仆人，打算从愚溪的住处继续向西山以西的村落走一走。这个时期的永州，经历几次大的灾荒，虽有很多人口陆续远徙他乡，但还是有一部分人在这片土地上顽强地留了下来。临出门时，柳宗元特意吩咐仆人去找来他那根藤条做的手杖。仆人是刚来几天的新人，不知道老规矩，便用有一点儿不解的眼神愣愣地看了主人一眼。他有点疑惑，主人才刚刚四十出头，虽然说身体看起来并不是很健壮，但也不至于走一点路就要拄个拐杖吧？柳宗元看出仆人的心思，便笑着对仆人说，这山里的蛇多，毒性又大，走在草丛中需要时不时地敲打一下脚前的草，以免与蛇相撞，为其所伤。

　　前次柳宗元和州衙里的一个小吏闲聊，小吏问他在西山一带有没有见过蛇。他当时很好奇，一个小吏为什么突然问自己这么个奇怪的问题。后来小吏告诉他，本地的山野里有一种奇怪的蛇，很稀少也很危险，普通人要尽量避开。那种蛇的外貌也很奇特，纯黑色的身体，白白亮亮的花纹，在草丛中游动时速度很快，像一支黑色的箭矢。此蛇的毒性非常大，在接触到草木时，草木全都会枯死，人被它咬到必死无疑。但它也是疗效很好的药物，捕杀它，然后风干做成药物，可以治麻风、屈肢、颈部脓肿、毒疮等，可除去坏死的肌肉，杀死危害人体的三尸虫。因此，这种蛇也成为医生们优先选用的药材。因为这种蛇稀少、难以捕捉且捕捉的危险相当大，就成为非常稀缺、珍贵的药材。皇宫里的太医为了获得这种药材，特奉皇帝之命，每年两次向永州一带征购。于是，官府出台了一项特殊政策，专门招募能捕捉这种蛇的人，并承诺他们可用蛇来充抵应纳的租税。一时，永州的人都争着去做这件事。

　　记得去年春天游西山时，元克己也提醒过自己，往返山间要特别留意蛇，一旦被咬，无药可医，很快就会死去，实在是太危险。柳宗元很把这件事情当回事，所以每次出门都要把防蛇咬当作头等大事。最近几年，柳宗元的身体状况和记忆力都在急剧下降，很多事情一转身就忘记，所以几乎每次出门他都是走了一小段距离才回过头来找他的手杖。这手杖还是前年清理钴鉧潭西小丘时砍下的一段藤蔓，当时看它自然生长的形态很像一根手杖，就把它留了下来，没想到之后还真有了用场。

　　这一天，柳宗元的体力很好，向山西平坝的方向走了很远的路。只要遇到了村民，他就停下来聊一会儿，走走停停间就到了下午。为了不走重复的路，返程时他特意绕了一个大弯，直奔北路的一处山口，沿袁家渴西岸迂回着向家的方向靠近。没走多远，他们竟然发现了一个小村落。之前他们也来过袁家渴，但走的是东岸的另一条路，并没有发现这边还有人烟。

　　小村不大，一片残垣断壁中还有不到十户人家的烟囱里在冒烟。柳宗元决定到村里去看一看。这个地方和自己愚溪的家虽然隔着山峦和森林，但相距并不很远，如果从实际距离看，还可称得上邻居呢！他们走到村头时，有一个中年人出来抱柴，仆人喊住了他，柳宗元便上前和他说起了话。

　　老乡姓蒋，是一个官府招募的捕蛇人。柳宗元怀着极大的兴趣和他聊起了捕蛇的事情。据这个姓蒋的老乡介绍，他是这一带独一无二的捕蛇人，到了他这一代，已经是第三代了，属于独享。据当地官员说，官府在永州征募毒蛇，一共也就二十年左右的事情，为什么蒋家捕蛇人已经轮换到第三代了呢？

　　见柳宗元有疑问，老蒋便接着往下说："我爷爷和我父亲虽然并不是很老，但都已经早早离世了，他们都是在捕蛇过程中不小心被毒蛇咬伤致死的。如今我继承他们的事业也已经十二年了，虽然我也好几次差点被蛇咬死，但我还是比他们幸运，侥幸躲过了几次致命的危险。"

　　见老蒋说起往事和自己的职业时，表情和语气很是悲伤，柳宗元便动了恻隐之心，从心里为老蒋难过起来。虽然自己手中并没有什么权力，但和州里的刺史关系还好，想解决一个小民的困难应该是不成问题的，怎么说也是一个挂名的司马啊！于是他对老蒋做了一个承诺："你的差事真是太危险啦，简直是不把生命当回事，你是不是很怨恨这差事？如果真的不想再干下去，我去向管事的人说，让他给你更换一个差事，该交税就交税，过一个平常人的日子，你看怎样？"

　　没想到，老蒋听了柳宗元的一番话，更伤心难过了，眼泪汪汪地对柳宗元说："我知道你是可怜我，想要我好好地活下去。可是，你知道吗？如果你不让我干这一行，让我像其他山民一样靠种地来缴纳各种税赋，我就更活不下去了，别说活好啦！如果当初我不干这捕蛇的差事，可能早就活不到现在了。"

"难道捕蛇的差事能给人带来很多好处吗？为什么还如此留恋？"

老蒋说："并不是捕蛇这个差事让人留恋，而是不捕蛇的日子更难过，更令人畏惧。到目前为止，我家已经在这里居住三代六十年之久了。我们眼看着那些不干捕蛇差事的乡邻生活一天比一天糟糕。他们一年年在土地上劳作，累死累活，结果拿出地里的全部产出，交出家里的所有收入，还是抵不上苛捐杂税。没办法，只能哭哭啼啼地迁离故乡，他们是没有被蛇咬死，但很多人都因为贫病交加、饥寒交迫而死。那些人背井离乡，无处落脚，一路上被风吹雨淋，冒严寒酷暑，呼吸毒雾、瘴气，死掉的人常成堆地躺在路边，就算侥幸没有死在路上，也会因为没有土地、没有生计而在生死边缘挣扎。从前，和我祖父同居于此地的人，现今已经剩下不到十分之一了；和我父亲同居于此的人，现在已经剩下不到十分之二三了；而和我一起住了十二年的人，又只剩下不到十分之四了。人们不是死了，就是搬走了，我却因为捕蛇而能幸存下来。"

说到这里，柳宗元抬头仔细端详这个村落，在为数不多的人家之外，确实有大片的残破房屋，有的只剩下一个低矮的土堆。仔细听听，静悄悄的，鸡鸭不鸣，猪狗不叫，像一个废弃的荒场一样。

老蒋停顿了一会儿，接着往下说："那些催债的差役来到我们村里时，到处呵斥吵闹，大喊大叫，吓得人们哀声四起，东逃西窜，连鸡狗也不得安宁。但我从来没有欠过税赋，也没有受过无端的呵斥。我只要小心翼翼地起来，看看那只瓦罐，见我捕的蛇还在里面，就可以安然睡下。平时小心地喂养，到规定的时间就去上交。回来后就能自在地享用地里的产出，以安度天年，因此我一年之中只有两次冒生命危险的时间，其他的时候都过着心情舒畅的生活，哪像我的乡邻们那样天天经历危险呢？现在即使我死在捉蛇上面，比我的乡邻们也死得晚了，又怎么敢怨恨呢？"

这番话给柳宗元的心灵造成了极大的震撼，他深深为底层人们的生活而感到悲哀和难过。他平日里虽然知道永州这地方蛮荒、落后，人们的生活不好过，但没想到会如此悲惨。以前读书时，对孔子所说的"苛政猛于虎"还表示过怀疑，不相信现实会如此夸张。从老蒋的遭遇来看，这话是事实啊！唉！在京城听到的，都是千口一词大唐盛世，谁知道远州之地竟如此衰败！千年之前的底层生存景象依然没有改变，千年前落后的治理能力也依然没变，为害百姓的横征暴敛也没有变，只不过由从前的"苛政猛于虎"，变成了今天的"暴政毒于蛇"。

柳宗元走在回家的路上，心情很沉重，都说是国以民为本，都说是为官一任造福一方，可如今眼看着国家治理的漏洞百出，眼看着大道和仁政不能施于万民，柳宗元的心里一阵阵不是个滋味。但自己已经落到了与平民百姓都差不多的地步，还能做些什么呢？回家后，他很快把这一天自己的所见所闻记录下来，起名为《捕蛇者说》。他想，如果哪个官员想了解底层人民的生活，这篇文章至少能提供一些材料。

三

柳宗元刚刚从愚溪边散步回到屋内，就有人从州衙送来一封来自京城的书信。打开看时，是翰林学士李建的书信。李建是柳宗元早年在京城的旧友。在《送崔群序》中柳宗元提到过他。"尝与陇西李杓直、南阳韩安平（韩泰），泊予交友"，再加上崔群，当时这四个人在长安的青年学子中非常有名，号为"四友"。文中的李杓直即李建，"杓直"是李建的字，他比柳宗元大九岁。"李建始以进士第二人补校书郎，擢左拾遗、翰林学士。"顺宗时左迁太子詹事，改殿中侍御史。宪宗元和间，因坐事罢降，后出澧州刺史，召拜刑部侍郎。李建为人正直，为友出力，"必勇取义"，人称"善人"。柳宗元对他的评价是："杓直敦柔深明，冲旷坦夷。"

之前来信问候时，宗元把自己的精神和身体状况说与李建，到底是至密的朋友，李建收到宗元书信后很是担心，马上就回信寄了些治病的药饵，并写信让他在常州任刺史的哥哥李逊就近关照柳宗元。此时，他们旧日"四友"之一的崔群也在朝中为翰林学士。因供职于宫内禁地，依例不与外界交往。柳宗元不能直接与之通书信，所以让李建"默以此书见之，勉尽志虑"。柳宗元相信，尽管朝野上下的政治空气依然紧张，但朋友间的真情是不会因此而消散的。

这次李建的来信除了问候、关心之外，似乎还有更加重要的事情。虽然信中并没有明说，但字里行间在暗示他，因为前段时间一些文章在学子中流传，又引起了朝中某些人的不快。他没有明确地告诉柳宗元应该如何应对，柳宗元心下也有所领会，总的意思就是虽然一个人受了委屈或看到了一些当世的问题有发发牢骚、写写文章和发表自己意见、见解的权利，但当此之时，还是要注意文章的说话方式和策略。人在人之下，怎敢不低头？连韩愈的《宪宗实录》都被迫曲义就史了，足以看出当朝对外边的议论特别是贬官们的言论还是十分在意的。

看完李建的信，柳宗元却在心里犯起了嘀咕，到底是哪一篇文章又惹那些当权者不快了呢？是《六逆论》《起废答》，还是《桐叶封弟辨》呢？柳宗元略微回想一下，两篇文章都是借古讽今之文，讲的都是关于帝王用人和决策的道理。凡道理，就要根据"大中之道"所遵循的规律推演出正确结论，本无意于直接影射当朝皇帝，不过是为了让事情朝好的方向发展而起警示作用。但如果真被别有用心之人利用，或许确实是一件对自己不利的事情。糟糕的是，某些执掌生杀大权的人，的确心胸狭窄，听不得逆耳之言。若不小心，为文者很有可能罹不测之祸。

当初写《六逆论》，柳宗元确实是有感于当朝用人制度的僵化和不合理，故针对《春秋左氏传》提出的"六逆"阐述了自己的观点。所谓"六逆"之说，就是：贱妨贵，少陵长，远间亲，新间旧，小加大，淫破义。并说，六者为乱之本也。如果说其中的三点，"少陵长，小加大，淫破义"，是为乱之本或者有那么一点道理，而所谓的"贱妨贵，远间亲，新间旧"，显然就是统治者为了维护自己的利益或不愿意改变现状而制造的借口和理由，何以见得必然致乱呢？单说"贱妨贵"者。凭借母亲的正妻地位做高贵的继承人，可以说这是整个社会选择继承人的原则。然而如果出身高贵的人很愚蠢，地位低贱者"圣且贤"，即使"妨"他一下又有何妨，这不正有利于国家的治理和强盛吗？同样，亲而近者，愚且劣；远而新者，圣且贤；即便"间"之或取而代之又能怎样呢？国家在选择君主或任用官员时若只以是否嫡出为依据，以族系亲疏、门第新旧为标准，则圣贤之人自然没有立足、用武之地，国家的衰亡也就为时不远了。现在想想，这样的观点和主张最有可能得罪谁呢？只能是皇帝和那些贵族元老。

至于《起废答》，对朝中任免、起废之事指涉得更加清晰一些。文中写的是永州的两个"废物"——跛脚和尚与烂脑袋马，由于偶然的机会，竟然被提拔起用，一个滥竽充数成了佛家大师，一个摇身一变成了官府良马。他（它）们陡然身价百倍，耀武扬威，好不气派。但是读书万卷、学贯古今的人却身遭贬斥，"一废不复"。明眼人一看便知，作者是借助动物故事来讽喻、揭露、谴责统治者埋没人才，凌辱忠良，重用废物和骗子的黑暗政治，也嘲讽了当时黑白混淆、是非颠倒的丑恶现象。当然，也暴露了当朝为争夺或提升一官半职，大小官员们到处奔走钻营，互相倾轧，汲汲营求的官场丑态。这个，也是要得罪一大批人并招来仇恨的。

《桐叶封弟辨》则论述了大臣应如何辅佐君主这一问题。

古书上记载说：周成王用削成圭形的桐树叶跟小弟弟开玩笑说："把它封给你。"周公便进去向小弟祝贺。成王则说："我是开玩笑的。"周公说："天子不可以开玩笑。"于是，成王便把唐地封给了小弟弟。

这个故事就是在以另一种方式告诉人们，君主的权威是至高无上的。表面上"天子不可以开玩笑"是告诫天子说话要慎重，实际上就是强调天子的一言九鼎，话一出口就具有了法令的效力。这和"君叫臣死，臣不敢不死"之类说法是一个版本的不同表述。难道说君王就没有过错吗？有了过错也不需要更改吗？这显然是荒谬的，如果这样的理念延续下去，一个国家兴衰、一件大事的成败以及一个人的生死，岂不都会因为君王的一念之差或一句话而断送吗？

文章虽短，观点却十分尖锐，并且和当朝的某些事情有极大的相似度。或许正是这个让某些大臣特别是那些可以在皇帝身边搬弄是非吹耳边风的近臣和宦官心里不舒服了，因为皇帝的某些过错正是他们怂恿的，并且定了的事情就不想再改，即便是错了也将错就错，一错到底，以至于让满朝文武谁都猜不透事情因何而起，又为何发展成最后的结果。

"这些可恨的阴谋家！"柳宗元猜来猜去，猜到最后，便没有兴致再猜下去了。即便是知道因为什么得罪了那些权贵又有什么用呢？说出去的话，泼出去的水，也收不回来。况且，既然自己说得没有错，又何必收回呢？人生都已经到了这个地步，再糟还能糟到哪里？还有什么可怕的呢？不知不觉地，柳宗元又进入了写文章时的状态。

当柳宗元想到文中的那句："设有不幸，王以桐叶戏妇寺，亦将举而从之乎？"自己也忍不住一笑，觉得这话说得挺解气。是呀，如果不幸大王拿桐叶同妇人或宦官开了玩笑也一定要兑现吗？这话是挺刺激人的。在这里，柳宗元把宦官和妇人等同起来放在一起议论，那些阉人一见，肯定就会火冒三丈。

应该说，这是柳宗元的机智，也是他的任性。自永贞革新以来，革新派的正面劲敌正是那些宦官，几个大阴招使下来，不仅把革新派打得落花流水，把顺宗皇帝也拉下马来。不得不说，这些人的权术和招法比革新派的人玩得精熟百倍。也正是因为他们精于权术，才有更多的人趋炎附势，助长了他们的气焰。

据传，刘禹锡的岳父薛謇受刘禹锡之累，本不为宪宗和宦官所喜，可他曲事宦官薛盈珍，后来被擢拔为福建观察使。刘禹锡日后在为薛謇写神道碑时透出此事的端倪，说薛謇在"授监察御史里行充京兆水运使"时，"诏以中贵人护之，声震塞上"。这个贵人就应为宦官薛盈珍。柳宗元本人的岳父杨凭，元和四年（809）贬临贺尉，元和七年（812）复官，也被怀疑是走了宦官的后门。竟然连韩愈这样的人为求进取，也与宦官俱文珍交结走了后门。不仅如此，还给俱文珍作诗、写序。在《送汴州监军俱文珍序并诗》中说："故我监军俱公，辍侍从之荣，受腹心之寄，奋其武毅，张我皇威，遇变出奇，事先独运，偃息谈笑，危疑已平。天子无东顾之忧，方伯有同和之美。"如此夸张的溢美之词，也确实让人感到不好意思，难怪后人编《韩集》时，并不把此序列入正集。

一个人如果把智慧用于大道那叫贤能，如果把智慧用于阴谋和非道，则是地地道道的佞臣。时至今日，那些宦官仍然在影响和干扰着朝政，特别是皇帝的意见和某些决定。但是柳宗元不管明里还是暗里都不想对他们稍作态度上的改变，他从骨子里瞧不起这些人。宦官们不同于保守派的朝臣，保守派即便不支持甚至反对改革，就人格上他们还是有自己的原则，很多人还有作为士的正义和正气，而这些宦官为了利益常常不讲原则，没有底线，什么杀人越货的事情都干得出来。

柳宗元心里清楚，就如自己和某些宦官不共戴天一样，他们对自己也是恨之入骨，所谓的"八司马"长期被贬不得任用与宦官在背后捣鬼有直接关系。既然结下死仇，又何必畏畏缩缩！此身既然已经被弃于郊野，索性就和郊野村夫们站在一起，在这个大道不行、正义难伸的世间，为公平和正义多说几句公道话。

柳宗元一时想不出如何做才能保护自己，人生到了这个境地，能够秉笔明道已是他黯淡的生命能够获得一点意义和价值的唯一渠道，让他彻底停下手中的笔是绝无可能的。考虑到处境的险恶，为了尽量避免招致更大的灾祸，权宜之计也只能尽量避免直抒胸臆，用历史典故和寓言将文章巧妙地包装起来，让他们抓不到具体的把柄。

柳宗元还没有想好如何应对李建来信暗示的问题，好友饶州刺史元洪又来信和他探讨《春秋》大义和赋税之弊。正好，他这些天正在为百姓税赋沉重的问题不能释怀，便乘兴将自己的观点和盘托出。为此，他特意作《答元饶州论政理书》："政治上最大的弊病，莫过于贿赂公行，因而赋税混乱。假如这样的话，那穷人就因为无钱向官吏行贿，结果实际上很穷的人，名义上却不穷；富人用钱财去买通官吏，结果名义上不富的人，实际上却很富。于是穷人更加挨饿甚至死亡而无人过问，富人愈加横行奢侈而无所顾忌。"

之后，他又著《吏商》说："商人重利，吏商更如此。为官与利相系，何廉之有，更无廉吏可说。"看来他在几年的贬谪仕途中，切实体会到了穷苦百姓的难处。心为之哀，言为之发。

四

元和七年（812）正月，崔简贬死驩州。他的儿子处道、守讷奉灵柩北归，过海遇风暴溺死。这个残破的家庭不得不改道奔永州到柳宗元处落脚。

三具棺椁再加上一个破败之家根本就不再有承担北归故里的经济实力。到永州后，柳宗元也帮助崔家人想了很多办法，最后迫于种种实际情况，决定将崔简的灵柩草葬于永州。

对崔简一家的悲惨遭遇，柳宗元深感同情和悲痛。好好的一个仕宦之家，意气风发的一个年轻朝官，因为一宗不负责任的冤案，就像一个偏离了运行轨道的星体，就这样破碎了、陨落了，分崩离析、家破人亡。柳宗元不过是一个落魄的贬官，面对如此巨大的变故，他既没有力量挽回残局，也没有能力改变事物的方向，他唯一能够支配的也只有手中这支秃笔。他忍住满腔的悲愤为好友兼兄长写了《又祭崔简旅梓归上都文》。字字句句透露出内心的凄切："君死而还，我生而留，远矣殊世，曷从之游？酹觞于座，与涕俱流。"

崔简的遗属很多，在重大变故面前更是手足无措，"名为赃贿，卒无储蓄，得罪之日，百口嗷然，叫号羸顿，不知所赴"。崔简在世期间家无余财，被人以贪污之名治罪后，失去俸禄，一大家子几十口人连糊口的经济实力都没有了。到永州后只能靠同样没有经济实力的柳宗元接济度日。坚持不到一个月，两家人的口粮就断了。情急之下，柳宗元只好向湖南观察使李中丞求廪食，也就是讨粮、讨饭要饭过日子。崔简的冤死，又让柳宗元亲见朝廷腐败无道和政治的黑暗，他怎能不殷切地盼望着可以拯救国体、众生的大道尽快行于世？

终于有一天，零陵县代理县令薛存义也来向柳宗元辞行了。又一个好官离开永州，到别处去任职了。

柳宗元心情颇不平静，自己看重并志同道合的人要离开，很多的滋味一齐涌上心头。但该走的早晚要走，不可挽留。他决定用一个合适的方式为薛存义饯行，以表达自己复杂的心情。于是，他一边吩咐下人预备一些酒、菜，一边怀着惜别的心情赶写一篇小文。他要在明天薛存义登船之前赶往潇水之滨，把这些东西一起送给薛存义。

说来，这薛存义还是柳宗元的老乡，河东故地之人。唐元和年间，薛存义任湘源县令。湘源是永州管辖的下县之一，与零陵毗邻。只因零陵县"政庞赋扰，民讼于牧，推能济弊，来莅兹邑"，永州刺史韦彪就推荐薛存义来零陵任职，经朝廷批准，任薛存义为零陵县代理县令。因永州府城与零陵县城同处一城，府衙在北，县衙在南，距离很近，最关键的是柳宗元虽然身为贬臣，却始终关注着时政，所在地的父母官的所作所为无不在他的眼中。薛存义的一系列为官举措让柳宗元深感佩服，他才愿意与之交往，并成为气息相投的好友。

薛存义是一个清廉务实且胸怀正义的人。到零陵不久，他就开始大刀阔斧对原来的乱象进行整治。通过明察暗访，很快掌握了某些官吏巧借收租收税之便欺压百姓的证据，革职查办了一些人。对街市上那些欺行霸市的不法之徒，也予以重拳打击。在短短的时间内，改变了零陵县的社会秩序和面貌：逃亡的人返回家园；悲愁伤痛的人恢复了欢声笑语；逃避租税躲避徭役的人回来履行义务；那些长期危害百姓的蛀虫、隐藏的坏人被揭发，自首服罪。百姓缴纳完赋税，一起高高兴兴地走在回家的路上，衙门巷尾，相互庆贺。门前看不到摆放的小吏的席位，耳中听不到聚集民众的鼓声。鸡鸭鱼肉水果清酒，有剩余的供整个宗族共同享用。这期间，他还在山上修建三亭，名读书林、湘秀、俯清。"高者冠山巅，下者俯清池。"为此，柳宗元还特意写了《零陵三亭记》，不仅对薛存义的行为极力赞美，还提出了观游是"为政之具"的观点。因为观光游赏之处不仅可以美化环境，与民同乐，还可以使为政者消除烦闷、忧虑，开阔心胸，放松精神，于政事大有好处，能够收到"理达而事成"的效果。很快，零陵的政治、人文生态得到了扭转，生产得到了发展，百姓的生活得到了极大改善。薛存义在零陵政绩显著，州、县各界对此非常赞赏，其他的县则争相效仿，但薛存义并没有自鸣得意，而是寄情于山水，淡然处之。

就这样一个政绩突出、口碑也很好的地方官员，代理县令两年之后，虽"早作而夜思，勤心而劳力"，县令的职务也一直没有转正。薛存义实际上是怀着一种黯淡、失落的心情离开零陵的。仕途无常，将要启程，柳宗元仅以朋友的名义，带着酒肉和事先写好的《送薛存义序》前去送行。

见了面，柳宗元不舍地拉着薛存义的手，推心置腹的一席话说得薛存义心热、泪目："存义呀，一晃你已经来零陵两年多了，这两年你每天很早起床工作，晚上还在考虑问题，辛勤用力而耗费心血，县内所有的官司都得到了公平处理，赋税缴纳都均衡合理，老的少的没有内怀欺诈或外露憎恶的，作为一个官员，你上对得起朝廷，下对得起百姓，你的俸禄没有白拿，老百姓对你的尊敬你当之无愧。我也为有你这个老乡和朋友而感到骄傲和自豪啊！你要走了，我一个待罪之身，不允许我参政说话，不能在官员的评议中参与什么评议，为你说两句公道话。在你临行的时候，只能以一个好友和兄长的身份备点酒肉和几句叮嘱送给你，还希望你多多保重，前程似锦。"

船离岸，渐渐远去，已经行去很远了，柳宗元仍未离去，还站在岸上向薛存义挥手。泪眼模糊之中，江岸上那个模糊的人影终于看不见了，薛存义才拿出柳宗元送给他的文字，坐在船头仔细阅读起来："……

你知道作为一个地方官员应有的职责吗？他们是老百姓的仆役啊，可不是来役使老百姓的。凡是靠土地生活的人，拿出田亩收入的十分一来雇用官吏，目的是让官吏为自己主持公道。现在自己做官的接受了老百姓的俸禄却不认真给他们办事，普天之下到处都是。岂止是不认真？而且还要贪污、敲诈，行径如匪如盗。假若雇一个干活的人在家里，接受了你的报酬，不认真替你干活，而且还盗窃你的财物，那么你会怎样对待他呢？必然很恼怒进而赶走、处罚他。现在的官吏大多是像这样的，老百姓却不敢尽情地把愤怒发泄出来，更不敢也没有办法责罚他们，这是为什么呢？情势不同啊！虽然道理是一样的，当官的权力太大了，百姓的力量和权利太小了，主仆关系就本末倒置了。对一个明于事理的人来说，对他手下的百姓理应有足够的惶恐、敬畏之心啊！"

读至此处，薛存义仰天长叹，可怜一代英才，他的心、他的笔何时离开过国家和百姓啊！可怜、可惜呀，明珠久埋于荒野！

五

元和九年（814），是柳宗元在文学创作上的丰收年。这一年，他似乎一下子又恢复了从前的良好状态，灵感不断，文思泉涌，如有神助，一连写出了上百篇流传后世的好文章。

自《起废答》之后，柳宗元突然找到了一个宣泄情感和抒发胸臆的好渠道。他发现托物言情，采取寓言的形式向那些黑暗、丑恶现象开战，远强于那些正襟危坐的布道文字，既痛快淋漓，又让他们无可奈何。这大概也是他长期与敢怒不敢言的底层民众接触学来的指桑骂槐之智慧吧！这也算取之于民，用之于民，先把情感和情绪的问题解决掉，然后再让它们以文学的形式在历史中慢慢发酵，不但可以讽喻警示现世，将来还有可能对后世产生深远影响。

记得那日和娄图南闲谈，提到"三尸"之事。据说："人有三尸：上尸清姑，伐人眼；中尸白姑，伐人五脏；下尸血姑，伐人胃命。凡庚申日，言人过于帝。"这种可恶的尸虫，偷偷潜处于人们腹中，记人失误，趁着人们熟睡的时候，便鬼鬼祟祟、偷偷摸摸地溜出体外，跑到天帝面前进谗言，又急忙钻进人体缩成一团，遮掩得无声无息。而所谓的天帝，往往会听信那些尸虫的谗言，让被出卖的人遭殃。观照现实，这肮脏鬼魅的尸虫与宫廷中某些奸佞之徒多么相似乃尔！这些奸邪不除，忠良就没有出头之日，大道和惠政就难得施行，黎庶百姓也自然跟着遭殃。

经过一番深思熟虑，一篇《骂尸虫文》跃然纸上：

> 有道士言："人皆有尸虫三，处腹中，伺人隐微失误，辄籍记。日庚申，幸其人之昏睡，出谗于帝以求飨。以是人多谪过、疾疠、夭死。"柳子特不信，曰："吾闻聪明正直者为神。帝，神之尤者，其为聪明正直宜大也。安有下比阴秽小虫，纵其狙诡，延其变诈，以害于物，而又悦之以飨？其为不宜也殊甚！吾意斯虫若果为是，则帝必将怒而戮之，投于下土，以殄其类，俾夫人咸得安其性命，而苛慝不作，然后为帝也。"
>
> 余既处卑，不得质之于帝，而嫉斯虫之说，为文而骂之：
>
> 来，尸虫！汝曷不自形其形？阴幽诡侧而寓乎人，以贼厥灵。膏肓是处兮，不择秽卑。潜窥默听兮，导人为非。冥持札牍兮，摇动祸机。卑陬拳缩兮，宅体险微。以曲为形，

以邪为质；以仁为凶，以僭为吉；以淫谀诬为族类，以中正和平为罪疾；以通行直遂为颠蹶，以逆施反斗为安佚。谮下谩上，恒其心术。妒人之能，幸人之先。利昏伺睡，旁睨窃出。走谗于帝，遽入自屈。幂然无声，其意乃毕。求味己口，胡人之恤！彼修蚓恙心，短蛲穴胃。外搜济疠，下索瘘痔。侵人肌肤，为己得味。世皆祸之，则惟汝类。……

在这里，柳宗元先来了一个正话反说，欲擒故纵，给天帝戴一顶高帽子。说不相信这样的事情会发生，如果有这样阴秽、狙诡、危害众生的小虫，天帝那么聪明，早把它们"怒而戮之，投于下土"了。但实际情况怎样呢？不是一样有那么多无辜、不幸的人先于尸虫而死吗？所以柳宗元说自己身份卑微没有办法去与天帝对质这些事情，只能在远离天庭的地方骂骂这些可恶小虫，出出气而已，如果怨声能上达天庭引起天帝的重视那就更好了。

柳宗元贬永州司马后，宰相惜其才，欲诏补袁州刺史，但有谏官颇言不可用，以致宰相之议搁浅。有人说这件事情传到柳宗元耳中后，宗元暗恨之，才写了这篇文章把谗言的谏官比作尸虫。实际上，此说并不可靠。虽然有一些心术不正的谏官可恶至极，但并不是所有谏官都是如此；朝廷里除了谏官之外，可向皇帝悄悄进言的人比比皆是，亲信、宦官、近臣都可能因为皇帝的宠信而演变成专牟私利的尸虫。依柳宗元的性格，他不会很偏颇地仅就事论事，凡出言大多指涉某种现象，如此才可以引起普遍共鸣，才能使文章有明道功能。

既然尸虫如此为害，威胁人的生命，柳宗元便在文中向天帝提出希望：把尸虫彻底消灭，"蓐收震怒，将敕雷霆。击汝酆都，糜烂纵横"。只有这样，才能"下民百禄""万福来符"，给人民带来安宁的日子。如此看，柳宗元的心胸和思维是开阔的，所为之文虽然基于个人的认知和情感，但并不拘泥一己之私。

除《骂尸虫文》之外，柳宗元还有两篇用骚赋体形式写成的很有针对性的寓言作品：《憎王孙文》和《宥蝮蛇文》。

其中《憎王孙文》写了猿和王孙，王孙是一种小猴子。猿安静，善良，友爱，守规范，有秩序，而王孙刚好相反，吵闹，残忍，乖僻，不懂规矩，不守秩序。王孙凌挫折挽，破坏山林，使群山瘁然蒿然，群猿忍无可忍，齐逐王孙，王孙则不顾一切，撕咬群猿，善良的群猿乃放弃山林，终不与抗。显然，群猿是喻指包括作者在内的王叔文革新集团，而王孙则是指宦官俱文珍等和一批保守顽固的老臣。一类人起心发念为公，是为了国家利益和整体生存环境的改善；一类人起心发念为私，是为了个人利益和自己的升官发财和坐享恩俸，谁为王孙，谁为猿，一目了然。怎奈，猿虽仁慈，却被王孙所逐。即便被驱逐，也不过多计较，而"惟德是效"，淡然地追求自身品格的高尚。可是啊，"王孙兮甚可憎！噫，山灵兮，胡逸而居？"王孙如此可憎，山上的神灵啊，你为什么还能安逸地闲居呢？这相当于向朝廷发出呼吁、诘难。

文学中的寓言，自古有之，如《庄子》《韩非子》中，就保留了很多的寓言作品。不过，早期的寓言还只是论说的附庸，多数没有独立成篇。柳宗元的寓言则在前人的基础上，拓展完善，发扬光大，使之成为一种独立存在且不可替代的文学形式，并在中国文学史上占有重要一席。

柳宗元最负盛名的寓言作品是《三戒》。这是一组寓言，其中包括《临江之麋》《黔之驴》《永某氏之鼠》。柳宗元在《三戒（并序）》中说："吾恒恶世之人，不知推己之本，而乘物以逞，或依势以干非其类，出技以怒强，窃时以肆暴，然卒迫于祸。有客谈麋、驴、鼠三物，似其事，作《三戒》。"

《临江之麋》是说临江有个猎人，得到一只幼麋，就抱回家饲养起来。幼麋刚进家门的时候，群犬嘴边流出了口水，纷纷摇着尾巴想把幼麋吃掉。猎人把群犬吓退，并让幼麋和犬一起玩耍。幼麋长大，忘记了自己是麋类，以为犬是它的伙伴，开始和犬嬉戏亲昵。犬因为害怕主人，也就很温顺地和幼麋玩耍。这样过了三年。一次麋独自出门，见路上有许多不相识的犬，就跑过去嬉戏。这些犬一见麋，又高兴又恼怒，就把它吃掉了。麋至死都不知道这是怎么回事。幼麋因为主人的庇护，所以群犬不敢侵犯它，于是"依势以干非其类"，结果招致杀身之祸。

《黔之驴》最为脍炙人口，连中学生都耳熟能详：

> 黔无驴，有好事者船载以入，至则无可用，放之山下。虎见之，庞然大物也，以为神。蔽林间窥之，稍出近之，慭慭然莫相知。他日，驴一鸣，虎大骇，远遁，以为且噬己也，甚恐。然往来视之，觉无异能者。益习其声，又近出前后，终不敢搏。稍近，益狎，荡倚冲冒，驴不胜怒，蹄之。虎因喜，计之曰："技止此耳！"因跳踉大㘚，断其喉，尽其肉，乃去。

驴本来没有什么本领，却仗着身躯庞大、鸣声洪亮而吓跑了老虎。当老虎了解到它虚有其表，向它进攻的时候，它"不胜怒，蹄之"，"出技以怒强"，终于被老虎识破伎俩吃掉。这则寓言告诉人们：虚有其表，装腔作势，只能吓唬不了解真相的人；一旦真相被人识破，便难逃覆亡的命运。

《永某氏之鼠》是说永州有某人，生于子年，子属鼠，故爱护老鼠，家中不养猫狗，也不准仆人伤害老鼠。他家的粮仓和厨房，任凭老鼠横行，从不过问。因此老鼠就相互转告，都跑到某人家里，大吃大闹。某人家中没有一件完好无损的器物，箱笼中衣架上没有一件完整的衣服。老鼠白天成群结队与人同行，夜里则偷咬东西，争斗打闹，各种各样的叫声，吵得人无法入眠。但某人始终不觉得老鼠讨厌。后来某人搬到了别的地方。后面的人住进来后，老鼠仍和过去一样猖獗。后住进来的那人说："老鼠是在阴暗角落活动的东西，这里的老鼠却胆大包天，又吵又闹，为什么会达到这样严重的程度呢？"于是借来了五六只猫，关上屋门，翻开瓦片，用水灌洞，奖励仆人四面围捕，终于把家里老鼠全消灭了。某人爱护老鼠，老鼠则横行无忌，肆意胡为。而主人改变，老鼠仍我行我素，窃啮斗暴，结果可想而知。

从文中可以看出，某人养鼠纵患的情形与当时的大唐几乎如出一辙。表面上此篇用意是戒人勿"窃时以肆暴"，实际上说讽喻当朝也未尝不可。

柳宗元的著名寓言还有《罴说》：

鹿畏㹱，㹱畏虎，虎畏罴。罴之状，被发人立。绝有力，而甚害人焉。楚之南有猎者，能吹竹为百兽之音。寂寂持弓矢罂火，而即之山。为鹿鸣以感其类，伺其至，发火而射之。㹱闻其鹿也，趋而至。其人恐，因为虎而骇之。㹱走而虎至，愈恐，则又为罴。虎亦亡去。罴闻而求其类，至则人也，捽搏挽裂而食之。今夫不善内而恃外者，未有不为罴之食也。

猎人善模仿野兽的声音，本想以鹿鸣引来其同类，却不想引来了㹱。猎人当然知道"鹿畏㹱，㹱畏虎，虎畏罴"，于是学虎吼而驱㹱，不想引来了虎，于是学罴吟而驱虎，不想引来了罴。罴为百兽之王，绝有力，猎人再也没有办法驱罴了，只能落得被罴"捽搏挽裂而食之"的下场。此文讽刺不靠自身力量，而靠虚张声势侥幸取胜的人。然而这类人没有不失败的。文章波澜起伏，层层推进，具有很强的吸引力。

《蝜蝂传》则颇具普遍的警示意义：

蝜蝂者，一种喜欢负载东西的小虫。前行的时候无论碰到什么东西，都会抓过来，仰着头背上这些东西。背的东西越来越重，即使极为疲惫也不会停止，它的背很涩，不光滑，所以那些东西就会积聚在背上不散落，以致最终被压倒爬不起来。有些人怜悯它，把它背上的东西弄下来。倘若蝜蝂还能爬行，它就会像之前一样再把东西驮到背上。而且蝜蝂还喜欢向高处爬，用尽所有的力气也不愿停下来，最终掉到地上摔死。

针对蝜蝂这些秉性，柳宗元直接在文中发表了如下的议论："如今世间那些贪婪的人，碰到钱财绝不会避开，以此使自己的家产更为丰厚，不知道这些钱财已经成为自己的累赘了，还担心无法积攒更多的钱财。等到由于疏忽懈怠而垮下来的时候，被废黜、贬谪迁徙到边远之地，也算吃了苦头了。倘还能够东山再起，他们就又会不思悔改。整天想着升官晋爵，更为贪婪，以至于就快要被摔死了，看到以前那些已经被摔死的人还不知以之为戒。虽然表面看来他们很庞大，人比蝜蝂大了许多，但想法却和蝜蝂一样，实在是太可悲了！"

这一个时期，柳宗元创作的寓言很多，除了我们所熟知的名篇之外，还有诸如《瓶赋》《牛赋》《谪龙说》《鹘说》等，也并不是所有的寓言都是警示、反讽和批判的，也有一些是赞扬某一方面美德的。比如，《鹘说》就是赞扬一种叫鹘的猛禽，不吃给自己暖爪的小鸟，虽有大能却不滥用而知恩图报。《牛赋》也是赞扬牛干起活来任劳任怨，一生付出无怨无悔的品质。《瓶赋》则是赞颂作为一个器皿或一个人应该具有的一系列优秀品质："居井之眉""淡泊是师""和齐五味，宁除饥渴""清白可鉴，终不媚私""绠绝身破，何足怨咨""功成事遂，复于土泥"……在这篇赋的结尾，柳宗元表明了自己的态度："子无我愚，我智如斯。"这也正是他不同流俗的高尚情怀。

六

柳宗元虽然在文学、哲学、思想和品质上都堪称伟大，但他骨子里有着男尊女卑的观念，所以在他的作品中，把官员和妇女同题并论就是很大的讽刺和侮辱了，如果把某些人比作淫妇可能就有了辱骂的意味。在《桐叶封弟辨》中，他将那些宦官和妇人并列一次，算是出了一口恶气。在一篇名为《河间传》的文章里，他又有了更加刻薄的联想，把某些失节的官员比作淫妇。这回把所有人都吓着了，甚至不敢细看，或不敢承认文章出自他的笔下。为何师法三代、如此严肃的古文大家，竟有如此淫荡的文字？其实，这正是柳宗元在文章上的特点，他不拘一格，不断创新，不拘泥于形式。《河间传》正是这样一篇看似淫邪实际非常庄重严肃的作品。

《河间传》其白话翻译如下：

河间是一个淫妇，因为不想说出她的名字，所以就用地名来称呼她。

开始，这妇人是跟亲戚住在一起的。贤惠有节操。未嫁时，很厌恶亲戚男女间的杂乱关系，所以不愿跟他们来往，独自一人在闺房中做女红。

出嫁以后，因为公公死得早，就悉心奉养着婆婆。平时很小心谨慎，从不说别人闲话，而且对待丈夫就像是知心好友。其亲族里一些行为不端的妇人，总想算计她，将她拉下水。

"该怎么对付河间呢？"

其中一个很坏的人说："一定要破了她的身！"

经过周密计划，这伙妇人便驾一辆豪华的车去登门造访，邀其出游嬉戏，并用好听的话哄骗她："自从你来到我们这里，我们日夜紧张小心，以你为鉴，一旦有了小过失就害怕被你知道。今天为了向你学习，特意来接你，希望可以和你整日相处，以警惕、修正自己。"

河间很坚决地拒绝她们，不想与她们同游。婆婆很生气地说："今天这些人这么有礼貌，要以一位刚嫁到此地的妇人为师，你为何还要坚决拒绝呢？"

河间解释道："我听过妇人之道是以贞洁、顺从、安静、专一为妇道。如果骄傲于车子、服饰，炫耀珠宝首饰，出去吃喝玩乐，全宗族的人一定会嘲笑我。这不是一个好妇人该做的。"

婆婆强迫她去，她只好不情愿地跟那些人一起去逛市集。时间过去很久。她们逛到了市郊南边的一座佛寺。有一个画工吴老头，正作画于东南边的墙上，画得很怪异，于是有人提议可以派仆人先去清场，才进入参观。参观完，就先请河间上客座，并且准备了食物和一张大桌子在旁。

这时，突然听到有男人咳了一声，河间吓得打着赤脚就跑出去，找人驾车就回去了。

因为这次惊吓，河间哭了好几天。此后，变得越来越自闭，不再与那些亲戚打交道。过些天，亲戚们又来道歉："河间，你之所以惊吓害怕，是因为之前的那件事吧？希望你不要再怪罪我们了，之前那个咳嗽的人是个厨师。"

河间说："那么多人在门外嘲笑我，这又该怎么解释？"亲戚们听到这话，就都退回去了。一直到年过后，她们才敢再来邀请河间的婆婆，而且坚持要河间也一起去。

于是，她们就来到了隰州西边佛寺两池之间，敲栅栏使鱼鳖出来，投食戏之。河间为此一笑，众人也高兴了。然后，她们又带河间到一个吃饭的地方，这地方空旷而且没有帐幕，厢房又很大，河间于是同意进去了。那些事先躲在北窗下的恶少，将帘子放下，叫女子装出淫荡的声音，然后弯起两脚坐下等着看戏。过一会儿，那些藏起来的人又派出事先选定、样貌俊秀、阳具最大的人来抱持河间。

他一进来就把河间抱住，河间一边大叫一边哭泣，没想到，就连婢女也来帮忙，抓住河间，一边骂一边笑地告诉她，这样对她有好处。河间偷偷看一眼抓住自己的男子，原来是一个美男子。这时，在旁做坏事的人就已经做顺手了。呼吸急促的声音，使河间心意浮动，稍微一放松，支配者就侥幸得手了，将她抱到房间里。

河间开始收起泪水，渐渐地觉得很是适意舒坦，心中暗自庆幸，从来没有过这样的感觉。

隔天早上，众人准备好早饭要叫河间来吃时，她居然说她不想吃。到了傍晚，大家要驾车回家时，河间居然说："我不想回家，要跟这个人死在这里。"

亲友们反而觉得困惑，不得已，才又住下了。河间的丈夫见河间两日未归便骑马来接，却又见不到她，在旁的人极力抵挡，并跟他说，明天一定回去，才勉强把河间的丈夫打发走。

第二天临回去时，河间又抓住奸夫哭泣，到底在他手臂上咬痕为盟之后，才肯上车回家。

回到家里，她看也不看丈夫一眼，闭着眼睛说："我得大病了。"

丈夫给她弄来什么东西，她都不想吃。丈夫给她熬好了药，也被她挥去。她的心在怦怦地跳，像绑着危柱的细绳，已经不能承受时间的煎熬。丈夫一来，她就破口大骂，却始终没有将眼睛睁开。这种情况越来越严重，丈夫不堪其忧。

几天过后，河间对丈夫说："我就快要病死了，我的病是没药可医的，帮我招鬼驱病吧！"就这样，像着了魔一样，不停地说了一夜。自河间得病以来，丈夫也像疯了一样，一心想博得夫人欢心，做什么都无所顾忌了。

当时皇帝非常讨厌在夜晚招鬼拜神，但是丈夫哪顾得了许多，便按河间的意思搭帐驱鬼。于是河间就暗中叫地方官去朝廷告自己的丈夫招鬼祝咒。皇帝派了官员来核查验证，果不其然，即按律将河间的丈夫笞杀。

那可怜的人快死时还气若游丝地说："我对不起我老婆，我对不起我老婆呀！"

丈夫死后，河间大喜，也不为丈夫服丧，便迫不及待地将前次那个奸夫迎请进门，跟他一起裸戏交欢。

一年后，居住在河间家的奸夫精气用尽，衰弱不堪。河间因此而讨厌他，于是将他赶了出去。然后把长安游手好闲的无赖男人迎入家门，从早到晚无度交媾。但她还是不满足，于是她又在西南边开辟了一个供人喝酒的地方，自己居住在楼上，可以随时窥视，楼下则用侍女来当诱饵，勾引人们逗留。

来饮酒作乐的人，凡是鼻子大的、年轻健壮的、容貌俊美的、擅长划拳的，都可以上楼与之交合。而且一边行淫一边观察，唯恐错失一个男人。虽每日沉湎于懵懵呻吟之中，仍不满足。就这样淫荡放纵了十年，河间终于因精气衰竭而死。

由是，竟然连亲戚里那些内心邪恶、行为不端的人，一听到河间的名字，也都会嗤之以鼻不想谈及。

故事完整地叙述了一个贤德女子演变成淫妇的全过程，点明了事件的内因与外因，呈现了人性的脆弱和险恶。历史上有人把它当黄色小说的鼻祖，有人把它当作醒世之言。实际上，它就是跛脚道士赠与贾瑞的那个双面镜，一面是死亡，一面是色诱，你有选择的权利，愿意看哪面就看哪面。

关于这篇形式和手法都很特殊的文字，柳宗元实际上写的并不是故事而是寓言。只不过不是以物寓人，而是以人寓人。柳宗元曾有一段夫子自道是这样说的："天下间读书人的修养和节操，有像河间刚做妻子时那样纯洁美好的吗？天下间互相仰慕的朋友有像河间与其丈夫的关系一样密切的吗？但是河间一旦败于强暴，臣服于欲望，她就成了贪欲的奴隶。即便回到家里，也视丈夫为强盗和仇人，就连看也不愿意看他一眼，最后还用计谋杀死了他，并无片刻的伤心和愧疚。天下以情爱相恋结合到一起的人，难道都不会因为不正当利益被外部予以扰乱吗？从此，也可以推知，所谓恩情是很难依靠的，夫妻尚且如此，朋友更是如此，更何况君臣呢，那就更可怕了。"柳宗元把话说到这里戛然而止，再也没有多说。

至于这篇文字究竟讽喻的是何人，大约也只有柳宗元和被讽喻的人知道。寓言的好处就在这里。回首永贞之际，风云变幻，皇位更迭，人性、节操、立场无不受到极大的冲击和考验，柳宗元看到了太多的强暴、胁迫、利诱和背叛，几近刻骨铭心，怎能不有感而发！

第十章 归复去兮

一

柳澥的到来，既给柳宗元带来了家族的温暖和些许欣喜，也极大地触动了他内心的隐痛。柳澥逗留永州期间，柳宗元带着他游览了永州周边的山水，柳澥则给柳宗元讲了很多自己读书、游历和外边的事情。但族人相聚更多的是谈论家族内部的延续与兴衰，其目的主要是进一步确认两人的血脉联系，以示两人关系的牢不可破和命运上的高度关联。数日之后，柳澥将要离开，柳宗元内心的波澜却久久难平，感慨万千之下，写了一篇信息量不小的《送澥序》，临别时交到了柳澥手中。其文如下：

"人们都曾称我们家族兴盛，其原因在于我们的祖先从古时候就积累了很多功德。在唐高宗皇帝在位的时候，我们家族就有二十二人同时在尚书省任职。之后遭到武后的暗害，开始走向了衰落，从此一蹶不振。武则天的统治结束之后，我们家族仍然没有兴盛起来。在尚书省做官的人要隔好几十年才能有一个。在永贞年间，我和族兄柳登一同任职于礼部。虽然我遭到了贬谪，但我的叔父柳公绰却当上了吏部郎中，我们家族算逐渐有了点起色。此外，我们家族中有十几个文风雅丽、光艳照人、引人注目的人，他们身上体现了我们家族固有的仁义本质。这么说来，我们家族是不是也有了一点复兴的意味了呢？

"自从我成了罪人，在这南蛮之地居住之后，我们家族中成长起来的人才，我就不曾知道了。路过这里顺便看望我的，也只有柳灒。柳灒是一个品质纯正的人，假使让他受到重用、提拔，那他一定会很有出息的，只是现在急需的是要找个合适的突破口。他有很扎实的文学功底，有着健康的兴趣和爱好，就好像筑墙一样，选择一块好的地基是很重要的，坚实有力的根基是必不可少的，之后才有可能建好房屋。勤于遵循圣人的道义，加上孝悌的美德，重现我们家族过去的辉煌才大有希望，我将这一美好的愿望寄托在了柳灒身上。你快去吧！如果看到我们家族的人，代我向他们问好，并且要勉励他们。不应该像泰山的山麓一样，有如静止，上升得异常缓慢，应该像大河一样奔腾不息！在和你分别之后，我只能在这蛮夷之地终了我的余生了。"

可惜，这个被柳宗元寄予厚望的柳灒，后来并没有在正史上留下自己的名字。

由《送灒序》中可以看出，柳宗元对家族复兴之事十分关心，其关注程度似乎并不亚于对自身的关心。实际上，自少年起，柳宗元就在父亲柳镇和母亲卢氏的影响下建立起了两大人生重要支柱，一个是辅时用世，一个是振兴家族。不幸的是，因事获罪，身陷蛮夷之地，久久不得原宥、量移，辅时用世的理想岌岌可危，眼看就要落空，振兴家族的愿望也多半落空。更不幸的是，眼看着自己的身体一天天病弱衰竭下去，都已经四十多岁的人了，连最基本的传宗接代的任务都没有完成。别说振兴家族，简直都对不起祖宗。一想起这些事情，他就觉得悲观绝望，意绪难平。

在给几位好友写信时，他都表达了自己在这方面的烦恼和恐慌。特别是在给岳父杨凭的书信中，说得尤其充分："身世孑然，无可以为家，虽甚崇宠之，孰与为荣？独恨不幸获托姻好，而早凋落，寡居十余年。尝有一男子，然无一日之命，至今无以托嗣续，恨痛常在心目。孟子称'不孝有三，无后为大'。今之汲汲于世者，唯惧此而已矣。"

他说这段话的意思是：我身世凄凉，孤独无依，没有能够栖息的家室，即使朝廷有朝一日能重用我，谁来与我共享这种荣誉呢？只恨自己不幸，虽然蒙承见爱，与你女儿结婚，但她早已去世，我现在已寡居十多年了。她曾经生过一个男孩，只活不到一天就死了。直到现在，我还没有可寄托的后嗣，怨恨痛惜之情，常常积恨在心中。孟子说："不孝有三，无后为大。"我现在还忙忙碌碌生活在世上，只怕没有后嗣罢了，否则都不想苟活。如果老天爷不忘先父的德行，使我不绝后嗣，或者还能延长我的寿命，赶上大赦，返回故乡，成立家室，那么我做儿子的职责也就算完成了。

"不孝有三，无后为大"这句话，实际出之《孟子·离娄上》赵岐的注："于礼有不孝者三事，谓阿意曲从，陷亲不义，一不孝也。家贫亲老，不为禄仕，二不孝也。不娶无子，绝先祖祀，三不孝也。三者之中，无后为大。"在当时的社会背景下，这不仅是简单的传宗接代问题，而是礼仪和政治层面的重大事项，涉及人道和社会公德。既然如此，柳宗元就可以屡屡拿出这个条件来与当朝权贵们进行软性谈判，谁直接或间接阻止他尽自己的礼仪和孝道，谁便成了礼仪和孝道的破坏者或罔顾者。

柳宗元在之前给故友许孟容写信时，就痛心疾首地倾吐了此事："两千多年来，柳家世代都有功名。如今我身带重罪，居住在这野蛮荒芜的地方，地势低湿，毒雾笼罩，恐怕某一天我突然死去，尸弃异乡，填于沟壑之中，使先辈的世系到我这儿中断，因此极为忧伤痛恨，心中如热水沸腾一般地焦灼不安。如今我还是茕茕独立，孤身一人，还没有子女。永州这荒蛮偏僻的地方又很少有文人士大夫人家的女子，根本找不到适合结婚的人。就算有，也没有人敢跟我这样罪大深重的人亲近联姻。家族传宗接代的重大责任，一直不停地压迫着我的心，每当春秋时节，我总是独自一人去祭奠祖先，没有一个子女后代跟在身后。每当此时，便不禁害怕得浑身发抖，恐惧担忧，唏嘘长叹，担心延续后代的大事恐怕就这样完了，每每想到这些，便悲痛至极，内心就像刀割一般。"

二

这件事情，在柳宗元将家迁于愚溪之际出现了新的转机。

按大唐律制六品官可以公配四个仆人，愚溪的房子建好后，房子的空间大了，周边的环境开阔了，同时也需要更多的人打理，柳宗元便按规定额度配备了仆人。不仅如此，同时还让朋友介绍了懂得园艺的人来帮助规划、指导仆人们维护庭院和园林。前来帮忙的这个人姓马，名师儒，是一个落魄的书生，也曾试图考取进士，但由于多次尝试未果，又逢家道中落，不得不靠四处帮闲赚取一点生活费用。马师儒不但儒雅，人也很殷勤，和众仆人一比，自然显得鹤立鸡群。

马师儒因为自己腹有诗书，很不愿意和普通劳动者为伍，但因为没有任何功名又家贫如洗，无法和真正的读书人平起平坐，只能一边郁郁不得其志，一边干一些自认为还算体面的事情，靠智力和轻体力谋取生计。来愚溪之后，他觉得遇到了天赐良机，能与这样的文章大家朝夕相处是一种荣幸啊！如此，他在劳作之余总要找机会和柳宗元在言语、情感上进行沟通。时间一久，他的状态便不像一个普通的雇工，而像一个远房亲戚或朋友一样，和柳宗元之间有了一些不设防的亲近感。

生活于边远闭塞地区的人们，在性情上与自然更为接近，虽然知道自己归官府和官吏管辖，但到底哪个官有多大他们并不清楚，反正是个官就比自己大，何必要分得那么清晰？鉴于此，他们与官员相处，往往更看重官员对自己的态度。马师儒虽然懂得官场的规矩和级别，但对落难的柳宗元也一样是只有尊重而没有畏惧，更何况柳宗元也从来不摆官威。如此一来，在柳宗元愚溪的家中，完全没有官场中的那些令人生厌的规矩和严肃。大家亲亲热热、轻松自在，像一家人似的，只想把共同的日子过好、过舒服。

宗元的女儿和娘和宗直的小女儿柳雅在时，柳宗元常在读书写作的闲暇逗弄她们，陪她们玩耍，自从两个小丫头相继夭折之后，柳宗元的心情似乎比以往沉重了很多。马师儒可能并不十分清楚官场上的失意以及其中的是是非非，他也不想问，但一个人的正常生活应该什么样他还是懂的。人活一世，草木一秋，人在世间走一遭，到底为个啥？别的不敢奢求，最起码也要有吃有穿生儿育女吧？连山上的鸟兽都要成双成对，连饭都吃不饱的普通山民都要成家立业传宗接代，为啥柳司马都这么大岁数还要自己一个人跑单帮？从柳宗元平时的言谈中，马师儒感觉柳宗元还是一个十分喜欢孩子的人，可为什么不再娶一房妻子生儿育女呢？

马师儒哪里知道柳宗元的苦衷，他这些年在永州，一直在企盼有朝一日朝廷开恩，把自己召回长安或离长安近一些的地方。然后，找一个门当户对的士族女子好好地成一个家，这样，对自己的身份、颜面和实际的生活，也都算有一个交代。怎奈，重回故都的心虽然未死，量移之事却遥遥无期，整个人就被挂在了半空，上不去，下不来。往上走的路暂时不通，看不到光亮，往下走，彻底放弃幻想，就地娶一个没有好出身、不懂礼仪、不知诗书的下层女人将就着过几年，先不说夫妻生活能否和谐、甜蜜，一旦被召返京，这份尴尬也难以面对，更难与外人知。

几年来，柳宗元的健康状况每况愈下，假如再迟迟没有一个明确的方向，怕是真要挺不过这恶劣生存条件的折磨、不明不白地病死于南夷了。当此之时，他确实需要有一个女人陪在身边，在日常起居方面给予悉心照料，在情感方面给予抚慰与体贴。每每提及此事，柳宗元总是摇头叹气。他不是不想，也不是瞧不起底层人家的"良人妇"，实在是从小到大受家庭和士族文化的浸泡，让他没有勇气冲破这条红线。尽管身边的亲友都不忍心看他一个人这么孤孤单单地苦熬，都劝他暂时放下士族的架子，解决一下眼前的生活问题，但每每都被他挡开了。身边的不少人比如宗直、元克己等都已经悄悄地娶了外妇，苦中寻乐过起了自己的小日子，柳宗元还是下不了决心。

有一天，马师儒突然把自己的小女儿雷五带到柳宗元的家中。马师儒在庭院里干活，雷五就在溪边的草地上玩耍，采野花，捉蜻蜓。天真烂漫的童真和优美的自然环境相映成趣，构成了一幅生动、优美的画面。此情此景深深地吸引了凭栏远观的柳宗元，激发了他心中美好的向往，也激起了他心中无限的感伤。可怜自己的女儿和娘，至死也没有享受到愚溪的优美环境。不由自主地，柳宗元的脚步离开了愚亭，走向小雷五玩耍的溪边。本想一个没有见过太多世面的小孩子会很腼腆，出乎柳宗元意料的是，这小雷五却如和娘再生，一样的落落大方，一样的聪慧懂事。

童心无惧，童心无忌，在她们眼里所有的人都是一样的，没有大小老幼和地位之别。雷五没用太多的时间就和柳宗元相处得像老朋友一样。她不但很好奇地问了柳宗元各种各样的问题，还主动用柔软的小手来牵柳宗元的大手，邀请他和自己一起玩耍。有那么一瞬，柳宗元内心最柔软的领域被小雷五的天真触碰到了，让他差一点流出泪来。世间还有什么事物能胜过这种人伦之中的愉悦和温馨呢？这小女孩如果是自己的孩子该有多好啊！这一天，有一种难以抑制的渴望在柳宗元的心里迅速生长。

这日，马师儒早早地把手头的事情做完，便来到柳宗元的门前，满腹心事的样子，欲进不进，徘徊了几次之后，被正在屋中看书的柳宗元一抬头看见，开了门把他叫进去。见平时说话干脆利落的马师儒突然犹豫起来，柳宗元就猜到他一定有什么重要的事情要对自己说。到底是什么事情呢？柳宗元问过之后，马师儒沉吟半晌才说出他自己心里的一个想法。

原来，马师儒有一个妻妹，年方二十有一，人长得标致妩媚，又粗通音律，自幼和师傅学了点舞蹈。怎奈，家庭出身卑微，心比天高，命比纸薄。她能看得上的人家都看不上她的出身，看得上她的人家，她又瞧不上，本地少年中读书的文雅之士很少，外来的文士多无意在本地逗留，视野之内可以婚配之人非纨绔即粗陋。从十五岁成人开始，家里人就心急火燎地想为这个人才出众的闺女找一个如意郎君，结果挑来挑去反误了终身大事。那个年代，女子二十未嫁已经是大龄女青年了，形势将越来越糟糕。

自从见到柳宗元之后，马师儒就起了把妻妹许配给柳宗元的念头。一开始他肯定不敢说出口，只是压在自己心里。这个事情，他回去和家里人已经商量过几次了，大家也都觉得这是一件好事。虽然把姑娘嫁给柳司马，因为律制的约束也得不到正妻的名分，但因为他本无正妻，且身在永州也很难娶到正妻，那偏室不也如同正妻一样吗？况且一旦结合生儿育女之后，孩子们可就随着父亲变成士族身份。俗话说，母因子贵，假如生下了孩子随了他的父亲，满腹经纶，随便考取一个进士，她母亲可就由贱而贵，成了有身份、有地位的人了。一家人越想这件事情越觉得合适，以至于马师儒有时几乎把心里的设想当作事实了。

这些天，马师儒观察到柳宗元的情绪总体上呈现出越来越郁闷的趋势，一日比一日更加愁苦。但奇怪的是，他一见到小雷五就眉开眼笑。马师儒是一个机灵的人，大约也猜出来柳司马是缺少人间温暖了。拿心比心吧！一个正常人谁心里不渴望人间烟火呢？什么高官厚禄，什么荣华富贵，没有起码的人间温暖，是人就不会有什么快乐可言。"老婆孩子热炕头"低俗吗？实质上也要辩证地看，如果把这个作为人生的唯一目标，因此而满足，那可能是庸人之志；但连这个起码的生活标准都没有实现，连人之常情都没有得到满足，再高的理想对个人而言又有多大实际意义呢？更何况柳司马这样的人，本是人中英杰，他有权享受最起码的人生之乐呀！

这次，马师儒把握住了一个绝佳的时机。当他把心里的想法对柳宗元一说，就打动了柳宗元。对此事，柳宗元也不是丝毫没有顾虑，甚至依然和以往一样顾虑重重。但凭他一向对马师儒的好感，和自己心里的渴望，即便顾虑重重，也还是没有勇气一口回绝。沉吟片刻，他开始给马师儒讲他自己心里的想法和条件。他讲自己的苦衷，讲自己的处境，讲不能违犯律例正规地娶一个良人之女为妻，只能收为外室。让一个女人隐姓埋名，连一个公开姓氏的权利都没有，百年之后也上不了本家的族谱，这是辱没，自己无力扭转，又于心不忍。

应该说，面对这样的问题，柳宗元的内心也是充满矛盾的。他对马师儒讲了很多，都是从对方的角度讲的，从他自己的角度考虑，问题可能更为严肃。他不讲，是因为没有必要对马师儒讲，一切都要由自己把握。实际上，他真正的顾虑，是怕找一个没有修养的女人会影响到他的下一代。在柳宗元的心里，士族出身的女子不仅有很高的社会地位和很大的家族背景，而且在品德、文化、礼仪、智力、修养方面都可以对下一代产生重要影响，这些对下一代的健康和顺利成长都至关重要。最后，他采取了一个比较折中的想法，答应马师儒等下一次朋友聚会，让他将自己的妻妹带来，和大家一起聚会，虽然不是什么相亲、见面仪式，也算创造一个时机，让彼此好好观察一下对方。

没想到，事情没有一点悬念地成了。约定的见面之日，柳宗元一边告诫自己不要表现出兴奋的情绪，一边对自己的衣着和仪容进行了一番修饰。不但修理了发鬓和胡须，还换上了一套素色的丝绸长衫，看上去有一点贵气，也有一丝飘逸。见面前柳宗元决意要表现出随意、淡然的姿态，免得被在场的朋友们看出破绽，可是见面后，柳宗元瞬间就被马师儒妻妹惊人的美貌和典雅的举止征服了。在饮酒赋诗的过程中，柳宗元忍不住时不时看看那姑娘，每看一眼，心里就增加一分迎娶那姑娘的决心。可能是那姑娘自身的举止言谈本来就无可挑剔吧，看到最后，柳宗元几乎忘记了在容貌之外对姑娘进行深入考察。

此时的柳宗元正值气血充沛的盛年，虽然经受了太多人生的波折，但苦难和病患都只藏在他的内心。他的外在，因为深厚的修养和多愁善感的心性，展露出一种沉稳、从容、儒雅、略显忧郁的气质，老成持重又不失器宇轩昂，一见面，姑娘就被柳司马的气场所吸引。她芳心荡漾，仿佛灵魂出窍一般，自然而然地流露出喜悦的表情。

两人如此这般地情不自禁，任何旁观者都能看出他们内心的意愿。于是，在场的朋友们更免不了诸多言语上的撮合。那天，柳宗元和以往一样，控制着自己的酒量没喝几杯，但兴奋的情绪和过多的话语却出卖了他，让他看起来很像喝醉了。就这样，不用再见第二面，柳宗元就告诉马师儒，他同意将那姑娘迎娶为自己的外室。

三

所谓的迎娶，实际上也就是请八九好友简单地相聚和祝贺一下，并没有隆重的仪式和惹眼的排场。然而，这简单的开始，却开启了柳宗元并不简单的新生活。同居之后，新娘子对夫君的仰慕上升到且爱且慕，不但身有依附、心有迷恋、温柔体贴，还把夫君当作文曲星一样崇拜着。快乐的柳郎也精神焕发，顿觉神清气爽，心宁意定，宿疾消散。精神一爽，写出来的文章也更加文气丰沛，进入了"外枯而内膏"的佳境。这一个时期，是柳宗元一生中文学成就的爆发期，大量的寓言、文论、书简、志铭如流泉般从他的笔下淌出，并且每有文字落地，都不同凡响，声名鹊起，其影响遍及海内。

娶了小妾的第二年，两人的爱情就有了结晶，他们的女儿出生了。虽然说生个女儿并不是柳宗元的理想，但毕竟是自己的骨血。小家伙长得像她的母亲一样，甜美可人，这让柳宗元内心充满了喜悦和怜爱。此后，他再也没有写信给京城的朋友抱怨自己不能娶妻生子，无法传续柳家的香火了。至此，他才真正地与自己的命运握手言和，不再做无谓的挣扎，安心过好当下的日子，安心写好自己的文章。看来，可心的妻儿正是医治各种疾患的一服良药。

至元和九年（814），他差不多将自己一生的重要思想都变成了可传可咏的文字。国中凡知诗文者，无人不知柳宗元之名，他已经修炼成为一位旷世鸿儒。后来，文学大家韩愈曾写文章这样描述柳宗元当时的状况："衡湘以南为进士者，皆以子厚为师，其经承子厚口讲指画为文词者，悉有法度可观。"就是说，这一个时期，衡山、湘水以南准备考进士的人，都把柳宗元当作老师，要么悉心揣摩他的文章，要么或写信或登门向他讨教。那些经过柳宗元亲自讲授和指点的人所写的文章，全部合乎文章的规范，无论让哪个考官来评卷子，都会获得高分。

这时，马雷五和柳宗元已经成为亲戚关系了，按辈分，马雷五应该称柳宗元为姨父。随着时间的推移，小女孩在迅速成长。因其父和其姨的关系，虽然还是常来愚溪走动，和柳宗元的关系也越来越亲近，但在态度上却不再如从前一样热络和随便，毕竟小女子已经一天天长大，心里渐渐多了一些礼仪上的约束。彼此间的了解加深之后，柳宗元也发现小雷五率真、友善天性之外的另一个方面。小小的孩子，竟然长了一颗成人之心，其天赋异禀、刚强聪慧、心灵手巧、善解人意的程度比和娘有过之而无不及。

因为家贫，买不起新衣，马雷五的衣服一年都换不了一件。但无论什么时候见到她，衣服都整洁异常，纤尘不染。朴素的衣着并不能遮挡住她的天生丽质，只要她突然出现在面前，就如一个亭亭玉立的小仙子。更让人赞叹不已的是，小小年纪却做得一手绝妙的女红。雷五从不到十岁起就跟母亲学做女红，凡经过她手里绣出来的东西，根本就不像人工所为。其图案的设计、细节的铺张以及手工的精巧，常常让柳宗元感到震惊。凡所绣的花鸟，姿态生动，栩栩如生；凡所绣的山水风景，常让人有身临其境的感觉。是怎样的一颗聪慧绝世之心，才能绣出如此精妙绝伦的绣品啊！这样的孩子怎能让人不倾心喜爱呢？柳宗元甚至经常恍惚间把雷五错当作自己的女儿，仿佛和娘又回到了他身边。他如此喜爱雷五，就难免在人前背后夸赞她的聪慧、乖巧。几日不见，都有一点儿想念这孩子了。

突然就有一些日子，没有见到马雷五来愚溪了。柳宗元便忍不住去问自己的小妾——雷五的小姨。这才知道雷五最近得了重病，求医问药一段时间，却总不见好转。这几天，大概病情愈发严重了，竟连马师儒也不来愚溪了。柳宗元不由得为这孩子担心起来。永州这鬼地方不养人，说不准什么时候人就会得了莫名其妙的病，得了病，动不动就到了吉凶难测、生死未卜的境地。命大的，吃一段药，或可捡回一条命；命小的，就一病不起，一命呜呼。之前，柳宗元经历过女儿和娘和宗直女儿柳雅的夭折，已经被吓破了胆。难道这次又轮到了雷五，不幸的事情怎么都落到了这些聪颖女孩的身上？他想着想着就不敢往下想了。

不过旬日，果然就传来了马雷五病死的消息。当柳宗元得知这个不幸的消息时，雷五已经下葬于永州东郭。让柳宗元难过的是，竟然没有机会见小姑娘最后一面。更让柳宗元难过的是，小雷五临死时还在惦记着他，曾用最后一丝气息说出了一个心愿："柳公平素最夸赞我的灵巧和聪慧，可是我很不幸，就要死了。也不知道能否蒙柳公恩赐，得他的一篇志文于我之墓？"说完就咽了气。马雷五的父母哪里敢把一个小孩子的话当真，去给柳司马添麻烦？况且底层人也没有那么多的讲究，孩子一死，万念俱灰，也没有那个心思去做更多的事情。

柳宗元听到了这个消息之后，内心好一阵悲伤：一个年轻、美好的生命，就这样瞬间烟消云散，只落下荒郊野外的一抔黄土，多年后，就连这个小小的坟墓也会因为风吹雨淋牛踩马踏而荡然无存，这世间再也没有她一丝一毫的痕迹了。可怜啊可怜！

于是，柳宗元怀着无限怜惜的心情为马雷五补上了一篇铭文《马室女雷五葬志》。葬志虽寥寥百余字，却简练传神，感人至深，悲悯之情、恻然之思，溢于言表。志文写好后，请来雕刻师，刻于玄砖之上，追立于马雷五的墓前。这也算是了了柳宗元的一份心愿，愿这个小女孩能够与自己的文字一样被后世所铭记。

一晃，自己的小女儿也长到了四五岁的光景。柳宗元闲暇时除了陪她挖泥弄土东跑西跳地玩耍，开始教她读诗、识字。女儿乖巧，说话的时间比较早，成长得也很快，大约是继承了柳家的良好基因，到了四五岁时，举止言谈之中竟带着异于孩童的俏皮。小孩每每说出有意思的话儿，逗得柳宗元合不拢嘴，乐而忘忧。

有了一个像样的家，就要把很多心思花在这个家上。年轻的家园像一个刚刚成人的小姑娘，虽说底子不错，也需要精心打扮才能出落得漂亮、迷人。柳宗元喜欢竹子，便在茅檐下栽竹，竹子亭亭玉立，因风摇曳，散发幽幽清韵，令他意惬心怡。他也喜欢灵寿木，就亲自动手栽种。灵寿木似竹，有枝节，长不过八九尺，围三四寸，不须削治，自合杖制。等手植的灵寿木长高，就把那个藤杖换成灵寿木手杖，闲步山野，自有一番别样的意味。他还在阶前种了些芍药，芍药的鲜红妍华，蔼蔼芳气，让人精神愉悦。也种海石榴树，这种植物虽弱不盈尺，却也葳蕤蓬勃，炫彩如云。宅南之田，丰腴开阔，最宜种橘柚，当橘树和小孩子一起长高，既可赏其贞质，又可收获佳果，何乐而不为？

日子过到了这样的境界，也没有多少闲暇去想家国之事和大道之行了。柳宗元终于发现，抛开那些沉重的东西，自己的人生也没有什么不可接受。佛教里说的平常心和放下，不就是自己眼前这个状态吗？不允许参与一国之事，那就考虑和操心自己一家的事情嘛！进为千万人鞠躬尽瘁，退为一家一族之人尽心尽力，本质上又有什么差别呢？不过是一个留下了一世英名，一个获得了眼前的快乐和满足。那么，一个人为什么要执着于去做别人的事情和为别人做事呢？想一想家中的娇妻幼女，看一看眼前的青山绿水，柳宗元意识到，自己人生所有的不幸和苦难都来自那颗胸怀壮志的心。当他把自己定位于愚溪庄园的主人时，内心竟泛起一片波澜不兴的宁悦。

人的心境一变，写出来的诗也和从前不同了。虽然平静的田园生活并不是柳宗元的人生理想，却给他带来了实实在在的快乐。他也不是一个昧着良心说假话的人，所以在他的《溪居》诗中还是对这段时光抒发了感戴之情。

久为簪组累，幸此南夷谪。

闲依农圃邻，偶似山林客。

晓耕翻露草，夜榜响溪石。

来往不逢人，长歌楚天碧。

从这首诗中可以看出，此时的柳宗元内心已经没有那么多对人生的不平之气了。满眼是一派闲适与淡泊的氛围。有"晓耕"也有"夜榜"，说明他日夜不停地为自己的小日子在忙碌和操心。家里有牛和犁，还有一只过河下溪的小船，偶尔头戴圆顶斗笠在溪边捉鱼，或手持藤杖穿行于林莽，谁能看得出他曾经是一个很不快乐的人呢？

诗中所谓的"来往不逢人"，不仅仅是指西山愚溪一带人烟稀少，很少有人走动，这个时期，柳宗元家中的客人也渐渐稀少。旧日的一些好友如娄图南、元克己、李幼清、吴武陵等都陆续离开了永州，如果不是有了自己的家，又要进入茕茕孑立形影相吊的境地了。好在这时的州刺史换成了崔能，是大姊夫崔简的族弟。其人年少时立志苦学，累辟使府，很早便沉浮于宦海，深知官场的莫测、无常。元和初年（806），为蜀州刺史。元和六年（811），转黔中观察使。因为衙署被南蛮所攻，吃了败仗，郡邑失陷，被贬为永州刺史。因崔能与宗元本有姻亲，又加上同为贬官，自然有惺惺相惜之怜。所以，崔能到任以来对柳宗元十分亲善和尊敬，这也让他的日子过得更顺心一些。

四

元和九年（814）的冬天依然寒冷，但柳宗元已经在十年的贬谪生涯之中渐渐地适应了这种冰冷、凄清的况味。他甚至都已经不再像往昔一样，一入冬就急切地盼着春天的到来。

入冬后，他依照北方人的习惯，特意吩咐仆人为自己和家人置办了一些御寒的衣物。前年冬天，小妾又给他生了一个小女儿，如今他已经拥有了一个四口之家。家中两个孩子的口音，因为由其母所带，讲的都是楚、越之间的地方话，两个孩子整天在耳边，叽叽喳喳地喧闹着，像两只小鸟一样，音调很奇特，语义很难懂。开始根本听不清她们在说什么，时间久了，柳宗元发现自己不但也能听懂，而且还可以用地方话和家人孩子们交流。偶尔，自己突然说一句北方话，反而把孩子们吓得直躲藏，以为父亲得了什么怪病或在说胡话。看着一家人穿着厚厚的冬衣，体态笨拙的样子，虽是北方人的打扮，而满口却都是南方话，柳宗元的脸上露出了难得一见的笑容。可是笑着笑着，心头还是掠过了一丝惆怅。

再有几天就要过年了，掐指算来，自己来永州已经整整十年。十年间，乡关路断，故园荒弃，亲人死别，知交离散。即便如此，也还要感谢命运的特别眷顾，最后剩下了举家四口一小团团，如汪洋里一座如豆的孤岛。这样倒好，寂寞而清净的日子给他读书和写作创造了绝佳条件，提供了大量心无旁骛的时间。只是不知这样的日子将一直持续到生命的终结，还是会有一天宣告结束。

每逢佳节倍思亲。现在柳宗元已经无亲可思，但传统的春节将至，还是撩拨起他心中难以抑制的乡愁。他虽然手捧着书卷，目光盯住书卷上的字迹，思绪却穿越了字迹、纸张和时光，回到遥远的往昔。一幕幕往昔的情景、一个个故去的亲人和一张张曾经熟悉却一别多年的面孔，都活灵活现地浮现在眼前。

他还记得多年前在长安时认识的那个叫马宇的青年。马宇是长安附近扶风县人，现在看也属于同乡。当初，柳宗元对任何人都称自己是河东人，也就是说，除了河东老家哪里都不是故乡。但时至今日，身陷南夷他乡，长安和河东都已经变成名副其实的故乡了。

马宇曾经讲了一个离奇的故事。他十五六岁的时候，住在泽州，一次和一群同伴在郊外的凉亭里玩游戏。忽然之间，不知道从哪里出现了一个奇妙的女子，十分有光彩，这个女子身上穿着青色的皮衣，皮衣里衬上有白色的花纹，头上戴着配有步摇的花冠。所有见了她的富豪公子都对她心生爱慕，不时地走到她身边挑逗她。这时，女子突然将脸色沉了下来，愤怒地说道："不可以这样。我原先是住在玉皇大帝天宫的，经常往来于各大星宿之间，阴阳二气供我呼吸，我甚至鄙视小小的蓬莱，看不起远处的昆仑，没有兴趣到那些地方。玉皇大帝觉得我过于心高气傲，一气之下就把我贬到了人间，七天以后才能把我召回天宫去。现在我虽含辱屈居在人世间，但完全不可能成为你们的配偶。如果你们继续这样，当我有一天再回到天宫，会把灾害降到你们头上的。"这些富豪公子听到这些话，一时间都被吓跑了。那个奇异的女子就住在了一个寺庙的讲经堂。七天之后，她喝下了一杯水，将水喷成了色彩绚烂的云雾。这时，她就把衣服反过来穿在身上，变成了一条白龙，不停地向上飞，冲向了天宫的方向。人们从此再也没有见过她。

这故事确实很奇怪，但柳宗元奇怪的是，自己为什么会突然想起这个故事？是冥冥之中有什么暗示吗？想到这里，他不由自主地苦笑了一下，究竟去哪里找那杯能喷出雾气的水来呢？这个下午，柳宗元在自家的书案上打了一个无梦之盹，太阳就无声无息地下了山。

时间继续悄无声息地向前流动，平淡无奇的新年，就那么悄无声息地过去了。

正月初四，永州刺史崔能突然派人来邀请柳宗元出席一个小小惠民工程万石亭的竣工仪式，并请他为这个亭子的竣工写一篇纪念文字。回家后，他依然保持了多年来一直保持的良好习惯：该写的文字，无论是应邀而写还是自己想写的，一视同仁，不应付，不拖拉，都十分认真地完成。当天，就把一篇《永州崔中丞万石亭记》写了出来。写完后，他并不知道这会是他在永州的最后一篇墨迹。看看砚池中余墨尚多，他还在心里计算，明天要利用这些剩墨，接着写点什么。

第二天一大早，又有府衙里的差役来敲门。柳宗元刚刚起床，免不了在心里暗暗埋怨，这崔能可真够急性子，昨天事情刚过去，怎么一早就来催稿子？

可是，当差役取出囊中之文，开口宣读的时候，柳宗元仿佛听到一声震撼屋宇的炸雷，一下子就被震得呆在了那里。

这是一道数月之前就已经行在路上的朝廷诏命，诏令当年"八司马"中的幸存者柳完元、刘禹锡、韩晔、韩泰、陈谦即日入京，不得有误。这道诏命来得突然，来得出乎意料，仿佛从天而降，一时竟让柳宗元悲喜交集，几乎不知所措，甚至怀疑自己是不是在梦中。

一声春雷，当我们听到它的声音时，其实在很远的天空，在我们毫无察觉的时刻，早已经有变幻的云朵撞击到一处，有时有闪电，有时什么也看不见。我们感到出乎意料和猝不及防，是因为我们从来没有想过，也没有留意，更不相信突然就会有一声春雷传到我们耳中。实际上，朝廷的这场风云变幻从元和九年（814）就已经开始酝酿。

元和九年十月，一直把持朝政的保守派代表李吉甫病死。十二月，曾被王叔文一派深深同情，又坚决支持牛僧孺的韦贯之自尚书右丞拜相。他是一个著名的"抑浮华，先行实"的实干派代表，对革新派曾经推行的一系列改革政策由衷赞同，他也知道这些人都是一心想做大事的栋梁之材，不过是在政治斗争中不幸成为了牺牲品。他入相之后，极力主张起用这些人才，让他们为国家出力。尽管当时朝中仍有一些人持反对态度，但对于这些并无真罪的左降者，凡十年不量移，于情于理都已经说不过去了。起用或不起用，已经关系到一个朝廷胸襟的大小和用人导向的优劣。

喜讯突然而至，贬谪十年早已心灰意冷的柳宗元内心自然有说不出的惊喜，惊喜中又五味杂陈，既不敢相信这是现实，又不知道应该如何调整自己的心态。

朝廷的诏令，从来铁面无私不等人，接到诏命总是要匆匆整理行囊，匆匆上路。连日来，柳宗元还没有完全适应突然而至的情绪落差，就得没头没脑地处理离开永州前的一应事务。由于房产、土地等事宜处理起来颇费时日，只能将宗直留在永州做善后处理，柳宗元要即刻携妻儿出发。

离开永州之际，亲友们纷纷以贺喜的心情为柳宗元饯行，可柳宗元却一直被接诏后的复杂心绪缠绕着，他没心思喝酒，回到驿站后，想起十年贬居永州的痛苦遭遇，心潮起伏，激情不已，又挥笔书就了一首短诗《离觞不醉至驿却寄相送诸公》：

无限居人送独醒，可怜寂寞到长亭。

荆州不遇高阳侣，一夜春寒满下厅。

诗中"独醒"二字句是用典，援引屈原《楚辞·渔夫》："举世皆浊我独清，众人皆醉我独醒。"这么高兴的事情为什么不一醉方休呢？柳宗元没有向送行的诸公直接表露自己的心境。此时，他开始猜测回京之后的下一个去向究竟是好是坏。永州十年，他也曾不断地向朝廷的故友和权贵发出求救信号，可是谁曾真正如高阳酒徒一样与自己身心相契，进入"一醉方休"的境界呢？眼下虽然已是春天，但柳宗元心里依然是春寒料峭，他不敢奢望今后的仕途就一定顺利，甚至在期待之余还微微有一点莫名的畏惧。

这次回长安，走的仍是当年南来的旧路，一样的是路途，不一样的是心情。来时，还有母亲与和娘，回去时却是怀有身孕的小妾以及两个幼崽。转眼间，物是人非。至于心情，当然与遭受贬谪时相反。虽然对自己的未来仍不敢抱有全然乐观的期待，至少还是值得期待的，在谜底没有最后揭开之前，没有理由不高兴，也没有理由不尽情地畅想一下未来。这一路北上，随着离长安越来越近，他的心情也变得越来越开朗。沿途的山山水水，让他感慨万千，久被冰冻的心，被春天的风徐徐吹拂，渐渐地开出了灿烂的花朵。

舟过衡山回雁峰，柳宗元看到了一束早开的山花，在不远处的山崖上灿然怒放。花，他叫不出名字，但给他带来视觉上的愉悦和情绪上的鼓舞，他随手写了一首诗，顺寄留守在永州的宗直：

故国名园久别离，今朝楚树发南枝。
晴天归路好相逐，正是峰前回雁时。

据说，从北方飞来的南飞雁每至回雁峰便到了旅途的最南端，之后将折身而北归。刚好，今日的旅人和大雁可以同路而行了，回归故国名园，这是多么巧合而又令人高兴的事情啊！

路过汨罗江口的时候，正遇上逆风，恶劣的天气也没有太影响他的心情。想起十年前，他路过汨罗江口时，写过一篇《吊屈原文》，那时的心情简直太糟糕了。现在回过头来看，不管多苦多难也都挺过去了。人生不管遭受何种艰难困苦，只要挺过来都是一笔丰厚的财富。想来，真没有必要太过悲观和灰暗，只有坚定地走下去，总会迎来柳暗花明的时刻。在这里，他写下《汨罗遇风》抒发了自己的胸襟：

南来不作楚臣悲，重入修门自有期。

为报春风汨罗道，莫将波浪枉明时。

此时，他觉得自己的境遇终究与屈原不同，屈原是君门九重不可入，最后冤死汨罗，而自己却是诏命相催，前途有望。境遇不同，心态自然不同，他要寄语春风和江水，希望不要掀起波浪，阻遏行舟，以免耽搁了为朝廷效力的时机。可见，他心里的希望之火已经越烧越旺盛。舟船乘风破浪，波浪拍打着船舷发出阵阵悦耳的声音，似乎读懂了柳宗元的心声。

人逢喜事精神爽，时间过得也快，转眼，就到了刘禹锡的贬地朗州。朗州位于洞庭湖滨，正是柳宗元入京的必由之路，刘、柳二人事先约好要在朗州会合共同入京。

当时的朗州刺史为窦常。这是一个很有意思的人，《旧唐书·窦常传》载："常字中行，大历十四年登进士第，居广陵之柳杨，结庐种树，不求苟进，以讲学著书为事，凡二十年不出。……元和六年，自湖南判官入为侍御史，转水部员外郎，出为朗州刺史。"自从窦常到朗州之后，与"八司马"中的刘禹锡过从甚密，成为好友。这次柳宗元和刘禹锡同时被召京师，他首先写了一首祝贺催行的诗，柳宗元读后，随即和了一首《朗州窦常员外寄刘二十八诗见促行骑走笔酬赠》：

投荒垂一纪，新诏下荆扉。

疑比庄周梦，情如苏武归。

赐环留逸响，五马助征骓。

不羡衡阳雁，春来前后飞。

柳宗元的意思也很明确，身如汉时归朝的苏武，虽曾久被匈奴所囚，遭受百般磨难，却始终没有忘记对中原的眷恋和对大汉王朝的忠诚。此时的心儿，正如逢春而北归的大雁，和好友结伴双双向京师进发，不再有畏惧，不再有孤独。

约上了刘禹锡之后，二挚友并肩，欢欢喜喜地同行于归途之上。出洞庭，溯长江而上，经监利、石首至江陵，再走襄江官道上襄阳。

这日，刘、柳行至襄州之南，投宿于善谑驿中。此地为战国名臣淳于髡终葬之所，《史记·滑稽列传》言淳于髡以博学、滑稽、善谑、多智、善辩著称，先任齐国大夫，晚年仕楚，葬于襄南。此人曾依凭自己的智慧，以一只空鸟笼为国礼为齐国解了兵围；也曾以隐喻之法成功地劝谏过一国之君。昔年，齐威王继位，日夜饮酒作乐，三年不理国事，致使齐国势衰，国土不断被蚕食。淳于髡谏曰："国有大鸟，三年不鸣不飞，君知何做？"齐威王自知淳于髡之意，答曰："三年不飞，一飞冲天；三年不语，一鸣惊人！"遂召七十二令长问对，奖一人，杀一人，然后梳理国事，整肃军威。诸侯闻之，纷纷纳还土地，齐国又享三十六年威赫之势。此驿站之所以起名为善谑驿，就是因淳于髡而来。

刘、柳同聚，自然不能不重提先贤往事，不由得一番感慨。因为淳于髡的墓就在离善谑驿的不远处，二人决定一起去祭奠一下先贤。在淳于髡的墓前，二人又唏嘘、感慨一回。宗元天性忧郁，不由得长叹："相比淳于髡，你我空有一腔报国之志，终无缘成就大业呀！"

刘禹锡则安慰道："子厚没听说三年不飞，一飞冲天吗？"柳宗元闻言，则开怀大笑，他看出十年囚居之后，刘禹锡为国建功的雄心依然没有泯灭，在内心里，他由衷羡慕禹锡为人的率真和热情如火。

刘禹锡是一个心直口快的人，也是一个才华横溢的人，每每心有所动必诗兴大发，诗兴一来必随口吟咏。值此意气风发之际，怎么能空游无诗呢？在淳于髡的墓碑前，他随口咏来一首《题淳于髡墓》：

> 生为齐赘婿，死作楚先贤。
> 应以客卿葬，故临官道边。
> 寓言本多兴，放意能合权。
> 我有一石酒，置君坟树前。

文人雅士相交的规矩，有唱必有和。柳宗元见刘禹锡有诗在前，稍作沉吟，也即兴和了一首《善谑驿和刘梦得酹淳于先生》：

> 水上鹊已去，亭中鸟又鸣。
> 辞因使楚重，名为救齐成。
> 荒垄遽千古，羽觞难再倾。
> 刘伶今日意，异代是同声。

从诗的意境看，柳宗元比刘禹锡的用意更深，只是仍有些许的消极之意。

再次启程，自襄阳的汉水坐船，入丹水至商洛，然后弃船上蓝商官道，直奔蓝田。一路上逢水乘船，逢陆骑马，谈笑风生，诗酒唱和，晓行夜宿，至二月底，柳宗元、刘禹锡终于到达长安。

刘禹锡、柳宗元到达了长安郊外的都亭驿中，按惯例要在此停脚，住宿一夜。这差不多是一个不成文的规矩，凡左降外贬官员诏还之后，蒙恩之人往往要在都亭驿处驻足休整，一来为入城做一点必要的准备，二来要在这里会友谢恩，诗酒唱和，留下些记录心灵之声的文字。对于刘、柳的到来，驿中迁客无不报以敬意，争相来拜。终夜的诗酒歌赋，终夜的漫话沧桑，众人皆兴致勃发，哭一阵笑一阵，若与昨日话别，仿佛黑夜过去一个光明的世界立即展现在眼前。这夜，刘禹锡乘兴写下了《元和甲午岁诏书尽征江湘逐客余自武陵赴京宿于都亭有怀续来诸君子》，诗云：

> 雷雨江山起卧龙，武陵樵客蹑仙踪。
>
> 十年楚水枫林下，今夜初闻长乐钟。

柳宗元无诗。此时，他内心的忐忑仍多于兴奋。直到第二天行临灞水，见岸边已经有早开的花儿不畏春寒，迎风而立，他才受这些自然精灵的鼓舞，有了一些灵感。遂心口咏得一首《诏追赴都二月至灞亭上》：

> 十一年前南渡客，四千里外北归人。
>
> 诏书许逐阳和至，驿路开花处处新。

这算是对未来的期待或给禹锡和自己一个美好的祝愿吧！

五

天朝一诏，又让当初的"二王八司马"重聚长安，只可惜此时早有四个人死于贬所。其中程异早在元和四年（809）经李巽推荐已得到朝廷重用。如今只剩下柳宗元、刘禹锡、韩泰、韩晔、陈谏等五人，在长安等待下一步发落。十年不见，悲喜交集，五人满肚子的话不知从何说起。其实，他们这时每个人心里都不是那么踏实，因为未来的谜底尚未揭晓，不知道宪宗将如何处置他们。

此时的宪宗，已当了十一年皇帝，跟德宗相比，他还算是有所作为的。在担任皇帝以后，他能够采纳朝臣的一些意见，任用李绛、裴度等贤能为相，加强了对强藩的打击，在一定程度上巩固了朝廷的地位。元和九年（814），韦贯之出任宰相，同时裴度、崔群等正直之士也占据了朝廷的重要职位。按理说，召五人回朝，应该有明确的起用意图，但从迟迟没有明确去向这一点看，朝廷对如何安置这五个人仍有不小分歧，其中最重要的，可能还是因为宪宗本人犹豫不决。一时，几人的去向问题，成为朝野上下一个焦点，几百双眼睛在默默地注视着这个事态的发展。

时间仿佛凝固一样向前缓缓移动。谁也不确定风会从哪里来，哪一缕风能改变这只风轮的转向。值此极度敏感之时，五个原地待命的人反应不一，有人谨小慎微，谨言慎行，躲在家中静候消息。有人则利用这段时间拜访一些朝中故友，也算是一种临时外交。有人则满不在意，利用这段时间游山玩水。刘禹锡则属于最后一种情况，他天性乐观，纵情恣意，我行我素，不太受外部的干扰。

眼看春天的花儿都谢了，朝中仍然没有任何消息传出。三月的一天，听说市郊的玄都观桃花已经盛开多日，刘禹锡心里正在烦闷，便索性约了一些朋友前去游玩。没想到，这玄都观如今竟然这么热闹，前来看花的、求签的、问药的人们熙熙攘攘络绎不绝，这一拨人还没有到，之前一大早去游览的人们已经踏上了归途。

玄都观一游果然让人大开眼界，且不说那些求签问药的人，只说那些穿着华美衣裳踏青看花的人，很多都是朝中官员和城中富户，人面桃花相映生辉，更给这玄都观增添了繁华气氛。

再看那千树万树的桃花，经过几日的开放，已经到了花期的巅峰，香弥四野，如火如荼，大有人间仙境之状。此情此景让刘禹锡有一种恍如隔世的感慨，十年前，刘禹锡也曾来过这玄都观，那时哪有这么多的桃花呀？几棵瘦弱的小树、星星点点的桃花，使出浑身解数也遮不住道观的荒凉。十年间的变化之巨，真可谓沧海桑田。由自然景观的变化，让刘禹锡联想了人事沧桑，如今满朝文武又有多少是当年的旧人呢？友善的、仇恨的都已在岁月的淘洗中半是凋零过气，半是分崩离析，那些从眼前闪过的耀武扬威的新贵，都是些陌生的面孔。感慨之余，他又情不自禁地提笔抒发起自己的情怀。

紫陌红尘拂面来，无人不道看花回。

玄都观里桃千树，尽是刘郎去后栽。

让人万万没有想到的是，刘禹锡的无心之语，让"看花诸君子"中的有心人拿去大做文章。这首诗如果是被传到了其他人手中，大约也就是一笑而过，甚至还要随刘禹锡的本意感慨一回世事变幻之快。但这首诗恰恰是像一首认得去路的冤家一样，仿佛知道谁对它更感兴趣，在哪里能获得最大的重视，体现最大的价值，所以它就直接被传到懂得诗也懂得曲解的武元衡手里。这可是一个有能力也有意愿把文章做得更大的人。

武元衡一向对王叔文集团的人没有好感，特别是对刘禹锡成见更深。如今他手握重权，很受宪宗的器重，在朝廷说话很有分量，即便是宰相韦贯之他也敢针锋相对。自从革新集团五人入京以来，他们的去留已经在朝廷讨论几次了，始终不能达成一致意见，而武元衡则是坚决反对把他们留在朝廷做官的那派官员的代表。

看到这首诗之后，武元衡内心一阵翻江倒海。王叔文集团中五个人入京以来，无一人到他门下造访疏通，莫非他们以为朝中有几个支持他们的人就可以越过自己而一帆风顺了吗？此时，刘禹锡那张消瘦且充满了兴奋之光的脸立即浮现在他眼前。大概，这些早年嫌弃自己的求进者，又已越过自己在官高位显者门下求进吧！想到这里，他顿觉天上掉下来一只毛毛虫，从脖颈一直慢慢地爬到了脚后跟，浑身上下一阵的不舒服。刘禹锡这首诗也许并非有心讽刺自己，但也可以认定完全就是针对自己，这就是诗的神奇之处。因为他已经感觉到了内心的不舒服，就说明这诗字面以外的尖刺已经刺到了自己。

在接下来的争论之中，武元衡就以这首诗为口实，举证革新派众人"语涉讥刺"，坚决反对他们留京任职。当有人提出朝廷正值用人之际，要善于使用人才时，武元衡则对以"边远之地更需要人才去治理、整固和振兴"。这一通说辞，也许正中宪宗的下怀，那就各提职级继续远放吧！

于是，对几人的任令马上就颁布下来，三月十四日，朝廷有诏曰：出柳宗元为柳州刺史，刘禹锡为播州刺史，韩泰为漳州刺史，韩晔为汀州刺史，陈谏为封州刺史。虽然官职从司马升到刺史，但各自的贬地更加偏远，这实际上是更大的惩罚。但按礼仪，除臣就职，臣子还得写谢表。柳宗元写了《谢除柳州刺史表》，感谢皇恩浩荡，并表示对这次"亲奉朝命，牧人远方"，"铭心镂骨，无报上天，谨当宣布诏条，竭尽弩蹇"。违心吗？违心！不违心则要获大罪，就只能如此，这叫政治。

可怜刘禹锡，竟被远贬播州。这是当时最著名的"恶地"，不但十分偏远，而且十分荒凉贫瘠，是几人中最差的安排。当时刘禹锡的母亲已经八十多岁，根本就经受不起如此长途颠簸之苦，恐怕未及到任就已经家破人亡了。见此结果，柳宗元心中悲愤之情顿起，岂有如此不动声色而置人于死地之理。但朝廷之命就是王法，怎可更改，违命者当以谋逆论处。想来想去，柳宗元最后还是决定为朋友拼死一争。于是，他草拟奏章递于御史中丞裴度，要求与刘禹锡互换贬地。他提出的理由是："禹锡有母年高，今为郡蛮方，西南绝域，往复万里，如何与母偕行？如母子异方，便为永诀。吾与禹锡为执友，胡忍见其若是？"

宪宗见柳宗元竟然胆敢违逆朝廷的成命，心中自然愤怒，但裴度从中极力调停，并以忠义孝道之理为柳宗元辩护。这下子就触碰到了宪宗内心的敏感区域，他继位以来，最不愿意被别人指责的就是不孝、不义。想到柳宗元所做的并不是要有意抗旨，无非是要尽人之怜悯仁孝之心，也不就不便再说什么，只好将刘禹锡的播州改为连州。

又是一年春三月，桃花开过却凋零。一个月前还满心欢喜的革新派众人，经过短暂的京师之聚，如今又要各奔东西，各赴天涯。因为去柳州和连州有一段共同的路要走，柳宗元、刘禹锡约好要择日一起离开京城，结伴而行。与柳宗元一家四口同行的，还有从弟宗一和表弟卢遵。一路上虽然正值春暖花开、繁花似锦，但两位好朋友除了急急赶路和乘隙彼此叮嘱和安慰一番，并没有吟诗作赋的闲情逸致。因为心中之悲苦以及命运的种种吊诡，虽然都心知肚明，但都不欲言说。只留下仅存的一点心力，用于应对未来的不测。一路无诗，一路无文。

这一日，到了衡阳，二人于湘水西岸一起拜谒了马援庙。再启程，就要分道扬镳、各奔东西。柳宗元一家要继续走水路赴柳州，刘禹锡一家则要走陆路去往连州。分别在即，想到漫无尽头的分别，二人不由得内心一阵悲伤。此一别不知何年何月再见，也不知是否从此即告永别，转头之间，便有泪水流下了脸颊。

望着滚滚流逝的湘江水，柳宗元想起昔日屈原曾在湘水之上作歌曰："沧浪之水清兮，可以濯吾缨；沧浪之水浊兮，可以濯吾足。"于是即兴吟诗一首赠与禹锡：

> 十年憔悴到秦京，谁料翻为岭外行。
> 伏波故道风烟在，翁仲遗墟草树平。
> 直以慵疏招物议，休将文字占时名。
> 今朝不用临河别，垂泪千行便濯缨。

刘禹锡想起昨日酒饭间，宗元曾喟叹柳家人因为性情刚直世代命运不佳，从"直道事人"三遭贬黜的先祖柳下惠到连遭两度贬黜的柳宗元，这是柳家的家族性情，也是这个家族难以回避的命运。是呀，性情决定了命运。此生此世，自己不也和宗元一样吗？因为文字而取得成就，也因为文字而遭人嫉恨，惹下祸端！本是同病相怜的人，岂不是也要共命运！于是，感慨万千，回赠宗元一首《再授连州至衡阳酬柳柳州赠别》：

> 去国十年同赴召，渡湘千里又分歧。
> 重临事异黄丞相，三黜名惭柳士师。

归目并随回雁尽，愁肠正遇断猿时。

桂江东过连山下，相望长吟有所思。

　　暮春的晚风送来几许清凉，吹拂在失意之人的脸上，拭去了二人脸上的泪痕。一种美好却忧伤的情感，让两个人同时作出了继续在衡阳停留一日的决定。这一日，两人都成功地抑制住了内心的伤感，不再提及别离之事。而是终日长谈，谈的都是诗文、理政和对未来期许的"开心"之事。终于到了告别时刻。柳宗元首先拱手辞别道："梦得请多保重！世事一向如此而已！他日告老还乡，我愿与梦得为邻，再论诗文！"言毕即转身离去，并不敢抬头再望禹锡一眼。

　　待车马辚辚之声乍起，知是禹锡也已经起步，柳宗元还是忍不住回头一望，只是看到了禹锡一个消瘦的背影。之后的数日之内，柳宗元暂时忘记了自己的前途叵测，满心都是与梦得分别后的怅惘，抬头低头、睁眼闭眼都是刘禹锡转身时那个挥袖拭泪的动作。于是，便情不自禁地一次次将内心的情感表述成含蓄的文字，一连写下了几首惜别的诗。

　　之一，《重别梦得》：

二十年来万事同，今朝岐路忽西东。

皇恩若许归田去，晚岁当为邻舍翁。

　　之二，《三赠刘员外》：

信书成自误，经事渐知非。

今日临岐别，何年待汝归。

过湘江又入洞庭，故人、故乡渐行渐远，眼前是一片广大无垠的开阔境界，柳宗元这才回过神来想到了自己，想到了自己的前路。柳宗元信手写了一首七绝《再上湘江》，流露出对前途的担忧和无望：

好在湘江水，今朝又上来。

不知从此去，更遣几年回。

船过零陵，柳宗元遥望着西山，心中好一阵子波澜起伏。就是这个海拔并不太高的小山埋葬了自己十年美好年华，也馈赠给了他一个女人、两个女儿和一世文名。他特意到船舱里把女儿叫出来，把西山指给她看，告诉她那里就是她们出生的地方，那地方叫作故乡。

零陵一过，就进入了广西地界，隔着层层山峦和雾霭，柳州已经遥遥可望，再过十数日的行程，人生又将翻开新的一页。

第十一章 罗池之神

一

六月的柳州，已经进入一年中的酷热时段。

经过三个多月的长途跋涉，柳宗元的身体变得更加虚弱不堪。加之抑郁之气盈胸，刚到柳州刺史任上的柳宗元，精神状态一直不佳。到任以来，他虽然不断在内心劝勉自己："是岂不足为政邪（这里难道不值得做出政绩吗）？"但一直打不起精神。看来确实需要调理、适应一段时间。

柳州和永州同属"百越"之地，但比起永州，其地理位置更远，经济状况更差，风土人情也更加粗蛮。关于此地，《新唐书》有具体记载："柳州在唐属岭南道，为下州，领马平、龙城、象、洛容、洛漕五县，治龙城。"《旧唐书·地理志》对柳州的自然状况也有描述："天宝元年，改为龙城郡。乾元元年，复为柳州，以州界柳岭为名。天宝领县五，户千百三十二，口一万一千五百五十。至京师水陆相乘五千四百七十里。"
柳宗元来时，龙城的规模大约就是"水北环治城六百户，水南三百户"。

　　大概与柳宗元当时的身体、精神状况和情绪有关吧！柳州给柳宗元
最初的印象和感受是极其不佳的，甚至可以说是比较恶劣的。在《寄韦
珩》诗中，柳宗元如实地描述了他来柳州后的印象和感触：

> 初拜柳州出东郊，道旁相送皆贤豪。
> 回眸炫晃别群玉，独赴异域穿蓬蒿。
> 炎烟六月咽口鼻，胸鸣肩举不可逃。
> 桂州西南又千里，漓水斗石麻兰高。
> 阴森野葛交蔽日，悬蛇结虺如蒲萄。
> 到官数宿贼满野，缚壮杀老啼且号。
> 饥行夜坐设方略，笼铜枹鼓手所操。
> 奇疮钉骨状如箭，鬼手脱命争纤毫。
> 今年噬毒得霍疾，支心搅腹戟与刀。
> 迩来气少筋骨露，苍白濒洄盈颠毛。
> 君今砣砣又窜逐，辞赋已复穷诗骚。
> 神兵庙略频破虏，四溟不日清风涛。
> 圣恩倘忽念地苇，十年践蹈久已劳。
> 幸因解网入鸟兽，毕命江海终游遨。
> 愿言未果身益老，起望东北心滔滔。

　　柳州当地很多让柳宗元感到难以理解的事情，站在当地的角度看，
似乎并没有什么不可理解，一切都那么顺理成章，那就是千百年以来由
地域环境决定的人文环境以及由人文环境决定的地域文化。比如文身，

外地人觉得是一种"装酷逞凶"的陋俗，本地人却觉得十分正常。据民间相传，柳州一带的水潭里有蛟，蛟之状如蛇，其首如虎，长者至数丈，多居溪潭石穴中，声如牛鸣，岸行或溪谷者，时遭其害。见人先以腥涎绕之，既入水，即于腰下吮其血，血尽乃止。为了避免蛟的伤害，此方民众流行文身，"披发文身，以象鳞虫"。用尖锐的针状物在人体全身或局部刺画自然物或几何图形，有的还在上面用染料涂色。这样一来，"为蛟龙之状以入水，蛟龙不害也"。

柳宗元还写了另一首关于柳州的诗《岭南江行》：

> 瘴江南去入云烟，望尽黄茆是海边。
> 山腹雨晴添象迹，潭心日暖长蛟涎。
> 射工巧伺游人影，飓母偏惊旅客船。
> 从此忧来非一事，岂容华发待流年。

柳州此地的民众极度贫穷，因为教育落后，所以普遍迷信。人生了病，总要"聚巫师用鸡卜"，即杀鸡祈祷，如果杀了鸡病仍不见好，就杀猪羊等中等牲口祈祷，仍不好，就杀牛马等大牲口祈祷。杀牛宰马也不见好，就认为是神不保佑，便让病人不吃不喝，用布盖在脸上躺着等死。你给这些人讲道理，他们冥顽不灵听不进去，你给他们施加刑罚，他们就会举家逃亡，远走他乡。

至此，柳宗元算是彻底领会了朝廷的用心。如果真正想惩罚一个人，有什么比让他在一个蛮荒之地做刺史更加残酷和严厉呢！湿热的气候，让他羸弱的身体很难适应，白天一动一身大汗，夜晚辗转难眠。苍莽、荒芜的山水之间，长满了北方人并不熟悉的树木植物，其间又隐藏栖息着很多危险的动物，野葛蔽日、虫蛇交结，让人一想起来就觉得头皮发麻。此地又多是少数民族，异服殊音，语言不通，不易亲近。有事至公堂，如果不用翻译根本不知道下边的人在说什么。说到吃的就更不习惯了，虽然还不至于"不火食"，但异于寻常的食物、烹饪方法和口味让柳宗元完全无法下咽。至于民风和社会秩序，就更是一团糟，盗匪成群，打杀成性，没有规矩，枉法乱为，贫穷落后。他心如明镜，柳州如此荒僻落后的原因，除了自然条件之外，主要还是这里的统治者长期不作为。

恶劣的处境让愁绪满怀的柳宗元情绪更加低落了。每日除了到府衙听取手下官吏汇报工作，处理一些公务和案件，就是四处走走，了解些治内的情况。更多的时间则站在城楼上遥望北方，想逝去的亲人，想离散的朋友，想自己北方的故乡。

刚到柳州不久，一直陪伴柳宗元的小妾为他产下了一个男孩。这个孩子的降生多少冲淡了他心中的哀愁。柳宗元暂时把心思集中在孩子身上。欣喜之余，要给孩子起一个奇特、吉祥的名字。都说家中有子降生是一种吉祥之兆，但愿这孩子能给自己和这个家带来好运气。那么叫个什么名字好呢？

在《周易》里，九为阳，六为阴。九有尊、上、刚、强的意思；六有卑、下、柔、弱的意思。中有一卦为"益卦"，其爻为巽上、震下；在此卦中，六为主，九为客。其爻辞为："风雷益，损上益下，上上卦。""六三，益之用凶事，无咎。有孚。中行告公。"其象曰："风雷，益；君子以见善则迁，有过则改。"《周易》里的卦本是表达运势的抽象符号，往往很难被解读得十分清晰、具体，只有结合事物的具体背景和环境，才有一些确定的用意和方向。柳宗元大约正是希望自己的儿子能够给这个正处于衰微之势的家族提振生机、带来好运，才想到了易，想到了改变。于是便按照卦里的暗示给这个新生儿取名为柳告，字叫用益，小名嘛，随意、活泼一些，就叫周六。

这就是柳宗元的风格，看似随意而为，则处处用心极深。后来，这个周六果然不负其父的厚望，在柳宗元去世四十三年后，唐懿宗咸通四年（863），考中了进士。那一年的科举考试录取了二十五个人，其中有一个人排到第三名，他的名字姓柳名告，告就是告知，告知他一生历尽困难九泉之下的父亲，告知他遥远的祖先。

这些天，龙城连日阴雨，来州衙办事的和打官司告状的人也几乎没有了。所谓闲愁难遣，柳宗元推开案头杂乱的公文，起身出公堂，拾级登上了城楼。凭栏眺望，烟雨蒙蒙，乱云飞渡，远山苍苍，大河汤汤，水中芙蓉、墙上薜荔正在惊风狂雨中剧烈摇晃，满目的荒山僻野，满目的迷离凄凉，不断地搅动他内心的情感。十几年遭贬的苦痛郁结成了心中的愁闷与悲愤，如这混沌的天象一般，茫茫不尽。可是，此情此景，此愁此怨，又能向谁诉说呢？他想起了与自己同遭遇、共命运的那些"永贞之友"。不知此时他们身在何处，他们的天空是阴是晴，他们是否也和自己一样深陷于无望的愁苦之中，特别是那个瘦骨嶙峋却率真无忌的刘禹锡。他文思涌动，内心的情愫凝结成了一首七律《登柳州城楼寄漳汀封连四州》：

> 城上高楼接大荒，海天愁思正茫茫。
> 惊风乱飐芙蓉水，密雨斜侵薜荔墙。
> 岭树重遮千里目，江流曲似九回肠。
> 共来百越文身地，犹自音书滞一乡。

来柳州后，柳宗元的心绪发生了很大的变化。在永州时，他虽然也免不了忧愁、感伤，但在那个阶段，他似乎感觉年岁尚轻，虽然哭着喊着人生所剩无几，但内心里还是觉得来日方长。瞻望前途，时不时还有一些希望之光隐隐透出。所以，那时还是要顾及一下自己的未来和别人的口实。所作文章虽多，除直明证道之文，多是隐喻讽刺之文，很少作诗直抒自己胸中的抑郁和愁思。而现在，十年苦熬之后，新的一程贬谪已经让他看不到再度回朝的希望了。这一回，真的是来日无多，尽管归乡之心不死，毕竟掩抑不住内心的绝望。当然，其中还有另外一层原因：他在永州是一个闲官，有大把大把的时间可以支配，从容地著文、明道，而现在，一个烂摊子摆在自己的面前，愿意管也得管，不愿意管也得管。更何况大半生致力于治国理政的大道，终不得一个施展和实践的机会，现在管他是好是夯，总算获得了一个推行和施展的平台，无论如何也要做出个样子给世人特别是当朝的执政者看看，大道是否可以行于世、治于世。如此一来，大量的公务每天堆在那里等着他去处理，就很少有大量时间去作慢条斯理的明道讽喻之文了。只能忙里偷闲作几首诗，聊以抒发内心的幽情、愁绪。

柳宗元到柳州的第二个月，从弟柳宗直也来了。宗直生来性情刚健，善于学习，多才多艺，擅长书法，并爱憎分明，嫉恶如仇。宗直向与宗元感情深厚，一直跟在柳宗元身边，是一个颇有才学的青年，却因为时运不佳，无人提携，几次考进士都没能考取。他曾在柳宗元指导下编纂《西汉文类》四十卷，颇有史料价值，柳宗元曾撰《柳宗直西汉文类序》，给予很高评价。说他"搜讨砾裂，捃摭融结，离而同之，与类推移，不易时月，而咸得从其条贯。森然炳然，若开群玉之府；指挥联累，圭璋琮璜之状。各有列位，不失其叙，虽第其价可也"。

柳宗直本来体弱多病，在路上又得了疟疾，到柳州后需要安心调养。还好，经过数天治疗，病情有所好转。大家都觉得已经彻底痊愈，他自己也感觉良好，之后跟随柳宗元到雷塘祈雨，又到附近的灵泉游泳，回来时也是一副高兴的样子。但没想到，仅仅睡了一夜，第二天就再也没有起来，突然去世了。

对宗直的英年早逝，柳宗元悲痛至极。握着宗直冰冷的手，他感到悲伤和凄凉锥心刺骨，不由得泪如雨下。这些年宗直为了追随和照顾自己，一直在困苦的环境里颠沛流离，没过上几天好日子，竟然连一个像样的婚姻都没有，只在落后的永州"私有孕妇"，如今外妇正怀有身孕，孩子还没有生下来，他就撒手而去。

痛罢，哭罢，也只能怀着无限悲伤和从弟宗一一起为宗直料理丧事，把宗直埋葬在柳州城西北，并为之写了《志从弟宗直殡》和《祭弟宗直文》二文。《祭弟宗直文》尤其写得情意真切，感人肺腑。为告慰逝者的在天之灵，柳宗元于祭文中向死去的弟弟承诺了两件事：一是帮助传播宗直的著作和书法作品："汝墨法绝代，知音尚稀，及所著文，不令沉没，吾皆收录，以授知音。文类之功，更亦广布，使传于世人，以慰汝灵。"二是照顾宗直怀孕的妻子，并负责抚养教育他未出生的孩子："吾专忧恤，以俟其期。男为小宗，女亦当爱，延子长大，必使有归。抚育教示，使如己子，吾身未死，如汝存焉。"由此可见柳宗元对弟弟宗直情感之诚之深。

元和十一年（816）暮春，从弟柳宗一因去荆州就职，也与柳宗元告别。柳宗元依依不舍，把他送到江边上船，并写《别舍弟宗一》为之送行：

零落残魂倍黯然，双垂别泪越江边。
一身去国六千里，万死投荒十二年。
桂岭瘴来云似墨，洞庭春尽水如天。
欲知此后相思梦，长在荆门郢树烟。

显然，宗一的离去又给宗元抑郁、悲凉的内心世界添加了一层难以融化的霜雪，让他在孤单、寂寥中陷于绵绵的忧伤，他难以自拔，每日里愁眉苦脸，不得开心颜。

忽一日，有浩初上人专程来拜访。浩初是潭州人，衡山龙海寺如海禅师弟子，好读书，能诗，柳宗元在永州时就与他结交，彼此欣赏，曾作《送僧浩初序》。柳宗元到柳州，他又不辞辛苦专程从临贺到柳州探望。浩初上人的来访，多少冲淡了一些他内心的忧愁。这天，他早早地处理完公务，到客舍与浩初上人畅谈叙旧，直至深夜。

第二天，他又兴致勃勃地约浩初上人一起去游览柳州周边山水。

柳州附近有一座仙人山，山峰突兀，怪石嶙峋，很有些知名度。柳宗元决定陪着浩初上人一起去游览仙人山。两人边登山边谈佛论道。浩初知道，柳宗元再次受到朝廷的贬谪，内心一定有很多的郁闷和苦楚，遂有意借这次探访之机给他作一次深度的传佛布道，帮助他放下精神负担，真正地看破红尘，走上精诚皈依之路。一路上浩初上人或借助当朝的人事，或借助眼前的风物，不断地向柳宗元灌输一些四大皆空和人生苦谛的破解之法，当然也要讲佛法玄妙和遁入空门的种种机要。

不知不觉，就到了山顶。缈缈红尘和人间万象在浩初上人的眼中，都是幻象，都是虚空，但在柳宗元看来却是浩渺无边的乡愁。柳宗元不是不懂佛理，只是他实在无法放弃自己一生的理想以及心中那份难了的红尘之愿。正当浩初上人大赞柳宗元对佛法的精通，对自己提出的各种佛学问题对答如流时，柳宗元却灵感突现，信口吟得一首被后世称为绝唱的七绝：

海畔尖山似剑铓，秋来处处割愁肠。

若为化得身千亿，散上峰头望故乡。

诗成，柳宗元读给了浩初上人，浩初上人点头微笑，但内心充满了无奈。他心里清楚，虽然佛有十万法门，柳刺史却心有十万不灭的红尘之念。这一世，柳宗元恐怕很难真正从尘世和官场之苦中解脱出来了。

二

自浩初上人离开之后，柳宗元发现自己的身体虽然越来越虚弱，心却似乎开了一扇窗户，很多事情都经受不住他片刻的思索，一想，就把事情想得明明白白、透透彻彻，这让他自己都有一些害怕，莫非自己真的是快死啦？

特别是关于佛教、道教、儒家思想和先王之道等属于"道"范畴内的事情，他似乎有了更深的感悟。虽说他并没有，也不可能真正地"信"什么，但这些事情的本质与核心，以及它们的功能、功效、方法和现实意义，他心里都一清二楚。所有的一切，也都可以综合、收纳到他自己的"大中之道"。现在，他需要通过柳州这个小小的试验场进行实践论证了。

说起国家的治理之道，很多古人的著作里都论及了某些要领，那就是对民众实施精神引领。但具体到细节和操作方法，各种理论和学说都有不同的主张。柳宗元觉得，有效的治理方法并不是一成不变的。随着时代、地域和文化背景的不同，要结合实际，因地制宜。对疏于教化的柳州民众来说，绝不可以推行愚民政策，而是要启迪民智，大兴教化，在人们的思想和意识里种下崇文、向善的种子。

针对柳州愚昧落后的风俗习惯，他目光锁定的第一件事，就是把废弃多年的"府学"重新修复，并招徕柳州士子，在此读书学习。有了府学的示范作用，民间办学之风也会一点点流行开来。另外一件很要紧的事情，就是人们的精神皈依和信仰的问题。柳宗元深知信仰和治理之间的关系，这个问题一天不解决，人们的心里就一天不会有敬畏，也难有真善可言。接下来，他要着手建立用以改善民风的文化体系。儒家文化一向是柳宗元所尊崇的，所以在改变风化的进程中，尊儒也是一个必不可少的环节。柳州原来有一个孔子庙，因为年久失修，门庭冷落，以至于"庙屋坏，几毁神位"，柳宗元便出资雇人先把孔子庙修葺一新，供人们朝拜。

比之儒教，佛教的信众更加广大，其对地方风化的改善作用也更加巨大。柳宗元认识到了这点，自然也不会忽视这个领域。柳州原有佛寺四座，三座在柳江北岸，一座在柳江南岸，叫大云寺，颇负盛名，可惜百年前一场大火，化为灰烬。柳江南岸百姓信仰无所依归，乃乱立神祠，滥杀牲口占卜。为了尽快解决这些问题，柳宗元决定就地升级，将大云寺原址旁的小僧舍扩大，恢复大云寺旧名，还招徕学者僧众，供给住房伙食，让他们安心传播佛道。两年后，柳宗元已在大云寺"凡立屋大小若干楹，凡辟地南北东西若干亩，凡树木若干本，竹三万竿，圃百畦，田若干塍"。大云寺已经成为柳州一处繁荣昌盛的佛家圣地。

学者僧众传播佛道，效果很好，人们再也不相信巫觋鬼话而乱杀牲口了。人患了病，大多不再去找巫医，而是主动寻求医生和药物治疗。柳宗元在永州曾种过仙灵毗、术、白蘘荷等，到柳州后，他继续种植这些药材，并自采自制，并广泛收集《治疗疮方》《治霍乱盐汤方》等民间验方，反复向州民推广，使州民懂得了有病必医、医必用药的道理。州民很高兴地说："兹土虽远京师，吾等亦天氓，今天幸惠仁侯，若不化服，则我非人。"对柳宗元感恩戴德。

柳州的气候高温、潮湿，为病菌大量滋生创造了良好条件。当时人们罹患的很多疾病，都是来自环境污染，特别是水源的污染，所以清洁的饮用水源是人们健康的一大保障。这个道理，当时的民众由于智力和教育所限，还不明白。柳州城虽有柳江穿城而过，但柳州人吃水用水还是很艰难。一难在于取水艰难，人们要在又高又陡的江岸爬上爬下，用水罐到江边汲水，遇到天旱水浅，走的路途就更加遥远。尤其是雨雪天气，汲水就更加困难，因汲水而摔跤、摔伤的事时有发生。二难在于保持水源的清洁，柳江既是人们吃水的水源，又是人们生活垃圾和污水的排放处，特别是枯水期，污染严重，饮用此水，不啻饮毒，一不小心就可能患上莫名其妙的疾病。

柳宗元通过调查了解，在广泛征求民意的基础上，决定在柳州城开挖大井，以解决老百姓的吃水用水问题。他请和尚谈康、军官米景勘察了一块地方，又请来一个叫蒋晏的凿井师傅，带领三十六个佣工开凿，凿出了一口清水井，解决了周围州民的饮水和灌溉问题。州民欢欣鼓舞，柳宗元也很高兴，并按照此办法连续打了好几口井，让更多州民受益。至今在柳州民间还流传"三川九漏"的传说，说的都是关于柳宗元打井的故事。

柳宗元一直认为，官就是为民服务的。他在永州时，就曾明确表达："凡吏于土者，若知其职乎？盖民之役，非以役民而已也。"任柳州刺史以来，柳宗元虽然每天高坐于公堂之上，但他很了解百姓之苦。

通过一些具有共性的民事纠纷，柳宗元发现柳州"典贴良人男女作奴婢驱使"的现象很普遍，百姓不堪其苦，也给社会稳定带来了很大的隐患。所谓"典贴良人男女作奴婢驱使"，就是穷人借了富人的钱，往往以男女的人身作抵押，过期拿不出钱来赎取，作抵押的男女就成了富家的奴隶。"其俗以男女质钱，约不时赎，子本相侔，则没为奴隶。"唐代初期，唐太宗李世民为了巩固自己的统治，曾专门颁布法律，规定"不许典贴良人男女作奴婢驱使"。但这条法律由于战乱和藩镇割据，基本成了一纸空文。

此风不除，给当地的民情、人心造成了巨大伤害。长此以往，人们养成了心缺良善、寡仁少义、不懂恩情的恶习，生了孩子必定会把他们视作货物。七岁以上的孩子，兄长就会做主把他们卖了，以贪图利益。自己家的孩子不到七岁，就去偷别人家的孩子，捆绑住卖给买家当奴隶。至于那些年老的人，不能以力取胜，就常常被人制服，转手成为别人的家奴。在大道上，贼寇间可以为了争夺利益或"人货"而当众厮杀，往往强大的一方把弱小的一方一起捆绑起来当奴隶卖掉。一个人一旦沦为奴隶，终生不得自由，且买主竟可"鞭笞役使，至死乃休"。一些良知泯灭的地方官员或强藩为了通过这种方式获得廉价的仆人、兵丁，故意放纵这些可恶的行为不加过问。如此一来，民不聊生，以至于越中一带的人口越来越少。

柳宗元决定组织手下官吏研究制定可行的措施，废去这种毫无人性的制度。经过一段时间的酝酿和反复推敲，他制定了一项释放奴婢的办法。规定已经沦为奴婢的人，可以用工钱赎身。奴婢在富人家劳作，不能是无偿的，应该计算工钱，一旦累积的工钱与所欠债务的数目相等，奴婢即可获得自由，回家和亲人团聚。这项措施一公布，立即受到了柳州广大贫苦民众的欢迎。不久，就有许多奴婢回到了亲人身边。

为了唤起人们的人权意识和自我保护意识，除了在制度上保证之外，柳宗元还发挥自己的特长和才能，在舆论和文化上进行策应。在之后的一段时间里，他根据桂部从事杜周士给他讲的一个贩卖人口的故事，假托汉时，写了《童区寄传》，广泛传播以警示和教化民众。

儿童区寄，是郴州的一个小孩子。一次，他正在放牧砍柴，两个蛮横的强盗劫持了他，把他的手反捆起来，用布塞住他的嘴，把他带到四十多里以外的集市上准备把他卖了。区寄故意假装啼哭，像常见的小孩那样吓得浑身发抖。这两个强盗就觉得他很好对付，互相对饮，后来就喝醉了。一个强盗到市场上去找买主，另一个强盗卧躺着，把刀插在了路上。孩子偷偷观察，等强盗睡着了，就把捆绑着手的绳子凑到刀刃上，用劲地上下摩擦割断了绳子，然后拿起刀把强盗给杀了。

区寄还没来得及跑远，到市场上去的那个强盗就回来抓住了他，区寄十分惊恐。强盗将要杀区寄的时候，区寄赶紧说："给两个人当随从，哪里能和给一个人当仆人相比呢？是他对我不好，我才杀了他。你若真的能保全我的性命，好好待我，我能替你做任何事。"这个强盗考虑了很久，心想："与其杀了这个孩子，不如卖了他；与其把他卖了钱两个人分，不如我独自占有。幸好这个孩子把他杀了，很好。"于是就把那个贼寇的尸体掩藏起来，带着孩子到主人家，当然他把孩子捆绑得更加结实了。半夜的时候，区寄自己转过身，把捆着手的绳子靠近炉火，烧断了绳子，即使手被烧伤了也不害怕，又拿起刀把卖他的强盗杀了。而后大声哭号，集市上的人都十分吃惊。孩子说："我是区家的儿子，不应该成为别人的奴仆。有两个强盗抓我，很幸运地我把他们都杀了，希望能让官府知道这件事情。"管理集市的小吏向州官禀报，州官又向太府禀报。太府召见了这个孩子，见他是个年幼老实的孩子，刺史颜证觉得他很奇特，就想把区寄留下来当作小吏，区寄不肯。于是刺史赠给他些衣服，让小吏护送他回乡。乡里那些抢劫绑架的人，都不敢正视他，不敢从他家门前经过，都说："这孩子比秦舞阳当时还要小两岁呢，却已经杀了两个强盗了，怎能接近他呢？"

当柳州的贩卖人口之风得到了有效遏制之后，柳宗元向桂管观察使裴行立汇报了他的治理方法。裴行立觉得很好，便把柳州的经验推广到其他州县，"比一岁，免而归者而且千人"。不到一年的时间，桂州就有数以千计的奴婢得到释放。仁政得施行，经验又被上一级官府推广，惠及更多人，这让柳宗元内心高兴了好一阵子，这多少也算小小地实现了一次自己的人生价值。暂时，他忘记了自己的苦闷和忧愁。

三

桂管观察使裴行立到桂州的时间，比柳宗元到柳州晚了一年多。元和十二年（817），裴行立以御史中丞徙为桂州刺史、桂管观察使，都督二十七州诸军州事。到任后不久，裴行立就邀请柳宗元到府上相谈。他十分欣赏柳宗元的才华，不仅主动向柳宗元示好，还经常与柳宗元保持往来，每有大事必相召或相告。

就在裴行立到任的当年，他在署之左訾家洲建了一亭，建好后请柳宗元前去参观。观赏完訾家洲亭之后，裴行立乘兴盛邀柳宗元写一篇纪念文字，柳宗元则欣然应允。不久《訾家洲亭记》写成，他在这篇文字中记述了建亭的经过和目的、意义："御史中丞裴公当政以来，盗贼遁迹，奸邪扫清，德行惠政，遍施于民。到任一年，政教有成，人民富庶。当时正值天子平定淮夷、河朔的叛乱，告谕天下百官。裴公为表示庆贺，便聚集同僚属吏，登上訾家洲游玩。他四处观望了很久，深为这里的风光以前为人所忽略而遗憾。于是他付给洲上的居民很多钱，让他们搬到别的空地上去住，然后砍掉了杂树，铲除了荒草，前后指点规划，建造此亭……"

古代的官员下令修路、架桥、建亭、立碑等，有的是公家出钱，有的是州官们自己掏腰包。这些工程往往都具有惠民功能或者填补某方面的空白。一方面为百姓提供了方便和实惠，一方面配上碑文和记录文字，可以具有某种记录历史、激励民众和引导时风的作用。特别对一些边远落后地区，什么都缺，什么都有其不可替代的必要性，立一块石碑都能载入史册。这些工程既可以为后世留下可供查考的历史遗迹，又可以极大地推动蛮荒、落后地区的文明进程。

也许是受訾家洲亭的启发，也许一切早就在柳宗元的计划之中，此后，柳州的惠民工程也一项接一项地启动起来。柳州当时荒地很多，尤其是柳州城西北有大片的空地。柳宗元以身示范，带头参加劳动，在城西北种黄柑两百株。种毕，写《柳州城西北隅种柑树》，表达亲手栽种的喜悦：

> 手种黄柑二百株，春来新叶遍城隅。
> 方同楚客怜皇树，不学荆州利木奴。
> 几岁开花闻喷雪，何人摘实见垂珠？
> 若教坐待成林日，滋味还堪养老夫。

"楚客怜皇树"指屈原所写《橘颂》，中有"后皇嘉树，受命不迁"的句子。"荆州利木奴"指丹阳太守李衡，他曾在武陵龙阳汜洲上种柑橘千株，作为供给后人衣食的"千头木奴"。柳宗元的意思是："我种黄柑的目的不是像李衡那样找几百个供给衣食的木奴，而是要像屈原那样把它作为受命不迁的精神象征，为柳州老百姓树立榜样。"

种完柑树后，他又到柳江边种柳，柳刺史在柳州柳江边种柳，四柳相逢，本身就富有趣味，所以他的记事诗《种柳戏题》也很风趣：

柳州柳刺史，种柳柳江边。

谈笑为故事，推移成昔年。

垂阴当覆地，耸干会参天。

好作思人树，惭无惠化传。

柳宗元心里很清楚，栽树是必要的，但却是小事。作为一州刺史，为一方百姓留下更多的惠政，谋更多的福利才是自己的责任和使命所在。于是，他在诗中感慨，栽种柳树不久就会成为往事，而栽下的柳树也会变得枝干参天、垂阴覆地。那时人们从柳树下走过，一定会谈论、怀念栽树的人。只是自己还没有给柳州人民留下更多惠政，当人民怀念时，自己应该感到惭愧。诗言志，实际上这是柳宗元在借助种树一事在表露自己积极用世、仁政爱民，为官一任、造福一方的从政志向。

治理之事，事无巨细，从饮水、纳凉到休闲娱乐，再到全面发展生产，事事都要兼顾，事事都要推进。用当代的说法是，物质文明和精神文明要齐头并进。那时，人类社会还很落后，还没有什么工业和科技，社会生产方式主要以农林牧为主。于是，柳宗元就从农业、林业和牧业抓起。他不仅鼓励百姓积极种树和开垦农田，还鼓励州民养猪、养牛、养鸭、养鸡。仅仅二三年时间，柳州就出现了"宅有新屋，步有新船，池园修洁，猪牛鸭鸡肥大蕃息"的景象。柳宗元不仅带领人们在荒地上栽树，在寺院内、馆舍旁以及街道旁也大栽其竹，大种其树，使人居环境得到了极大改善。在修复大云寺时，他特意叫人在寺旁东南西北四面开辟荒地，种树、栽竹达三万株。

百姓的日子过好了，有饭吃，有衣穿，有房住，还要会生活，有休闲的地方。之前，裴行立在訾家洲建了一个亭子，成为四方民众竞相参观游览的一处风景，很受民众的好评。柳宗元也在琢磨，能否也在柳州找一个合适的地方建一个供人们休闲的凉亭。

　　某一天，他在州南谯门柳江边种树时发现一片视野开阔的荒地。此处南面临江，西接垂杨驿站，东与东馆驿站毗邻。这是一个离城镇很近却又异常荒芜的去处。荒地上草木茂盛幽深，紧靠着一条坍塌的崖谷。由于长期没有人涉足、居住，这里已经成为野猪的窝巢和毒蛇出没、横行之地。柳宗元先后几次来这里勘查，觉得很有必要把它利用起来。只要人类大举进驻此地，在这里建亭、筑屋、修路，就自然把野猪和毒蛇赶走，免得它们和人混居在一起，误伤百姓。

　　工程在柳宗元的策划和指挥下开始了，人们砍伐掉杂草荒木，种植上竹子、松树、柽树、桂树、桧树、柏树、杉树。在平坦的地方建造房屋、亭子，在陡峭的地方架起桥梁。无论从上面还是下面都可以自由出入，向前面伸出的建筑好像是翅膀一样，架空在江流之上，江流变成了湖泊。四周环绕着群山，非常开阔且幽深曲折。借机也把东馆进行了重新规划和改造，将东馆北面的房屋，朝右开辟作为晚上居住的场所；将东馆东面的房屋，向左开辟作为早晨居住的场所；又新建造了一间北面的房屋；在北面的房子下建造了一间南屋；在中间建造了东亭作为中屋。如此，早、中、晚都有更加适合居住的地方。北面的屋子用来躲避湿热的南风，南屋用来躲避寒冷的北风。如果是在不冷也不热的时候，早晨就住在朝室，晚上住在夕室。工程完工之后，站在东亭上举目四望，竟然有一种难以言传的奇妙，整个建筑群既与城市中繁华的住宅遥相呼应，又形成了鲜明的对比，昔日的荒芜荡然无存，大有置身于人间仙境之感。

　　柳宗元在柳州也游历了不少当地山水，之后写了《柳州山水近治可游者记》：

古之州治，在浔水南山石间。今徙在水北，直平四十里，南北东西皆水汇。北有双山，夹道崭然，曰背石山。有支川，东流入于浔水。浔水因是北而东，尽大壁下。其壁曰龙壁。其下多秀石，可砚。南绝水，有山无麓，广百寻，高五丈，下上若一，曰甄山。山之南，皆大山，多奇。又南且西曰驾鹤山，壮耸环立，古州治负焉。有泉在坎下，恒盈而不流。南有山，正方而崇，类屏者，曰屏山。其西曰四姥山，皆独立不倚，北沉浔水濑下……

文章作于元和十二年（817）至十三年（818）之间，柳州州治附近的山水，背石山、龙壁、甄山、驾鹤山、屏山、四姥山、仙弈山、石鱼山、灵泉、雷山、雷塘等十几处名胜山水，被他用不足五百字的笔墨，写得有声有色，如绘如画。这篇文章和当初的"永州八记"风格迥异，在行文、走笔过程中，只寻求语言、意境优美，而不追求深奥的言外之意。结构上也是采取散点记述、描写的方法，把柳州州治附近几乎所有的奇异山水都云集到一篇文章之中，一一娓娓道来，没有任何议论和抒情，都是生动形象的描述，点面结合铺排广阔，大处粗犷，小处精微、细腻。

三年多来，柳宗元对柳州百姓"不鄙夷其民，动以礼法"，尽心引领，躬身施政，柳州的面貌发生了翻天覆地的变化。百废俱兴，百业兴旺，政令畅通、民风向善。逃亡到外地的人都从四处归来，安居乐业；院子里盖有新房，渡口有新船，池子园林整洁完好，猪牛鸭鸡繁殖得多而肥大；儿子严格遵从父亲的教诲，妻子顺从丈夫的意旨，嫁娶丧葬，各有章法，人们在外则友爱兄弟、尊敬长者，回家则父亲慈爱、儿子孝顺。老百姓大多有了稳定的职业，官府没有收不上来的拖欠租税。百姓都知道自重奋进，论及政事异口同声地说："这块土地虽然远离京城，可我们也是上天的百姓，如今上天恩赐给我们仁义的州刺史，如果我们还不接受教化而顺服，那就不近人情了。"于是男女老少相互告诫，不要违犯刺史的命令。凡是对其乡里及对其家有关系的事，大家都说："我们的刺史知道此事，大概不会不同意吧？"他们无不经过慎重思考后再行事。每逢州里有规定期限的命令，老百姓都劝勉着去办，不分先后，一定按期完成。

四

元和九年（814），淮西吴少阳死，吴元济不经朝廷批准，自立为留后。元和十年（815）正月，宪宗委任武元衡统领军队对淮西蔡州进行清剿。引起与淮西勾结的成德节度使王承宗、淄青节度使李师道等割据势力的恐惧，决定刺杀武元衡等主战派大臣，以救蔡州。李师道及其幕僚认为："天子专心一意地声讨蔡州的根由，在于有武元衡辅佐他，不如秘密刺杀他。如果武元衡死了，其他宰相不敢主持讨伐蔡州的谋划，就会争着劝说天子停止用兵了。"

元和十年（815年）六月三日，报晓晨鼓敲过，天色未明，大唐宰相武元衡即启门户，出了自己在长安城靖安坊的府第东门，沿着宽一百步的道路左侧行进，赴大明宫上朝，刚出靖安坊东门，被躲在暗处的刺客射灭灯笼，遇刺身亡，同时上朝的副手裴度同样遇刺受伤。事发后朝廷一片惊慌，上下莫敢发一语。时任左赞善大夫白居易，义愤填膺，乃上疏亟请捕贼。想不到白居易这一疏，竟招来横祸，被贬为江州司马。

消息传到柳州，柳宗元的心情十分复杂。虽然武元衡曾坚决反对永贞革新，也极力反对"五司马"留用京城，若论，属于私怨；但强藩横行一向是柳宗元等革新派心腹大患，则属于公仇。在二者之间选择一种立场，便成为柳宗元内心世界情与理、公与私的较量。一个胸怀天下、明道循理之人，岂可以以一己恩怨放弃对正义的坚持？经过短暂的纠结，柳宗元决定摒弃个人心中的恩怨，站在国家的立场上对这个事件进行判断和评价，以一首《古东门行》表明了自己的立场：

> 汉家三十六将军，东方雷动横阵云。
>
> 鸡鸣函谷客如雾，貌同心异不可数。
>
> 赤丸夜语飞电光，徼巡司隶眠如羊。
>
> 当街一叱百吏走，冯敬胸中函匕首。
>
> 凶徒侧耳潜愵心，悍臣破胆皆杜口。
>
> 魏王卧内藏兵符，子西掩袂真无辜。
>
> 羌胡毂下一朝起，敌国舟中非所拟。
>
> 安陵谁辨削砺功，韩国诇明深井里。
>
> 绝脰断骨那下补，万金宠赠不如土。

《古东门行》属乐府旧题，多写时事。此时柳宗元自知身为贬臣，人微言轻，不能直接向朝廷提出自己的观点和见解，但通过诗的形式，借古讽今，表达自己的观点和看法总还是可以的。即便朝廷并不当回事也无妨，权当说给后世和历史吧！武元衡之事对柳宗元内心的震动是巨大的。且不说武元衡个人的政见和品质如何，作为一个朝廷的要员，他代表的是一个国家的形象和威严，因为坚持一个有利于国家长治久安的主张，就受到强藩肆无忌惮的刺杀，那么当朝的尊严和一国的正义将摆放到哪里？强藩之所以如此嚣张，是否与当朝的皇帝首鼠两端、莫衷一是有很大的关系。而“羌胡毂下一朝起，敌国舟中非所拟”，正是引用司马相如《谏猎疏》中劝谏汉武帝以及吴起舟中劝谏魏武侯两个典故，提醒宪宗，国家已经处于危险万分的境地，如果再姑息迁就，可能随时都会上演国家大乱、车翻舟覆的惨剧。

所幸的是，“安陵谁辨削砺功，韩国讵明深井里”，刺客和他们的幕后指使者已经暴露无遗。如果说对死者的追封和追赠是必要的，那么，痛下决心与强藩决一死战则是更加刻不容缓的大事。斯人已去，头断骨碎，被害之人再也无法起死回生，再多的赠予和恩宠又有什么意义？现在唯一应该做的就是学周亚夫率三十六将军，直捣淮西老巢，重树国家的威严，巩固国家安全，避免更多的生灵涂炭。与其说柳宗元这首诗是表达自己的观点和看法，言一己之志，不如说这是一封向朝廷所上的诗意的奏章。

自元和九年（814）至元和十二年（817 年），朝廷始终没有打赢淮西这一仗，淮西不胜，就没有精力报王承宗、李师道刺杀朝臣之仇。元和十二年宪宗起用裴度为宰相，并派其负责淮西讨藩之军事。七月，裴度亲临前线督战。十月，主将李愬乘雪夜，以李祐、李忠义为前驱，袭入蔡，擒元济送京师，十一月问斩。至此，割据一方的淮西镇被一举荡平。

闻此喜讯，柳宗元兴奋不已，乘兴写了《献平淮夷雅表》《平淮夷雅二篇并序》，献给朝廷。他在致宪宗的表章上说：“臣伏自忖度，有方刚之力。不得备戎行，致死命，况今已无事，思报国恩，独唯文章……谨撰《平淮夷雅二篇》，虽不及尹吉甫、召穆公等，庶施诸后代，有以佐唐之光明。谨昧死再拜以献。”他的《平淮夷雅二篇》，一篇颂扬宰相裴度，一篇赞美以军功任襄阳节度使的李愬，二篇文字雍容华贵，简古奥衍，词采堪称诗经雅颂之后的佳作。后人予以极高评价，认为是唐人四言诗中的扛鼎之作。尤其是《方城》里描写李愬雪夜入蔡州一段：

雨雪洋洋，大风来加。

于燠其寒，于迩其遐。

汝阴之茫，悬瓠之峨。

是震是拔，大歼厥家。

狡虏既縻，输于国都。

示之市人，即社行诛。

乃谕乃止，蔡有厚喜。

完其室家，仰父俯子。

汝水沄沄，既清而弥。

蔡人行歌，我步逶迟。

蔡人歌矣，蔡风和矣。

孰颣蔡初，胡甈尔居。

式慕以康，为愿有余。

其时，韩愈因裴度荐为行军司马，奉诏刻碑，为抑李愬而扬韩弘，韩弘为感韩愈揄扬之功，寄送绢五百匹，致使韩愈上表申谢，丑迹流于后世。树碑时，李愬妻唐安公主之女诉碑文不实，部将石孝忠将碑推倒。唐安公主系代宗的女儿，宪宗的姑母，事诉宪宗，下诏磨碑后由祠部郎中翰林学士段文昌另撰。这件事弄得韩愈很没面子。

淮西平定以后，朝廷声威大震，强藩纷纷归顺。元和十三年（818），成德镇王承宗见势不妙，乃上表宪宗求自新。乘此机会，朝廷命宣武、魏博等镇兵攻讨淄青镇李师道。在强大的攻势下，李师道的部将刘悟倒戈。元和十四年（819）二月，刘悟入郓州擒杀李师道，淄青平。至此，盘踞河南、河北六十余年的强藩暂告平定。柳宗元连写《柳州贺破东平表》《贺中书门下诛淄青逆贼李师道状》《贺平淄青后肆赦表》，又为裴行立写了《贺破东平表》，表达"抃舞欢庆，倍百恒情"之意。

淄青镇平定之后，朝廷派户部侍郎杨于陵为淄青宣慰使前往宣慰，又分原淄青十二州为三道，柳宗元热烈欢呼，写《贺分淄青诸州为三道节度状》，代裴行立写《代裴中丞贺分淄青为三道节度表》。柳宗元就是柳宗元，虽然身在远州，朝中之事始终在柳宗元的密切关注之中，难怪浩初上人当初断言，柳宗元永远不会彻底放下自己的诏还梦想。

这时，朝廷的主政官是裴度。主政以来，他极力为朝廷广延人才，考虑当初被贬远州刺史的革新派宿将，个个是难得的人才，他早把诸人纳入视野之中。吴武陵复归长安后，深得宰相裴度的赏识，他更是借着这层关系不断在裴度面前陈述柳宗元的不幸，多次呼吁朝廷另派官员替代柳宗元："西原蛮未平，柳州与贼犬牙，宜用武人以代宗元。"在给工部侍郎孟简的信中，吴武陵说得更加动情："古称一世三十年，子厚之斥十二年，殆半世矣。霆砰电射，天怒也，不能终朝。圣人在上，安有毕世而怒人臣邪？且程、刘、二韩皆已拔拭，或处大州剧职，独子厚与猿鸟为伍，诚恐雾露所婴，则柳氏无后矣。"强烈呼吁将柳宗元从边地调回，改变境遇。

自裴行立任桂管观察使以来，与柳宗元尤为友善，他也利用各种时机大力表奖和推荐柳宗元。

形势对柳宗元渐渐有利，但柳宗元的身体却越来越衰弱。糟糕的健康状况让他明显感觉到"心绪绝劣，则自知不寿"，甚至隐约预知自己的大限已近。就在元和十三年（818）的某一天，柳宗元与其部将魏忠、谢宁、欧阳翼等人在驿亭饮酒，很哀伤地对他们说："吾弃于时，而寄于此，与若等好也，明年吾将死。"并叮嘱众人，"死而为神，后三年，为庙祀我"。

话是这么说，但从本心来讲，柳宗元还是不想死在柳州的，即便是死还是要死在长安，所谓的落叶归根啊！此念不能轻易动，一动必致心急如焚，柳宗元确实有一点急不可待了。这一年，李夷简召为御史大夫，进门下侍郎同中书门下平章事，做了宰相。之前，李夷简曾主动给柳宗元写过信以示安慰和友善，不管是真友善还是假友善，他毕竟是当朝有权决定事情和某些人命运的人。柳宗元觉得有必要向他陈述自己的冤情和急切的请求，很多事情的成败与否不过在于一念之间，没准儿会有点儿作用呢！于是，柳宗元决定向李夷简求援，提笔给他写了一封《上门下李夷简相公陈情书》。

陈情书的开头部分是这样说的：

> 月日，使持节柳州诸军事守柳州刺史柳宗元，谨再拜献书于相公阁下：宗元闻有行三涂之艰，而坠千仞之下者，仰望于道，号以求出。过之者日千百人，皆去而不顾。就令哀而顾之者，不过攀木俯首，深暌太息，良久而去耳，其卒无可奈何。然其人犹望而不止也。俄而有若乌获者，持长绠千寻，徐而过焉。其力足为也，其器足施也，号之而不顾，顾而曰不能力，则其人知必死于大壑矣。何也？是时不可遇而幸遇焉，而又不逮乎己，然后知命之穷、势之极，其卒呼愤自毙，不复望于上矣……

其言切切，幽怨哀苦，当为柳宗元的非常之态。也许，救一个柳宗元，对当朝宰相李夷简来说，可能易如反掌，也许，事情远远没那么简单，但只此一根救命稻草，也只能孤注一掷，难道一个身居高位的人会没有起码的良知吗？在书信的结尾，柳宗元还特意加重了一下语气："生死通塞，决在此举。"只是此信有去无回，终不知李夷简的态度和之后所为。第二年李夷简就先于柳宗元离开人世。

元和十四年（819），以黄少卿为首的黄家洞少数民族叛乱。当时的人称黄家洞的少数民族为"黄洞蛮"，是"西原蛮"的一个分支，因不堪忍受官军的横征暴敛，曾多次起兵反叛朝廷。这次反叛规模很大，黄少卿父子占领了唐朝十三州。边将为立战功，纷纷请命讨伐，裴行立也想争得这个立功机会，情急之下想起了柳宗元，让柳宗元代其撰写一份文状，向朝廷请命讨伐黄少卿。事关重大，十万火急，柳宗元虽然身体已经十分虚弱，但接令之后不敢怠慢，立即起草了一篇文状。

这篇《为裴中丞上裴相乞讨黄贼状》传到朝廷，朝廷被文状中庄重的文辞和缜密的逻辑说服，很快就决定由裴行立组织军队对黄少卿进行讨伐。接下来柳宗元又为其撰《代裴中丞谢讨黄少卿贼表》，盛赞裴行立的军纪和军威："蠢尔腥膻，尚闻凌暴，灵旗斜指，铜兽俯临。三军知必胜之方，万姓喜永清之路。微臣忝司戎律，亲列颜行，蹑伏波之旧规，乘下濑之故事。尽瘁事国，期毕命于戈矛；不宿于家，思奋身于原野。"

这份《代裴中丞谢讨黄少卿贼表》大约作于元和十四年的十月之前，差不多就是柳宗元一生中最后的文字了。

五

元和十四年七月二十三日，朝廷臣子们给宪宗上尊号"元和圣文神武法天应道皇帝"。当日，宪宗大赦天下。

在裴度和崔群等同情柳宗元的朝臣们建议下，宪宗皇帝同意将永贞革新集团中最后一个没有得到宽宥的柳宗元召回朝廷。

　　十月，那道柳宗元朝思暮想的诏令还不慌不忙地在长安至柳州的驿站间传递，可他已经不再有心力继续期盼了。

　　进入十月之后，他自觉身体一日不如一日。不食自饱，腹胀足肿，行走无力，浑身上下各器官俱都像是别人的，根本不听自己的指挥。最关键的是，心气虚浮，昏愦多梦，很多死去的人和在世的人，交相混杂地出现在眼前，梦与醒，阴与阳，生与死，似乎突然没有了严格的界限。去年，他就预感到了自己的死期将至，如今他更是心如明镜，这颗已经在多病的皮囊里频繁进出的灵魂，说不准哪一天就如飞走的燕子一样一去不返了。

　　趁着清醒和精力尚存的时刻，柳宗元开始安排身后之事。

　　细想，所谓的身后之事，有几宗几样是自己能够安排得了的呢？官家之事自有官家来管，本来自己就没有任何自主的权力，又有什么可嘱托的？自永贞之贬以来，亲人不是离散就是亡故，只剩下几座荒冢，自己在世时尚且无法抽身去添土祭祀，不在时更托付何人？这些年靠微薄的俸禄度日，虽不至于穷困潦倒，却也没有攒下任何家财。一个待罪之身，撒手西去之后，断了朝廷的俸禄，留下的弱女幼崽再无一分一文的经济来源。盘点身边的亲人，尚有小妾，两个女儿、一个小儿周六，一个在母腹之中未生之儿，还有从弟宗直的一妇一儿。仅此，也都需要托付于人，否则定无法度日。本来，这些牵挂都可以托付给表弟卢遵，可是他一个无职无官又无谋生手段的穷书生，哪有能力抚养这么多孩子？看来托孤之事，还要拜托其他朋友。

　　柳宗元在脑海里搜寻着可以托付之人，无他，只有刘梦得和韩退之二人。刘禹锡乃生死弟兄，就算不说，他也会为自己负这个托孤之责，但这样重大的事情又怎能不说在明处？尽管和退之之间曾有误会，但其人的忠厚和耿直还是可以相信的。更何况，退之大气，心不止于当代，他能做的事情或可做的事情以及他的目光一直是指向千秋万代的，岂会因为小儿之累而损伤自己的道义呢？于是，他开始支撑着无力之身，动笔给二位好友写下遗书。

之后，他又想起了一生中最为重要的事情，那就是这些年写下的那些诗文，如果说此生真正有点什么可珍惜的遗产，那些便是了，那才是他最在意、最不会随意交出的珍宝。他要交予禹锡，由他全权处理，代为编校出版，印行于世。

这些都安排妥当之后，他感觉已经用尽了一生中全部的力气。于是，他躺下来，闭上眼，溘然长睡。那一天是元和十四年（819）十一月初八日。历史的天空里一颗巨星殒灭。

好消息总是走得很慢，且不合时宜。此时，朝廷召柳宗元回京的文书还在路上，但那一纸公文永远也找不到迎接和倾听它的对象了。而坏消息却总是跑得快而及时，丁忧结束护母枢北归京城的刘禹锡，依之前和宗元在信中的约定，已经在衡阳久久翘首，盼望着与子厚在此会面，一同送母亲一程。谁想到，盼来的却是他的讣告。

宛如晴天的一声霹雳，刘禹锡情感的堤坝被这从天而降的噩耗击溃，只觉得心肺俱裂，"惊号大叫，如得狂病"。他涕泪俱下，不能自已："子厚啊子厚！你真的就这样死了？终我此生，无相见矣！苍天啊苍天，试问天下何人不通达顺利，偏偏我友子厚命苦，久处困境？试问天下何人不颐养天年，偏偏我友子厚却英年早逝？无情、冷酷如此，难道你也忍心吗？"

"南望桂水，哭我故人。"世间已经不再有那个多情多义的柳子厚啦！"阴阳相隔，痛何如哉！"刘禹锡放声痛哭之后，又以墨充泪，以歌当哭，把内心的悲痛化作一篇感人肺腑的祭文《祭柳员外文》。之后，仍难释怀，数月之后，又写了《重祭柳员外文》："出才之人，竟无施为。

炯炯之气，戢于一木。形与人等，今既如斯。识与人殊，今复何托？生有高名，没为众悲。异服同志，异音同叹。"

柳宗元虽为一州刺史，但为官清廉，家无遗财，以致死后无力治丧。一切丧葬费用皆由桂管观察使裴行立赙施，并派员护送至长安。正因此，政声不太好的裴行立却因为对柳宗元的善待，以有节概、重然诺、仁道、仗义之名博得人们对他的尊敬。

而柳宗元的一切丧事、家事皆由表弟卢遵料理。他亲自把柳宗元的灵柩运回长安，葬于万年栖凤原柳氏先人墓侧。卢遵也因为从始至终追随柳宗元，十四年不离不弃，忠诚、仁厚的美名传至后世。

应刘禹锡之请，韩愈为柳宗元写了《祭柳子厚文》，后又写了《柳子厚墓志铭》。客观地总结和评价了柳宗元一生的为人和得失，特别是对其才华和文学成就予以明确的肯定，展示了一代文学大家的胸怀和真诚——

> 既退，又无相知有气力得位者推挽，故卒死于穷裔。材不为世用，道不行于时也。使子厚在台省时，自持其身，已能如司马刺史时，亦自不斥；斥时，有人力能举之，且必复用不穷。然子厚斥不久，穷不极，虽有出于人，其文学辞章，必不能自力，以致必传于后，如今无疑也。虽使子厚得所愿，为将相于一时，以彼易此，孰得孰失，必有能辨之者。

这样的评价只有出自韩愈之口才令后世信服，也只有如此中肯地评价子厚，才使退之更得后世敬佩。

长庆二年（822）七月，柳州人民为纪念柳宗元，专门为其建了罗池庙，并奉之为罗池之神。韩愈应邀又写了《柳州罗池庙碑》。碑记：

三年孟秋辛卯，侯降于州之后堂，欧阳翼等见而拜之。其夕，梦翼而告曰："馆我于罗池。"其月景辰，庙成。大祭，过客李仪醉酒，慢侮堂上，得疾，扶出庙门即死。明年春，魏忠、欧阳翼使谢宁来京师，请书其事于石。余谓柳侯生能泽其民，死能惊动福祸之，以食其土，可谓灵也已。作《迎享送神诗》遗柳民，俾歌以祀焉，而并刻之。

韩愈在末尾用骚体作诗：

荔子丹兮蕉黄，杂肴蔬兮进侯堂，侯之船兮两旗，渡中流兮风泊之待。侯不来兮不知我悲。侯乘驹兮入庙，慰我民兮不嚬以笑。鹅之山兮柳之水，桂树团团兮白石齿齿。侯朝出游兮暮来归，春与猿吟兮秋鹤与飞。北方之人兮为侯是非，千秋万岁兮侯无我违。愿侯福我兮寿我，驱厉鬼兮山之左。下无苦湿兮高无干秔，秬充羡兮蛇蛟结蟠。我民报事兮无怠其始，自今兮钦于世世。

诗文神采飞扬，感怀极深。后有北宋苏轼读其文，吟其诗，叹其事，思其人，遂挥笔书下该诗，于南宋年间由柳州本地匠人刻之成碑。碑文书法雄奇深厚，刀笔恣肆狂放，被世人推为东坡书法第一碑。该碑集三大家之韩文、苏书、柳事于一身，世所罕见，故称"三绝碑"。

神之为神，唯精神不死。而子厚以其利民之道和闪烁着苦难光辉的思想与才华，如阳光，如雨露，绵绵施洒，泽被千秋，照耀万代，而享罗池之奉，当无愧也！

附录一

柳宗元年谱

大历八年（773） 一岁

出生于长安。

大历十一年（776） 四岁

母亲教柳宗元古赋十四首，他都背诵下来。

贞元九年（793） 二十一岁

二月，登进士第。

五月，父卒于长安，年五十七。

贞元十二年（796） 二十四岁

娶礼部郎中杨凭之女为妻。

贞元十三年（797） 二十五岁

作《送辛殆庶下第游南郑序》。

贞元十四年（798） 二十六岁

第博学宏词科，为集贤殿书院正字。

作《与太学诸生喜诣阙留阳城司业书》《国子司业阳城遗爱碣》。

贞元十五年（799） 二十七岁

广交文士，少年才高，一时倾慕者尤众，而宗元意气亦甚盛。宗元友人有韩愈、独孤申叔、韩泰、崔群、李杓直、李行谌、李行敏、王涯、崔广略、李景俭、严修复等。

八月，夫人杨氏卒。

贞元十七年（801） 二十九岁

自集贤殿书院正字调蓝田尉。

贞元十九年（803） 三十一岁

闰十月，自蓝田尉入为监察御史里行。

贞元二十一年（八月以后改为永贞元年）（805）三十三岁

自监察御史里行为尚书礼部员外郎。

九月，被贬为邵州刺史。

十一月，再贬为永州司马。抵达永州，居于龙兴寺。

元和元年（806） 三十四岁

五月，母卒于永州零陵佛寺，年六十八。

元和四年（809） 三十七岁

作《非国语》《守道论》《六逆论》《始得西山宴游记》《钴
锦潭记》《钴锦潭西小丘记》《至小丘西小石潭记》等。

元和五年（810） 三十八岁

四月，女儿和娘死。

作《永州刺史崔公墓志》《愚溪对》等。

元和六年（811） 三十九岁

女儿出生。

作《祭从兄文》《永州龙兴寺修净土院记》《谢襄阳李夷
简尚书委曲抚问启》等。

元和七年（812） 四十岁

作《袁家渴记》《石渠记》《石涧记》《小石城山记》等。

元和八年（813） 四十一岁

作《逐毕方文》《永州铁炉步志》《游黄溪记》《师友箴》
《武冈铭》等。

元和九年（814） 四十二岁

作《囚山赋》《段太尉逸事状》《与史官韩愈致段秀实太尉逸事书》《与韩愈论史官书》《上河阳乌尚书启》等。

元和十年（815） 四十三岁

正月，宪宗有诏召赴长安。

二月，至长安。

三月，出为柳州刺史。

六月，至柳州。

元和十一年（816） 四十四岁

长子出生。

元和十二年（817） 四十五岁

因俗施教，在柳州进行多项改革。

元和十三年（818） 四十六岁

次女出生。

元和十四年（819） 四十七岁

十一月初八日，卒于柳州。

附录二 参考文献

1. 《旧唐书》，（后晋）刘昫等撰，吉林人民出版社。

2. 《新唐书》，（北宋）欧阳修等撰，吉林人民出版社。

3. 《资治通鉴》，（北宋）司马光撰，中华书局。

4. 《柳集点勘四卷》，（清）陈景云点勘。

5. 《柳宗元集校注》，中华书局。

6. 《柳宗元年谱》，施子愉著，湖南省零陵县文化馆。

7. 《唐朝穿越指南》，森林鹿著，北京联合出版社。

8. 《卞孝萱文集》，卞孝萱著，江苏凤凰出版社。

9. 《柳宗元集》，黄山书社。

10. 《柳宗元故事》，尹博著，长春出版社。

11. 《隋唐生活掠影》，毕宝魁著，知识产权出版社。

12. 《古典文学研究资料汇编柳宗元卷》，吴文治编，中华书局。

13. 《韩愈柳宗元文学评价》，黄云眉著，山东人民出版社。

14. 《柳宗元评传》，吴文治著，中华书局。

15. 《柳宗元评传》，孙昌武著，人民文学出版社。

16. 《汉书》，（东汉）班固撰，中华书局。

17. 《隋书》，（唐）魏征等撰，中华书局。

18. 《隋史》，吉林人民出版社。

19. 《唐大诏令集》，（宋）宋敏求编，商务印书馆。

20. 《柳宗元选集》，高文、屈光选注，上海古籍出版社。

21. 《柳宗元诗文选译》，王松龄、杨立扬译注，巴蜀书社。

22. 《一代宗师柳宗元》，翟满桂著，岳麓书社。

23. 《柳宗元传》，梁鉴江著，广东高等教育出版社。

24. 《柳宗元评传》，孙昌武著，南京大学出版社。

25. 《柳文指要》，章士钊著，中华书局。

26. 《柳宗元传》，张俊纶著，湖北人民出版社。

27. 《柳宗元评传》，郭新庆著，上海古籍出版社。

28. 《刘禹锡集》，卞孝萱校订，上海古籍出版社。

29. 《史记》，（西汉）司马迁著，上海古籍出版社。

30. 《汉书》，（东汉）班固著，上海古籍出版社。

31. 《战国策》，无名氏著，（西汉）刘向纂修，上海古籍出版社。

32. 《世说新语》，（南朝）刘义庆著，中华书局。

33. 《酉阳杂俎》，段成式撰，中华书局。

34. 《中国通史》，范文澜著，人民文学出版社。

35. 《中国文学史》，游国恩等主编，人民文学出版社。

36. 《先秦汉魏晋南北朝诗》，逯钦立编，中华书局。

37. 《唐才子传》，辛文房著，贵州人民出版社。

38. 《唐代文学史》，吴庚舜、董乃斌主编，人民文学出版社。

39.《中国历代著名文学家评传》，吕慧鹃等编，山东教育出版社。

40.《史通》，（唐）刘知几撰，中华书局。

41.《封氏闻见记》，（唐）封演撰《丛书集成初编》本。

42.《碧霄一鹤——刘禹锡传》，程韬光著，作家出版社。

43.《一代文宗——韩愈传》，刑军纪著，作家出版社。

44.《宣室志》，（唐）张读撰，中华书局。

45.《太平广记》，（北宋）李昉等编著，中华书局。

第九辑出版书目

图书在版编目（CIP）数据

寒江独钓：柳宗元传 / 任林举著. -- 北京：作家出版社，2023.8

（中国历史文化名人传丛书）

ISBN 978-7-5212-2350-7

Ⅰ.①寒… Ⅱ.①任… Ⅲ.①柳宗元（773-819）- 传记

Ⅳ.①K825.6

中国国家版本馆CIP数据核字（2023）第107481号

寒江独钓——柳宗元传

作　　者：	任林举
传主画像：	高　莽
责任编辑：	江小燕
书籍设计：	刘晓翔 + 韩湛宁
整合执行：	原文竹
责任印制：	李卫东　李大庆
出版发行：	作家出版社有限公司

社　　址：北京农展馆南里10号　　　邮　　编：100125

电话传真：86-10-65067186（发行中心及邮购部）

　　　　　86-10-65004079（总编室）

E-mail:zuojia@zuojia.net.cn

http://www.zuojiachubanshe.com

印　　刷：三河市紫恒印装有限公司

成品尺寸：152×230

字　　数：270千

印　　张：21.25

版　　次：2023年8月第1版

印　　次：2023年8月第1次印刷

ISBN　978-7-5212-2350-7

定　　价：65.00元（精）